LE LABORATOIRE
ALCHIMIQUE

© Guy Trédaniel, Éditions de La Maisnie, 1981
ISBN 2-85-707-071-3

LE LABORATOIRE ALCHIMIQUE

par

Atorène

Guy TRÉDANIEL
ÉDITIONS DE LA MAISNIE
76, rue Claude-Bernard
75005 PARIS

LIMINAIRE

Il y a les expérimentateurs — les plombiers disait Einstein — et les théoriciens. Notre livre s'adresse aux plombiers !

Le fil de la lecture va dérouler une spirale inhabituelle, qui se recoupera alors qu'elle s'expanse. Nous remplirons certains secteurs de l'aire ainsi délimitée : quelques données chiffrées et quelques documents.

Lequel, parmi les Enfants de la Science, ira grimper sur l'épaule des géants ?

Septembre 1980

Chapitre premier

AU GRÉ DE L'ONDE

Il y aurait encore des alchimistes ?

Bien sûr, et comme il se doit, ces spécimens d'un autre temps travaillent dans un laboratoire tapissé d'or ; d'ailleurs, lorsque de dessous les pages l'un d'eux pointera son nez, regardez bien la couleur.

D'après une eau-forte de Jacques Callot (1592-1635)

Ami lecteur, néophyte ou initié, installez-vous dans un fauteuil profond, car à moins de jeter ce livre, vous bondirez quelques fois.

Mais ne démarrons pas trop vite, et commençons, sans nous soucier de la logique, par situer l'alchimiste.

LE DICTIONNAIRE   Le dictionnaire place celui-ci entre ''alchimique'' et ''alcool''.

Est-ce un signe du hasard, est-ce l'indication qu'un penchant pour la dive bouteille soit souhaitable ?

On ne peut mieux dire, la bouteille fait penser au vin, et l'art de faire le vin s'apparente à l'alchimie : la science et la nature travaillent ensemble, il s'y joue les mêmes impondérables.

Par association d'idées, nous rencontrons Bacchus-Dionysos, dont la boisson procure la *connaissance*.

Mais, tant que nous sommes dans les culbutes, Dionysos, mari d'Ariane, est aussi nommé Phallenos... les alchimistes accorderaient-ils une place importante au phallus ? D'ailleurs, nombre de leurs illustrations ont un caractère érotique, et l'illustre Gaston Bachelard (1884-1962) n'a-t-il pas écrit[1] :

> ... Un auteur *anonyme* déconseille pour *la grande œuvre* le sang et le sperme humain. Pourquoi donc était-il nécessaire de le déconseiller ?...

C'est que le philosophe polisson avait compris, d'après un traité du XVIIe siècle, que l'alchimiste a[2]

> ... une chose admirable qui contient tout ce dont il a besoin. Elle se tue elle-même, et ensuite reprend vie. Elle s'engrosse elle-même avec son propre sang, prend une consistance dure, se fait blanche, se fait rouge, nous ne lui ajoutons rien de plus...

D'après un détail de
La Dame à la Licorne
Tapisseries exécutées
vers 1515

(1) *La formation de l'esprit scientifique,* Paris, 1934, J. Vrin.
(2) *Le Triomphe Hermétique,* par Limojon de Saint-Didier (1630-1689). Texte à peine élagué.

N'insistons pas, pour une fois Monsieur Bachelard s'est fourvoyé, et un célèbre spécialiste lui a réglé son compte [1].

La divine bouteille, dans l'œuvre de l'érudit François Rabelais (v1494-1553), symbolise l'*œuf philosophal*. Lorsque, s'il n'est déjà instruit, le lecteur en arrivera à notre dernier chapitre, la chanson de Panurge prendra une toute autre résonance [2].

. . . .
Sonne le beau mot, je t'en prie,
Qui me doit oster de misère.
Ainsi ne se perde une goutte
De toy, soit blanche, ou soit vermeille.
    O Bouteille
    Pleine toute
    De mystères,
    D'une oreille
    Je t'escoute :
    Ne diffères.
. . . .

Beaucoup de vieux textes, dont on spécule sur le véritable sens, font tout simplement allusion à l'alchimie, ainsi la *Divine Comédie* de Dante Alighieri (1265-1321) allégorise-t-elle le même "savoir *divin*". Par ailleurs, et curieusement, elle décrit avec précision la Croix du Sud, constellation invisible dans l'hémisphère nord, et réputée inconnue à l'époque.

D'illustres personnages dissimulèrent à leurs contemporains la fascination qu'exerçait sur eux l'art d'Hermès. Blaise Pascal (1623-1662) fit coudre dans son habit le témoignage probable d'une transmutation ; Isaac Newton (1642-1727), se sachant condamné par une maladie rénale, brûla presque tous ses papiers personnels, sauf ceux qui avaient trait à ses recherches alchimiques.

"Certitude, certitude" notait Pascal le 23 novembre 1654, tandis que trente ans plus tard (le 10 juillet, vraisemblablement 1683) Newton écrivait "Vidi ★ philosophicum" (j'ai vu l'étoile philosophique). Naturellement, les physiciens ne comprennent pas ce langage :

... Newton n'a jamais rien publié sur l'alchimie, mais il a laissé au

---

(1) Eugène Canseliet, dans *L'Alchimie expliquée sur ses textes classiques* (p. 79), Paris, 1972, J.-J. Pauvert.
(2) *L'Ile Sonnante*, 1562, sans lieu.

moins cinq cent mille mots en manuscrits alchimiques, que personne n'a jamais pu déchiffrer[1]...

Après cette petite digression, revenons, dans le dictionnaire, aux définitions qui encadrent l'alchimiste :

alchimie
... art de la transmutation des métaux. Emprunté au latin médiéval *alchemia* (de l'arabe *al kimiyâ'*). On a pensé à l'origine grecque *khymeia* "mélange de sucs", on préfère aujourd'hui *chemeia* "action de fondre du minerai"...

alcool
... liquide obtenu par la distillation du vin et d'autres liquides fermentés. Emprunté au latin des alchimistes *alkohol*. Ce mot est à son tour emprunté à l'arabe *kohl* "collyre d'antimoine" : *al kohl* "l'antimoine pulvérisé", (utilisé pour noircir les sourcils et les paupières) d'où, dans l'ancienne pharmacopée, "toute substance pulvérisée et raffinée", d'où "liquide distillé", par une innovation de sens qu'on attribue à Paracelse (début XVIe)...

Que peut-on en penser ?

L'ALCHIMIE   Pour l'alchimie, nous ne sommes guère avancés. Au sens propre, elle n'est pas plus l'art de transmuter les métaux, que celui de mélanger les sucs, ou fondre du minerai. Par contre, si l'on descend jusqu'au berceau égyptien, on trouve la *kemi*, ou terre noire ; puis remontant par les Hébreux, nous voyons aussi *Shemesh*, le Soleil.

On ne fait pas mieux comme opposition nous direz-vous ! Alors, pour le moment, restons dans la simplicité. Les associations qui viennent le plus facilement à l'esprit demeurent encore *pierre*, et *philosophale*.

L'alchimiste est, en effet, à la recherche d'une pierre mythique, et l'heureux mortel qui devient Adepte[2] arrête alors ses travaux de laboratoire, il accède aux racines de la science, il franchit la barrière du réel.

---

(1) Andrade (bras droit du célèbre physicien Rutherford) in *The World of Mathematics*, New York, 1956 Simon and Schuster.
(2) *Adepte :* du latin *adeptus* "celui qui a obtenu". Nous mettons une majuscule à ce mot lorsqu'il s'agit du sens étymologique.

La pierre philosophale permet aussi de transmuter les métaux ordinaires en or, mais ce n'est là qu'un test de contrôle. L'artiste en délire, tenant dans sa main la gemme encore chaude, maîtrise difficilement son impatience, il sent qu'il a réussi son *chef-d'œuvre*, mais épuisé, il s'endort. Quand il se réveille, prélevant un fragment du merveilleux cristal, il entreprend de l'adapter au règne minéral. En peu de temps, la *poudre de projection* est prête ; il vérifie que le mercure devient or, laisse cela de côté, et prépare son passage à travers la fissure... "Il y a d'autres secrets à côté de la transmutation des métaux, et les grands Maîtres sont seuls à les comprendre", écrivait Newton dans une lettre, en 1676.

Le labeur de l'alchimiste se trouve résumé dans une belle définition du *Dictionnarium alchemisticum* de Martin Ruland (1612) : "il sépare l'impur, de la substance plus pure".

L'ALCOOL. —· Voyons maintenant alcool. Le dictionnaire nous révèle :

1) ce mot vient du latin des alchimistes. Effectivement, au XIVe siècle, *kohol* désignait leur Médecine universelle,

2) l'alchimiste est entouré d'Arabes. C'est qu'en effet, l'Occident découvrit surtout l'Art au pays des Mille et Une Nuits, lors des croisades. Les illustres Calid, Geber, Rhasès, Avicenne, malgré leur nom sont d'authentiques Arabes[1],

3) à l'origine, kohol désignait la stibine purifiée et réduite en poudre impalpable, dont les femmes se fardaient les yeux, ainsi Jézabel dans la Bible *(Second Livre des Rois),*

4) c'est à Théophrast Bombast von Hohenheim, dit Paracelse (1493-1541), alchimiste qui fut aussi un grand maître en spagyrie et iatrochimie, qu'on attribue d'être passé du sens "antimoine pulvérisé et raf-

Paracelse
peint de son vivant
par Le Tintoret (1518-1594)
D'après la gravure
de François Chauveau
(1613-1674)

(1)			
• *Calid*	prince Chalid ibn Yazid	(? - 708)
• *Geber*	Jabir ibn Hayyân al-Sufi	(v720-v800)
• *Rhasès*	Muhammad ibn Zachariya al-Râzi	(v864-v930)
• *Avicenne*	Abdillah ibn Sinâ	(980-1036)
• *Arthéphius*	(sous réserve) al-Thoghrâ'i	(? -1121)

finé'' (matière parfaitement sèche) à celui de ''liquide distillé''. Faut-il y voir une indication quelconque ? Oui, touchés par la Grâce, nous mettons là le doigt sur le point clef de la littérature hermétique : les descriptions de travaux par *voie humide* recouvrent presque toujours des travaux par *voie sèche*.

LA SPAGYRIE   L'alchimie est l'ancêtre de notre chimie ; du moins c'est ce que croient beaucoup ! mais l'erreur, grossière, doit être signalée.

L'alchimie est une science tout à fait à part, qui n'a rien à apprendre du modernisme. L'ancêtre de la chimie, c'est la *spagyrie*, dont, nous venons de le dire, Paracelse fut un brillant maître, et le grand et mystérieux alchimiste Basile Valentin[1], un siècle plus tôt, ne dédaignait pas non plus la spagyrie.

La spagyrie pure, c'est notre chimie actuelle dans un contexte médiéval, tout aussi matérielle : à partir des ressources naturelles, — minérales, végétales, ou organiques — la fabrication des substances et alliages divers.

La spagyrie virant à la médecine se spiritualise en partie, et devient la *iatrochimie* (*iatros*, médecin). En Allemagne, les laboratoires Soluna, créés en 1921 par le baron Alexander von Bernus (1880-1965), préparent toujours des médicaments à partir des secrets iatrochimiques redécouverts par son savant fondateur, disciple de Paracelse.

Enfin, il y a le spagyriste qui, considérant possibles les transmutations, axait là-dessus ses recherches : l'*archimiste*. Toutefois, cette terminologie reste contemporaine, car les mots grecs *arché* et *alché* se valent si on veut les analyser.

Naturellement, ces chercheurs furent innombrables et on leur doit beaucoup de découvertes chimiques, tel le phosphore, isolé de l'urine en 1669 par Hennig Brandt (v. 1625-1692).

Parfois, on les appelait ironiquement *souffleurs*, mais il y eut de bons archimistes, qui pour les transmutations métalliques mirent au point toutes sortes de recettes, appelées *particuliers*. Le sens se montre restrictif : ''procédé particulier'', car ils ne savaient pas changer tous les métaux en or, mais un métal en un autre, cet autre étant précieux de préférence !

---

(1) Nous ne connaissons que son pseudonyme : Basile signifie *roi*, et Valentin *santé*.

Évocation de Brandt. Tableau du musée de Derby (G.-B.) que Joseph Wright (1734-1797) exposa en 1771 sous le titre : L'Alchimiste, à la recherche de la pierre philosophale, découvre le phosphore, et prie pour l'heureuse conclusion de son opération, comme c'était la coutume chez les anciens astrologues chimiques

Basile Valentin et Paracelse, les deux grands, s'intéressèrent aussi à cette science.

Personnellement, nous n'avons tenté aucune expérimentation archimique, n'étant pas attiré, mais il est indéniable que certains particuliers soient efficaces. De nombreuses transmutations, historiquement prouvées, sont archimiques, et non alchimiques.

D'après une figure coloriée de Beschreibung aller... Ertz *1573, Lazarus Ercker*

Le chimiste, et autre lecteur ignorant l'histoire de la chimie, pensera tout naturellement qu'il s'agissait de substitutions, ainsi par exemple, du fer plongé dans une certaine solution de sel de cuivre se dissout, tandis que le cuivre est précipité. Ou encore qu'il s'agissait d'alliages, ainsi certains bronzes au phosphore, ou l'argent traité par le sulfure d'arsenic, présentent l'aspect de l'or, et résistent bien aux acides. Certes, il y eut des alliages de ce genre, mais depuis Archimède (v-287 à -212) le contrôle par densité s'avère rigoureux, et la coupellation[1] de l'or était déjà pratiquée par les Babyloniens voici plus de trente siècles. Si le peuple se laissait berner facilement, les banquiers et les rois ne le furent pas souvent.

Saint-Vincent de Paul (1581-1660), originaire d'une famille pauvre mais honorable, ordonnée prêtre en 1600, béatifié en 1729, pratiquait l'art de la chrysopée. Esclave des Arabes à vingt-quatre ans, il servit de manœuvre aux fourneaux chez un archimiste. Le vieillard, fort humain au demeurant, était aussi médecin, et philosophe à la recherche de la *pierre* depuis cinquante ans.

Vincent Depaul devint chez lui expert en un particulier permettant de transformer l'argent en or. Il rapporte aussi que le vieux Turc utilisait[2]

> ... un ressort artificiel pour faire parler une tête de mort, de laquelle ce misérable se servait pour séduire le peuple, lui disant que son dieu Mahomet lui faisait entendre sa volonté par cette tête, et mille autres belles choses géométriques, que j'ai appris de lui...

Nous sommes toujours amusés lorsqu'une biographie du saint homme

---

(1) Technique pour débarrasser les métaux précieux de leurs impuretés, nous l'étudierons plus loin.
(2) Lettre écrite d'Avignon le 24 juin 1607.

nous tombe sous la main : si elle est sérieuse, ses lettres sont reproduites, mais immanquablement, le passage où il expose comment son maître fabriquait de l'or est discrètement remplacé par quelques points de suspension[1].

Quand il fut libéré de captivité, sa personnalité s'affermissant, sagement, il n'en parla plus, essaya de récupérer ses lettres, et transforma l'or qu'il fabriquait en une dizaine d'orphelinats et hôpitaux ; même les provinciaux connaissent la Salpêtrière à Paris.

LA PHILOSOPHIE   Nous venons donc de définir l'archimie et la iatrochimie, mais c'est le terme plus général "spagyrie" qui reste le plus fréquemment utilisé par les auteurs qui font la distinction.

L'alchimiste travaille à un niveau nettement plus spirituel que le spagyriste, c'est un philosophe. D'ailleurs, on dit la *pierre* du philosophe, ou *philosophale*, et non la pierre de l'alchimiste.

Faut-il, comme certains, en conclure que l'alchimie se pratique à l'oratoire, et que la pierre philosophale symbolise un état de grâce ? Pour n'être pas ambigu, non ! La réponse exacte appellerait quelque développement, mais pour le moment, nous ne tenons pas à compliquer les choses.

Il existe, par ailleurs, des techniques purement spirituelles de transcendance, axées sur l'ascèse, la méditation, le rêve, etc. Elles requièrent généralement des qualités autres que celles dont l'alchimiste doit faire preuve.

L'alchimie, basée sur les propriétés psychosomatiques d'un cristal à la pureté ineffable, est aussi une technique de transcendance. Les voies de la Sagesse sont multiples, on choisit l'une plutôt que l'autre, par goût et dispositions personnelles.

L'alchimiste est un philosophe qui étudie la Nature[2] avec les yeux d'un enfant. Il commence par découvrir que le plus grand des laboratoires est le monde

D'après le
Musæum Hermeticum
édition de 1749
(1ʳᵉ éd. à Francfort en 1677)

---

(1) Un fragment de ce passage sera annexé au présent chapitre.
(2) Autrefois, le véritable sens de *philosophe* était précisément : "celui qui étudie la Nature".

qui l'entoure, sa planète, son pays, son jardin, que la première alchimiste est la Nature elle-même.

D'ailleurs, cela n'a pas échappé non plus aux vieux archimistes : si la Nature produit l'or, ne pourraient-ils en fabriquer eux-aussi ?

Le problème des gigantesques énergies à mettre en œuvre découle de concepts positivistes, dont le premier, "cela n'est point, parce que c'est impossible", enferme vieux c... et jeunes savants (ou réciproquement) dans un cercle vicieux.

L'alchimiste, observateur méticuleux de près et de loin, sait que la Nature est végétative dans ses trois règnes. Oui, même au règne minéral[1], ainsi par exemple, — rendons grâce à Louis Figuier — un barreau aimanté supporte un poids maximal de fer, que l'on peut augmenter chaque jour jusqu'au moment où il lâche tout ; il est alors si fatigué qu'il ne peut même plus supporter le poids initial, il faut tout recommencer petit à petit.

Ainsi encore, les pierres[2] précieuses synthétiques ne cristallisent-elles qu'en présence d'un cristal mère, phénomène que l'on peut également observer avec des solutions salines, telle l'hyposulfite de sodium. C'est ce qu'on appelle la "sursaturation", phénomène analogue à la *surfusion*. La surfusion est une exception aux lois de la solidification : quand une substance a été complètement fondue, qu'aucune parcelle solide ne reste, on peut parfois la refroidir au-dessous de sa température normale de solidification, sans qu'elle abandonne l'état liquide. C'est la clef d'un célèbre particulier archimique, permettant de transformer le plomb en or, et qu'après Blaise de Vigenère (1522-1596), Eugène Canseliet a eu la curiosité d'expérimenter[3].

L'alchimiste cherche la perfection terrestre. Il a remarqué, de loin, l'extraordinaire fascination qu'exerce l'or sur les hommes, et notre époque de haute technologie n'y échappe pas. De près, il a observé que l'or, calciné, reste intact au milieu des cendres. Il a compris que ce métal recèle un grand mystère.

(1) En fait, l'homme aussi est un minéral !
(2) Fort à propos, citons Lavoisier : « Il ne peut tomber de pierres du ciel, parce qu'il n'y a pas de pierres dans le ciel ». (Allusion aux météorites)
(3) Nous le verrons en annexe.

LE SCHÉMA L'alchimiste doit capter le mystère de l'or, afin de l'adapter à sa propre nature. En d'autres termes, il va extraire du règne métallique, la semence de perfection pour l'accroître et se l'inoculer.

Cette science nous vient du fond des âges, vestige d'une civilisation disparue, comme l'expose l'écrivain Stanislas de Guaita[1] (1861-1897) :

> ... Le substratum universel des formes sensibles leur était connu. Ils étudiaient la matière à l'état naissant ; une fois produite, ou pour mieux dire engendrée, ils la manipulaient vivante, avec mille soins scrupuleux pour ne pas la tuer. Bien plus, ils en provoquaient à volonté l'éclosion, en réglaient les énergies ; tels passages de puissance en acte leur étaient familiers ; et nous ne balancerons point à soutenir qu'ils ont connu, pratiqué, utilisé certains états latents de la substance, — inséparables de telles forces secrètes de la nature — ...

Les Anciens ont disposé que dans leur gîte, les métaux mûrissaient doucement au fil des siècles, pour atteindre la perfection de l'or. Mais ceux dont se servent les hommes sont morts, tués par accident ou par leur industrie.

Bien des chercheurs ont cru que c'est dans l'or qu'on captait le mystère ; mais d'une part, il est mort lui-aussi, d'autre part, le ferment végétatif a disparu en s'épanouissant dans la perfection métallique.

La théorie ainsi présentée paraîtra peut-être délirante pour certains. C'est que simplifiée de cette façon, elle est très incomplète, il va sans dire que la pratique de l'art demande l'appui d'un corpus substanciel, n'allons pas réduire l'alchimie à une recette archimique, du genre de celle cité en annexe au présent chapitre.

L'alchimie est une science très précise, immuable depuis des millénaires, aux concepts d'une grande pureté qu'il convient de maîtriser parfaitement.

Mais poursuivons notre schéma. Où capter le mystère de la perfection métallique ? Dans un minéral, c'est certain, lequel apparaît sans doute tout désigné dans la nature, mais encore lui faut-il une nourrice bonne laitière, de race voisine, robuste et en parfaite santé.

---

(1) *Le Serpent de la Genèse,* Paris, 1897, Chamuel.

Tous les alchimistes la connaissent et l'appellent leur *terre* ; c'est pourquoi quelques-uns, prenant dès le début les choses au pied de la lettre, travaillent sur la terre de leur jardin, ainsi Armand Barbault[1]. (D'autres Philosophes, à cause de la puissante vertu végétative latente en leur terre, l'ont appelée *dragon*...) La terre des jardins est certes pleine de vie, et permet probablement des développements de type iatrochimique, mais elle n'offre à l'alchimiste que des légumes et des fleurs.

L'artiste va entreprendre la difficile et complexe tentative de réanimation, et chaque partie qu'il aura réussie sera pour lui aussi précieuse que l'or pour le souffleur : ce sont des ors métaphoriques qui sont à profusion manipulés dans les traités.

Quand le corps sera vivant, et plein de forces, l'alchimiste attendra dans le ciel la configuration favorable, et aussitôt lui arrachera le cœur.

Car ce cœur minéral est un condensateur d'énergie. Sans s'arrêter de battre — et même en battant si fort que parfois il explose ! — il va attirer en lui l'Esprit de l'Univers, tandis que la Lune, Mercure, Vénus, le Soleil, Mars, Jupiter et Saturne, dansent la sarabande.

Si, par la grâce de Dieu, le Philosophe a convenablement officié, le cœur, maintenant rouge escarboucle, ne remue plus, l'ontogénèse est accomplie. Surchargé de vitalité minérale à tel point qu'elle s'est cristallisée, les métaux morts, chauffés à son contact reprennent vie, et en quelques minutes, deviennent des vieillards d'or. Mais après cette vérification, la transformation qui intéresse l'Adepte n'est plus celle du métal, il va se transmuter lui-même...

D'après
un écusson dans
l'Harmonie Mystique
1636, David Lagneau

(1) *L'or du millième matin*, Paris, 1969, Éd. Publications premières.

LE BAGAGE   Le lecteur a compris qu'un bagage est nécessaire à la pratique de l'alchimie.

Parfois certains l'imaginent vestige de techniques rudimentaires et puériles ; un géologue avec qui nous discutions en confrère (du moins le croyait-il) des mines d'or-antimoine de La Lucette, près de Laval, sortit son érudition en riant : "les alchimistes voulaient fabriquer de l'or avec l'antimoine, mais seuls ceux qui s'approvisionnaient à La Lucette y parvenaient, les autres en ont brûlé des tonnes pour rien". Il est de fait. Et dans un nouvel éclat de rire il poursuivit sur l'origine du mot antimoine : "comme on avait remarqué qu'il profitait aux gorets, on en administra un jour à des moines maigres et malades, ils en périrent, d'où le nom anti-moine".

Nous rions donc tous les deux, pas pour la même raison il est vrai ; l'alchimie déride les gens, c'est déjà une bonne chose, mais il faut être singulièrement stupide pour penser que l'on a compris sans une étude assidue. Qui d'autre qu'un atomiste pourrait se servir d'un traité d'atomistique ? A la rigueur, si la reliure n'est pas laide, ornera-t-il une étagère ; de même, seul un violoniste tirera quelque chose d'un violon. Écoutez la voie du Mage [1] :

> ... Eh quoi ! la grammaire, la géographie, l'histoire, les mathématiques, la physique, la chimie et le reste ne deviennent accessibles qu'après de longs et pénibles efforts, et l'on voudrait entrer au débotté dans le "Palais du Roi" sans observer les convenances et se soumettre aux lois de l'étiquette ! Une lecture hâtive et superficielle ne saurait remplacer l'étude austère et grave. Les sciences profanes elles-mêmes ne sont pénétrables et assimilables qu'à la suite d'un travail soutenu et prolongé. On peut nous objecter que l'Université compte d'illustres grammairiens, géographes, historiens, mathématiciens, physiciens, et chimistes, mais qu'on n'y signala jamais le moindre alchimiste. Et si l'agrégé d'alchimie est inconnu, c'est que l'alchimie est une chimère. Cet argument ad hominem n'est pas sans réplique : une chose cachée n'est point pour cela inexistante, et l'alchimie est une science occulte ; nous dirons mieux : elle est la science occulte toute entière, l'arcane universel, le sceau de l'absolu, le ressort magique des religions...

A notre époque de spécialisation, la première difficulté réside dans les travaux de laboratoire, qu'il est indispensable de mener parallèlement aux études du corpus. Les maîtres en parlent peu.

---

(1) Magophon (1862-1926). *Hypotypose,* Paris, 1914, E. Noury.

Certes on trouve bien quelques auteurs qui prétendent avoir mis le pied dans un laboratoire alchimique, mais il ne faut pas se faire d'illusions, les amateurs d'art hermétique préfèrent généralement ''se satisfaire d'idées et de mots que de faire quelque chose avec leurs mains''. Il est plus commode, déclare René Alleau, ''de chercher dans la pensée dite pure un refuge que de se battre corps à corps contre la pesanteur et les ténèbres de la matière''.

C'est la technique du combat que nous enseignerons ici, combat allégorique et sans violence, dans la salle d'armes des vieux maîtres.

En remontant le cours du temps, on comprend aisément qu'avec leurs parfaites connaissances de la matière, personne n'était mieux placé que les alchimistes pour jeter les bases de la spagyrie. Et donc, si l'on plonge avec suffisamment d'élan dans les profondeurs de la chimie ancienne, on voit apparaître le laboratoire hermétique.

D'après
le frontispice de
La Science du Plomb Sacré
1651, Jean Chartier

Ce raisonnement nous conduit à considérer la spagyrie comme méthode d'approche des manipulations alchimiques, notamment en ce qui concerne le feu ; c'est ainsi que nous éclairerons notre laboratoire avec de bons vieux candélabres comme Lémery, ou Glaser, l'élève et le professeur.

Toutefois, il ne faudra jamais perdre de vue que l'alchimie est un art philosophique, tandis que la spagyrie, commentait Baron au XVIIIe siècle,

> ... est l'art de perfectionner la peinture, la verrerie, la teinture, l'orfèvrerie, la préparation des liqueurs fermentées, la fabrique du savon, du sel, etc., etc. ...

A. Le Fourneau auec son instrument de fer et son recipient. B. L'artiste qui de sa main droicte oste le couuercle, et de la gauche iette la matiere dedans. C la figure exterieure du vaisseau D La figure interieure E vn autre vaisseau qui est sur les chae

Planche extraite d'un traité de spagyrie :
La description des nouveaux fourneaux
1659, Johann Rudolph Glauber

En annexe à ce chapitre :

Paradigme du Grand Œuvre	Basile Valentin
Le parchemin	Blaise Pascal
Une fiole de larmes sur un livre	Albéric
Les maîtres et les esclaves	Saint Vincent ''de Paul''
Réanimer Saturne	Blaise de Vigenère
La nature et les métaux	Guillaume Salmon
La division de la matière	N. Lémery et A. Ducrocq
Revers d'infortune	Cyliani
Transmutation de l'homme	L. Pauwels et J. Bergier
Lexique spagyrique	Nicolas Lémery

PARADIGME DU GRAND ŒUVRE

... Quand un brasseur veut faire de la bière avec de l'orge, du froment et autre blé, il faut qu'il passe par tous les degrés de préparation avant que de tirer la vertu du blé et l'approprier en boisson. Premièrement, il faut mettre l'orge dans l'eau pour le faire ramollir ; et cela n'est que la putréfaction. Après, on le tire de l'eau et on le laisse égoutter ; on le met en monceau jusqu'à ce qu'il soit échauffé et qu'il commence à germer par le moyen de la chaleur : voilà une digestion. Ensuite on épand le monceau d'orge, de blé ou autre, on le fait sécher à l'air ou au feu, et voilà la réverbération ou coagulation. Pareillement, on fait moudre le blé qui est bien sec, ce qui n'est autre chose que la calcination. De sorte que, par tous ces degrés de préparation, le brasseur fait passer la matière dont il veut tirer l'essence pour préparer la bière, et il fait bouillir le tout ensemble avec de l'eau ; et cela se peut dire la distillation en grosse forme. Le houblon qu'on ajoute à la coction est le sel végétable et un préservatif pour conserver longtemps la bière en son état et pour empêcher une nouvelle putréfaction. Les Espagnols et les Italiens ne savent point faire la bière. De même dans la haute Allemagne, ma patrie, fort peu savent ce métier. Après que la bière est faite, on la laisse écumer et rasseoir, et il se fait par la clarification une nouvelle séparation des choses impures d'avec les pures, ce qui se fait par le mouvement naturel des esprits agités qui séparent la lie d'avec le corps et jettent dehors l'écume ou la levure. Avant cela la bière n'est pas bonne à boire, et les hommes ne peuvent en profiter à cause de la lie, qui, mêlée aux esprits, empêche leur opération. La même chose s'observe dans le vin, lequel pendant qu'il est trouble, bourru et non clarifié, ne fait pas les effets ordinaires à sa nature. Ni le vin ni la bière avant leur clarification ne donnent un esprit distillé si parfait. Outre toutes ces préparations, on peut faire une nouvelle séparation par une sublimation végétable, savoir en séparant les esprits du vin et de la bière, et par la distillation en faire une nouvelle boisson comme de l'eau-de-vie, ainsi qu'on les peut tirer aussi des lies restantes de tous deux. Ce que faisant, on sépare les esprits opérateurs de leurs corps par le moyen du feu. Et les esprits laissent leur demeure qu'ils avaient auparavant dans ces corps, lesquels étaient pour lors encore en vie ; mais après une telle séparation, ce ne sont plus que des

Basile Valentin. *Triumph Wagen Antimonii,* Leipzig, 1604, Jacob Apels. Traduction française : *Le Char Triomphal de l'Antimoine,* par le docteur François Sauvin en 1646, manuscrit B.N. 1re édition chez Retz, Paris, 1977.

corps morts et sans âme. L'exaltation de ces esprits se fait par la rectifi-
cation de l'eau-de-vie, laquelle se distille jusqu'à ce qu'elle soit pure et
nette, sans aucun flegme ni aquosité ; de laquelle une pinte a plus de
force et plus d'activité que vingt autres qui ne sont pas rectifiées, car
elle pénètre bien plus tôt et opère très promptement...

LE PARCHEMIN

Voici, en fac-similé, le début de la fameuse lettre autographe de Blaise Pascal, qu'à sa mort on trouva cousue dans la doublure de son habit.

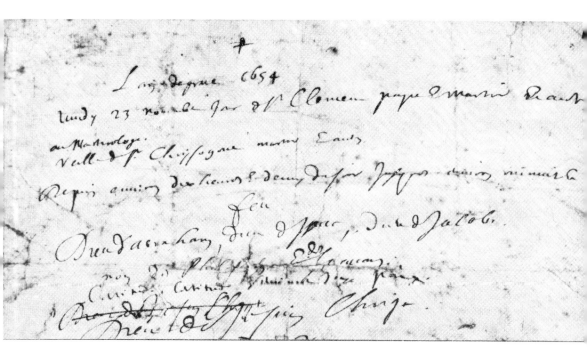

Pour un habitué des subtilités hermétiques, il s'agit en clair d'une transmutation qui dura deux heures. D'autres interprétations sont également envisageables.

Voici notre adaptation en orthographe d'aujourd'hui, et le commentaire autorisé de Fulcanelli dans ses *Demeures philosophales* :

+
L'an de grâce 1654
lundi 23 novembre jour de st. Clément pape et martyr et autres
au martyrologe.
Veille de st. Chrysogone martyr et autres
Depuis environ dix heures et demie du soir jusques environ minuit et demi,
feu
Dieu d'Abraham, dieu d'Isaac, dieu de Jacob,
non des philosophes et des savants.
Certitude, certitude sentiment joie paix.
. . . .

"Nous avons souligné à dessein, bien qu'il ne le soit pas dans la pièce "originale, le mot *Chrysogone,* dont se sert l'auteur pour qualifier la "transmutation ; il est formé, en effet, de deux mots grecs : *Krusos, or,* "et *gone, génération.* La mort, qui emporte d'ordinaire le secret des hom-"mes, devait livrer celui de Pascal, *philosophus per ignem.*

———————————— ∎ ————————————

UNE FIOLE DE LARMES SUR UN LIVRE

Albéric, fils d'un noble chevalier, naquit vers l'an 1107 au château des Sept-Frères, dans le comté d'Alvito, province de Caserte en Italie. Gravement malade au début de sa dixième année, il tomba neuf jours dans le coma. Durant ce temps il eut une étrange vision qu'il rapporta à son réveil ; elle l'amena, malgré sa jeunesse, à prendre l'habit monastique, à Mont-Cassin [1].

L'abbé Girard, qui dirigea le monastère de 1111 à 1123, fit enregistrer son récit, mais quelques années plus tard, en 1127, Albéric entreprit de revoir et corriger lui-même le texte qui ne s'avérait guère conforme. Il y parvint en trois jours, avec l'aide de son ami Pierre le Diacre (1107-v1160), bibliothécaire à Mont-Cassin. La *Vision d'Albéric* demeura longtemps inconnue, sauf de Dante (1265-1321) semble-t-il, car la ressemblance avec la *Divine Comédie* est assez frappante.

C'est Francesco Cancellieri qui le premier fit connaître la *Vision d'Albéric*, en la publiant accompagnée d'une longue étude *(Osservazioni... sopra l'originalita della Divina Comedia di Dante appogiasta alla storia della Visione del monaco casinese Alberico* — Rome, 1814).

Voici un passage d'Albéric, traduit par Jean Marchand [2] :

> ... Il arriva alors qu'un serviteur de Dieu, voué dans son ermitage à une vie solitaire, supplia le Seigneur de lui reveler à qui il ressemblerait dans la vie future. Et par inspiration divine il obtint cette réponse :
> — Si tu veux connaître ton semblable, c'est ce riche ! A ces mots, l'ermite, attristé, songea :
> — Moi qui, tant d'années déjà, ai suivi la carrière du Christ, voilà que je suis comparé à un riche !

(1) • Ce monastère bénédictin, fondé par saint Benoît en 529, fut complètement détruit en 1944. Depuis, il a été reconstruit.
• En 1944, le manuscrit d'Albéric (1127) était toujours là-bas.
(2) *L'Autre Monde au Moyen Age*, Paris, 1940, E. de Boccard.

Il quitta donc son ermitage, descendit vers la ville, alla trouver le riche...

Le riche lui répondit qu'il avait commis de nombreux péchés et qu'il n'avait fait aucun bien.

Alors l'ermite le pria de réfléchir davantage et de lui répondre sans hésiter.

Le riche se souvint donc de la femme qu'il avait désirée et de ce qu'il avait fait ensuite, et rapporta le tout fidèlement[1].

Puis l'ermite revint à son ermitage.

Or il advint que peu de temps après, le riche parvenu à l'extrémité, paya le tribut de la mort. A cette nouvelle, l'ermite alla vers lui. L'autre ayant déjà fini sa vie, le serviteur de Dieu aperçut le diable et un ange qui se tenaient aux côtés de l'âme, chacun d'eux s'efforçant de la tirer à soi.

Le diable affirma que ce riche n'avait jamais fait quoique ce fût de bien, et apporta aussitôt devant l'ange un grand livre où figuraient tous ses crimes.

L'ange lui ordonna d'ouvrir le livre. Et comme le diable l'ouvrait, le serviteur de Dieu, qui se tenait éloigné, vit aux mains de l'ange une fiole de larmes : celles du riche, qui avait jadis pleuré le mari captif de la femme convoitée et ses propres péchés. L'ange jeta une partie des larmes sur le livre et commanda au diable de le fermer, puis de le rouvrir. Le diable obéit et, en rouvrant le livre, il trouva qu'un tiers des péchés était effacé. Trois fois il en fut ainsi, de sorte que, lavé de tous ses crimes, le riche obtint la vie éternelle...

———————————— ■ ————————————

(1) Il s'agissait d'une bonne action.

LES MAÎTRES ET LES ESCLAVES

Avignon, le 24 juin 1607

. . . .

Je fus vendu à un pêcheur, qui fut contraint de se défaire bientôt de moi, pour n'avoir rien de si contraire que la mer, et, depuis, par le pêcheur à un vieillard, médecin spagyrique, souverain tirant de quintessences, homme fort humain et traitable, lequel, à ce qu'il me disait, avait travaillé cinquante ans à la recherche de la pierre philosophale, et en vain quant à la pierre, mais fort sûrement à autres sortes de transmutation des métaux. En foi de quoi, je lui ai vu souvent fondre autant d'or que d'argent ensemble, les mettre en petites lamines, et puis mettre un lit de quelque poudre, puis un autre de lamines, et puis un autre de poudre dans un creuset ou vase à fondre des orfèvres, le tenir au feu vingt-quatre heures, puis l'ouvrir et trouver l'argent être devenu or ; et plus souvent encore, congeler ou fixer l'argent vif en argent fin, qu'il vendait pour donner aux pauvres. Mon occupation était de tenir le feu à dix ou douze fourneaux, en quoi, Dieu merci, je n'avais plus de peine que de plaisir. Il m'aimait fort, et se plaisait fort de me discourir de l'alchimie, et plus de sa loi, à laquelle il faisait tous ses efforts de m'attirer, me promettant force richesse et tout son savoir.

. . . .

Vincent Depaul

Lettre adressée à M. de Comet, avocat à la Cour Présidiale de Dax.
Depaul est son véritable patronyme, ainsi qu'il l'écrit.

RÉANIMER SATURNE

Dans sa jeunesse, Canseliet expérimenta le procédé particulier suggéré par Vigenère.

Le plomb doit être maintenu en *surfusion* pendant longtemps, c'est-à-dire jusqu'à ce que, suffisamment nourri de feu, en quelque sorte, le *grain fixe* puisse être isolé.

Le grain fixe du plomb, c'est sa partie essentielle, le noyau débarrassé des impuretés. La technique pour l'isoler s'apparente à l'art de l'essayeur, dont nous parlerons en un autre chapitre.

A propos de la surfusion, signalons que celle, si étrange, de l'eau, fut étudiée en 1954 par le professeur H. Bortels, directeur de l'Institut de Bactériologie de Berlin-Dahlem. Il constata qu'elle n'est nullement le fait du hasard, mais en étroite corrélation avec les baisses de l'activité magnétique terrestre, et de la pression atmosphérique.

Pour empêcher l'oxydation du plomb, Vigenère propose le mercure et son très vénéreux bichlorure, mais Canseliet parvint au même résultat avec un réducteur bien plus simple : le charbon de bois pulvérisé.

Le plomb du disciple de Fulcanelli provenait d'une banale couronne de tuyau de gaz. Le grain fixe qu'il en tira, belle réussite de laboratoire après un travail épouvantable, fut projeté sur du mercure ordinaire, et donna cent grammes d'or pur.

> ...[1] celui qui voudrait prendre la patience de cuire le plomb en un feu réglé et continuel qui n'exédât point sa fusion, c'est-à-dire que

(1) Blaise de Vigenère. *Traicté du feu et du sel,* Paris, 1618, chez l'Angelier.

le plomb y demeurât toujours fondu, et non plus, y ajoutant quelque petite portion de vif-argent et de sublimé pour le garder de se calciner et réduire en poudre, celui-là, au bout de quelque temps, trouverait que le Flamel (Nicolas) n'a pas parlé frivolement, de dire que le grain fixe contenu en puissance dans le plomb s'y multiplierait et croîtrait...

L'action de la température sur la structure cristalline des métaux est un phénomène bien connu (recuit, trempe, etc.) ; voici trois lignes prélevées dans le *Précis de chimie* de Raymond Quelet, Paris, 1952, P.U.F. : ''Si l'on maintient pendant un temps assez long le métal à une température assez élevée (mais inférieure à son point de fusion), il y a augmentation de la grosseur des cristaux''.

B. de Vigenère à 73 ans
Portrait gravé par Thomas de Leu

LA NATURE ET LES MÉTAUX

... Il faut nécessairement avouer que l'intention de la Nature en produisant les métaux n'est pas de faire du plomb, du fer, du cuivre, de l'étain, ni même de l'argent, quoique ce métal soit dans le premier degré de perfection, mais de faire de l'or — l'enfant de ses désirs — ; car cette sage ouvrière veut toujours donner le dernier degré de perfection à ses ouvrages, et, lorsqu'elle y manque et qu'il s'y rencontre quelques défauts, c'est malgré elle que cela se fait. Ainsi ce n'est pas elle qu'il en faut accuser, mais le manquement de causes extérieures...

C'est pourquoi nous devons considérer la naissance des métaux imparfaits comme celle des avortons et des monstres, qui n'arrive que parce que la Nature est détournée dans ses actions, et qu'elle trouve une résistance qui lui lie les mains et des obstacles qui l'empêchent d'agir aussi régulièrement qu'elle a coutume de le faire. Cette résistance que trouve la Nature, c'est la crasse que le mercure a contractée par l'impureté de la matrice, c'est-à-dire du lieu où il se trouve pour former l'or, et par l'alliance qu'il fait en ce même lieu avec un soufre mauvais et combustible...

Docteur Guillaume (William) Salmon. *Bibliothèque des Philosophes Chymiques* (Préface), Paris, 1678, chez Angot.

LA DIVISION DE LA MATIÈRE

Nicolas Lémery en 1675 [1]

... Le nom de *Principe* en chimie ne doit pas être pris dans une signification tout à fait exacte ; car les substances à qui l'on a donné ce nom ne sont principes qu'à notre égard, et qu'en tant que nous ne pouvons point aller plus avant dans la division des corps ; mais on comprend bien que ces principes sont encore divisibles en une infinité de parties, qui pourraient à juste titre être appelées principes. On n'entend donc par principes de chimie que des substances séparées et divisées autant que nos faibles efforts en sont capables, et comme la chimie est une science démonstrative, elle ne reçoit pour fondement que celui qui lui est palpable et démonstratif. C'est à la vérité un grand avantage que d'avoir des principes si sensibles, et dont on peut raisonnablement être assuré. Les belles imaginations des autres philosophes touchant leurs principes physiques, élèvent l'esprit par de grandes idées, mais elles ne leur prouvent rien démonstrativement. C'est ce qui fait qu'en allant à tâtons pour découvrir leurs principes, les uns se forment un système, et les autres un autre...

Albert Ducrocq en 1978 [2]

... Les tables rondes se succèdent, les scientifiques comprenant que l'heure est venue de s'interroger sur les concepts fondamentaux de la physique. Un grand examen de conscience les conduit à ces réflexions :
— Nous ne savons rien des attributs que nous imputons à la matière : étrangeté, charme ne sont que des mots. Nous ne connaissons même pas l'essence des charges électriques auxquelles pourtant la technique fait aujourd'hui couramment appel. La sagesse serait de regarder ces attributs comme des symboles dont on ne doit pas chercher à donner de représentation matérielle ; ils peuvent seulement être évoqués à travers les effets qu'ils engendrent.

---

(1) *Cours de Chymie*. Pour la 1re édition, Paris, 1675, chez l'auteur.
(2) *Le livre d'or de la science* (ouvrage collectif), Paris, 19.8, Solar.

— Il n'est pas prouvé que la simple description de ces effets soit toujours possible. Le mathéticien sait seulement résoudre les équations différentielles dans quelques dizaines de cas, auxquels il voudrait tout ramener. La nature résiste à ce réductionnisme.

— La notion de particule n'est pas claire. Nul ne peut encore, à l'heure actuelle, dire si la particule élémentaire est un objet qui évolue dans l'espace où si ce ne serait pas piutôt une région de l'espace où se produiraient des scintillations imputables à l'existence d'un milieu subquantique qui serait à la particule ce que l'atome est à nous. Ce milieu subquantique reste une hypothèse ; elle est de plus en plus sérieusement prise en considération par les physiciens.

— Dans ce milieu subquantique, les notions d'espace et de temps cesseraient d'avoir cours. Elles deviendraient des séquences de processus.

Ce sont des considérations qui à première vue déroutent. Elles pourraient pourtant annoncer à la fois un nouvel âge de la science et une révolution intellectuelle. Hier, l'homme continuait à se prendre pour référence : il tentait de bâtir l'univers à partir de ses sensations et de sa pensée. Un édifice de symboles pourrait enfanter une autre pensée, propre à l'appréhension des données fondamentales de l'univers et à la compréhension de notre mentalité à partir de ces données, alors que nous étions dans l'erreur en cherchant à expliquer l'univers avec notre mentalité...

REVERS D'INFORTUNE

... Que ma joie fut vive et grande[1] ! J'étais hors de moi-même, je fis comme Pygmalion, je me mis à genoux pour contempler mon ouvrage et en remercier l'Éternel, je me mis aussi à verser un torrent de pleurs, qu'elles étaient douces ! que mon cœur était soulagé ! il me serait difficile de peindre ici tout ce que je ressentais et la position où je me trouvais. Maintes idées s'offraient à la fois à ma pensée. La première me portait à diriger mes pas près du Roi citoyen (Louis-Philippe) et lui faire l'aveu de mon triomphe, l'autre de faire un jour assez d'or pour former divers établissements dans la ville qui me vit naître, une autre idée me portait à marier le même jour autant de filles qu'il y a de sections à Paris, en les dotant ; une autre idée me portait à me procurer l'adresse des pauvres honteux et d'aller moi-même leur porter des secours à domicile, enfin je finis par craindre que la joie ne me fit perdre la raison...

—————————— ● ——————————

(1) ● Cyliani venait de réussir le Grand Œuvre.
   ● *Hermès dévoilé.* Imprimé en 1832 par F. Locquin, à Paris.

TRANSMUTATION DE L'HOMME

... Pour l'alchimiste, il faut sans cesse le rappeler, le pouvoir sur la matière et l'énergie n'est qu'une réalité accessoire. Le véritable but des opérations alchimiques qui sont peut-être le résidu d'une science très ancienne appartenant à une civilisation engloutie, est la transformation de l'alchimiste lui-même, son accession à un état de conscience supérieure. Les résultats matériels ne sont que les promesses du résultat final, qui est spirituel. Tout est dirigé vers la transmutation de l'homme lui-même, vers sa divination, sa fusion dans l'énergie divine fixe, d'où rayonnent toutes les énergies de la matière. L'alchimie est cette science "avec conscience" dont parle Rabelais. C'est une science qui matérialise moins qu'elle n'hominise, pour reprendre une expression du Père Teilhard de Chardin, qui disait : "La vraie physique est celle qui parviendra à intégrer l'Homme total dans une représentation cohérente du monde."...

Louis Pauwels et Jacques Bergier. *Le Matin des magiciens,* Paris, 1960, Gallimard.

LEXIQUE SPAGYRIQUE

A part les *f*, les *oi*, et les *y*, nous avons recopié fidèlement les principales "Explications de plusieurs termes dont on se sert dans la Chymie", données par Lémery dans le *Cours de Chymie* qu'il publia la première fois en 1675, revu par Baron pour l'exemplaire que nous utilisons, et publié à Paris en 1756 chez Herissant[1].

Il s'agit de définitions purement spagyriques, et le lecteur ne saurait y faire référence s'il rencontre certains de ces termes à propos d'alchimie.

Ces explications, prétentieuses, touchantes, ou savoureuses, ne sont pas pour autant dénuées d'intérêt, car outre l'homogénéité avec les autres pages de chimie ancienne que nous avons sélectionnées, quelques vieux alchimistes ont parfois enveloppé leurs exposés d'une brume spagyrique.

Alchimie,   les chimistes ont ajouté la particule arabe *al* au mot de *chimie,* quand ils ont voulu exprimer la plus sublime, comme celle qui enseigne la transmutation des métaux, quoique alchimie ne signifie autre chose que la chimie.

Alkaest,   est un nom composé de deux mots allemands : *al, geest,* c'est-à-dire tout esprit. Van Helmont prétend être l'inventeur de ce terme, mais il l'a tiré de Paracelse ; quoi qu'il en soit, on veut par ce mot exprimer un dissolvant universel, mais j'en crois l'existence simplement imaginaire, car je n'en connais point.

Alkool,   ce nom est arabe ; il signifie subtiliser, comme lorsqu'on pulvérise quelque mixte jusqu'à ce que la poudre soit impalpable ; on emploie aussi ce mot pour exprimer un esprit.

Athanor,   vient de *Tannaron,* mot arabe qui signifie un four, c'est un fourneau très commode pour faire les opérations de chimie qui ne

(1) • Nicolas Lémery (17 novembre 1645 - 19 juin 1715).
   Docteur en médecine, membre de l'Académie des Sciences en 1699.
   • Théodore Baron d'Hénouville (17 juin 1715 - 10 mars 1768). Docteur en médecine, membre de l'Académie des Sciences en 1752.

demandent qu'un feu modéré et à peu près égal, comme les digestions ; quelques-uns l'appellent *fourneau philosophique,* d'autres *fourneau des arcanes.*

Cémenter, est une manière de purifier l'or. Elle se fait en stratifiant ce métal avec une pâte dure, composée d'une partie de sel armoniac, deux parties de sel commun, et quatre parties de bol ou de briques en poudre, le tout ayant été malaxé avec une quantité suffisante d'urine. On appelle cette composition, *cément royal.*

Cohober, terme arabe, signifie réitérer la distillation d'une même liqueur, l'ayant renversée sur la matière restée dans le vaisseau. Cette opération se fait pour ouvrir les pores, ou pour volatiliser les esprits.

Congeler, est laisser figer ou prendre consistance par le froid à quelque matière qu'on avait auparavant mise en fusion, comme quand on fait fondre un métal dans un creuset par le feu, on le laisse refroidir, ou bien on laisse figer la cire, la graisse, le beurre, qui avaient été fondus.

Départ, est une séparation de quelque métal d'avec un autre, avec lequel il avait été intimement mélangé ; par exemple, quand sur un mélange d'or et d'argent on a versé de l'eau-forte, l'argent se dissout, mais l'or n'étant point pénétré par ce dissolvant, se tient précipité au fond du vaisseau.

Détonation, est un bruit qui se fait quand les parties volatiles de quelque mélange sortent avec impétuosité ; ce bruit s'appelle aussi ful-mination.

Digestion, se fait quand on laisse tremper quelque corps dans un dissolvant convenable à une très lente chaleur, pour le ramollir.

Fumier, le bain de fumier, appelé aussi *ventre de cheval,* se fait lorsqu'un vaisseau contenant quelque matière qu'on veut mettre en digestion ou en distillation, est placé dans un gros tas de fumier chaud... Le bain de fumier a ses degrés, suivant la grosseur du tas, et suivant le lieu où il est placé, car un gros tas de fumier rendra beaucoup plus de chaleur qu'un petit tas ; et si ce fumier est placé dans une écurie ou en un autre lieu chaud et couvert, il s'échauffera bien davantage, et il fera beaucoup plus d'effet, pour les digestions et pour les distillations, qu'un autre tas de fumier pareil en volume, qui sera exposé à l'air.

Feu de lampe, se fait lorsque quelque matière contenue dans un vaisseau de verre, est échauffée par la chaleur toujours égale d'une lampe allumée.
On se sert du feu de lampe très allumé pour amollir les cols de quelques petits vaisseaux, afin de les *luter hermétiquement.*

Feu de roue,   ou de fusion, se fait lorsqu'on environne de charbon allumé un creuset, ou un autre vaisseau qui contient la matière qu'on a dessein de mettre en fusion.

Hermès Trismégiste,   fut un grand chimiste, qui vécut quelque temps après Moïse.

Huile des Philosophes,   cette préparation est une huile d'olive dont on empreint les briques, et qu'on fait ensuite distiller...
Quelques-uns rectifient l'huile de brique avec le colcothar au lieu de la brique.
Les anciens Chimistes ont donné l'épithète de *Philosophiques* à toutes les préparations où ils ont fait entrer de la brique. La raison qu'on en peut donner, c'est que comme ils se sont appelés les véritables Philosophes, ou les Philosophes par excellence, ils ont cru qu'ils devaient faire rejaillir les influences de ce beau nom jusque sur les briques, à cause qu'elles servent ordinairement de matériaux pour construire les fourneaux avec lesquels ils travaillent à ce qu'ils appellent le *grand Œuvre,* ou *la Pierre Philosophale* ; car ils prétendent que par ce travail ils atteindront à la véritable Philosophie.

Léviger,   est rendre un corps dur en poudre impalpable sur le porphyre.

Lut de sapience,   prenez de la farine et de la chaux éteinte, de chacune une once ; du bol en poudre, demie once ; mêlez le tout, et en formez une pâte liquide, avec une quantité suffisante de blancs d'œufs, que vous aurez auparavant bien battus avec un peu d'eau. Cette pâte peut servir aussi pour boucher les fêlures des vaisseaux de verre ; il en faut appliquer trois couches dessus avec des bandes de papier.

Mixtes,   j'entends par là les choses qui croissent naturellement, à savoir les minéraux, les végétaux, et les animaux.

Menstrue,   signifie en terme de chimie, dissolvant : il est ainsi appelé, parce que les alchimistes ont cru que la dissolution parfaite d'un mixte s'achevait dans leur mois philosophique, qui est de quarante jours.

Métaux,   les métaux diffèrent des autres minéraux, en ce qu'ils sont malléables, et que les minéraux ne le sont point. On en compte sept, l'or, l'argent, le fer, l'étain, le cuivre, le plomb, et le vif-argent : ce dernier n'est pas malléable, s'il n'est mêlé avec les autres ; mais comme on prétend que ce soit la semence des métaux, on l'a mis en ce rang.
Les astrologues ont prétendu qu'il y avait une si grande affinité, et tant de correspondance entre les sept métaux dont nous venons de parler, et les sept planètes, que rien ne se passait dans les uns, que les autres n'y prissent part ; ... et ils en tirent des conséquences qui seraient trop longues à rapporter ici ; je dis, les plus raisonnables, car il n'y a rien de plus étrange que ce que veulent établir quelques-uns d'entr'eux.

Pierre des Philosophes, elle se fait en la manière suivante. Pulvérisez et mêlez ensemble de l'alun de roche et du vitriol romain, de chacun douze onces ; de la céruse et du bol blanc, de chacun deux onces ; du sel de tartre, une once ; du camphre et de l'encens mâle, de chacun deux dragmes : mettez le mélange dans un plat de terre, versez dessus, en l'agitant avec une spatule, six onces de vinaigre ; placez le pot sur un petit feu, et y laissez durcir la matière en pierre... Si l'on n'a point de vitriol romain, on peut lui substituer le vitriol d'Angleterre, qui a la même vertu. Le bol blanc est une espèce de marne. L'encens mâle, appelé en latin *Olibanum, quasi Oleum Libani,* à cause du Mont Liban où il naît, est une gomme résineuse en larmes blanches jaunâtres, qui découle par incision de plusieurs petits arbres fort communs en la Terre Sainte et dans l'Arabie heureuse.

Piger Henricus, est le fourneau athanor : on lui a donné ce nom parce qu'il peut être gouverné par un paresseux, ne donnant pas grande peine ni grand soin à conduire.

Projection, est quand on met quelque matière qu'on veut calciner, cuillerée à cuillerée, dans un creuset.

Rectifier, est faire distiller les esprits, afin d'en séparer ce qu'ils peuvent avoir enlevé avec eux des parties hétérogènes.

Revivifier, est faire retourner quelque mixte qu'on aurait déguisé par des sels ou par des soufres, en son premier état. Ainsi l'on revivifie le cinabre, et les autres préparations de mercure, en mercure coulant.

Sceller hermétiquement, est clore l'embouchure ou col d'un vaisseau de verre avec des pincettes rougies au feu. Pour ce faire, on réchauffe ce col avec des charbons ardents qu'on approche peu à peu ; on augmente et on continue le feu, jusqu'à ce que le verre soit près de se mettre en fusion ; on se sert de ce moyen de boucher les vaisseaux, quand on a mis dedans quelque matière facile à être exaltée, qu'on veut faire circuler.

Scories, ce sont les impuretés et généralement toutes les matières étrangères à la substance métallique, qui s'en séparent par la fusion que l'on fait de cette substance, et viennent nager à la surface, comme étant plus légères. (Définition de Baron.)

Soufre-principe, si l'or contenait plus de soufre que l'argent, il serait moins pesant ; car le soufre est un des principes de chimie les plus légers.
Je sais bien que les alchimistes me diront que leur soufre est bien différent du commun, et qu'ils conçoivent dans l'or un soufre fixe, et par conséquent pesant.

Spagyrie, (spargirie) ce mot est composé de deux verbes grecs, qui signifient *séparer* et *ramasser*, parce qu'elle nous enseigne à séparer les substances utiles de chaque mixte d'avec les inutiles, et à les rassembler.

Sublimer,   est faire monter par le feu une matière volatile au haut de l'alambic, ou au chapiteau.

Tête morte,   ou **terre damnée,**   … sans doute que l'origine de cette dénomination vient de quelque alchimiste de mauvaise humeur, qui n'ayant pas trouvé ce qu'il cherchait dans la terre des mixtes, lui donna sa malédiction. (En alchimie, les deux expressions ne sont nullement équivalentes.)

Transmutation,   est quand on change la nature d'un mixte en une autre plus parfaite, comme si du cuivre, de l'étain, on pouvait faire de l'or, de l'argent.

Vitriol,   est une des drogues les plus utiles de la Médecine ; on en tire quantité d'excellents remèdes, il s'appelle en latin *Vitriolum*. Quelques-uns des anciens chimistes qui ont souvent exagéré dans leurs expressions en fait de remèdes, ont cru que ce nom était mystérieux, et que chacune de ses lettres faisait le commencement d'un mot ; qu'ainsi, quand on l'avait nommé Vitriolum, on avait entendu dire : *Visitabis Interiora Terræ Rectificando Invenies Occultum Lapidem Veram Medicinam.* Ce qui enseigne où il faut chercher ce sel minéral, à savoir, dans les mines qui sont les entrailles de la terre ; comment il faut le retirer en purifiant la mine, sa bonté et son utilité, en ce qu'il contient en soi de quoi faire la véritable Médecine.

Musæum Hermeticum
édition de 1749 à Francfort et Leipzig

Chapitre deuxième

LA PIERRE PHILOSOPHALE

Sans plus de logique qu'au chapitre précédent, abordons le problème par la fin, et relevons chez les Philosophes quelques caractéristiques de leur pierre :

- coloris rouge
- aspect d'un cristal translucide
- forte densité
- fusible à basse température
- résiste à la calcination
- friable
- soluble dans les esprits usuels
- pénétrante dans les solides (pouvoir d'*ingrès*)
- projetée sur un métal ordinaire en fusion, elle ne produit aucun effet
- toutefois, avec l'or ou l'argent, elle se combine en modifiant leurs propriétés.

LA MÉDECINE UNIVERSELLE   Sous cette première forme, ainsi qu'elle apparaît à l'Adepte à l'issue du Grand Œuvre, la pierre ne transmute donc pas les métaux.

En solution, ses propriétés physiologiques la rendent utilisable pour le règne animal et végétal, c'est le fameux *or potable*, qui n'a pourtant rien de doré. Le Philosophe n'a pas licence de le distribuer, ou tout au moins pas avant d'en avoir atténué l'efficacité.

Certains spagyristes, ayant vu une indication dans ces mots très suggestifs "or potable", ont mis au point quantité de potions couleur jaune, ou à base d'or ; le lecteur saura donc faire la différence dans les vieux traités, dans les nouveaux aussi d'ailleurs, puisque le brave Armand Barbault (1906-1974) a redécouvert comment rendre l'or potable.

L'expression "pierre philosophale", dont le sens s'affermit depuis le XIIᵉ siècle, reste à caractère général car le Philosophe désigne son chef-d'œuvre sous le nom de *Médecine universelle*. Ce sont en quelque sorte les termes techniques.

Pierre philosophale et *Médecine universelle* demeurent cependant synonymes, et constituent le premier volet de la légendaire fenêtre.

Son symbole est le *Phénix,* car la phase finale du Grand Œuvre consiste à réduire, plusieurs fois de suite, la noble matière en "cendres", d'où elle réapparaît toujours plus puissante.

Les Décades
qui se trouvent
de Tite-Live
1617, Blaise de Vigenère

Cabalistiquement, c'est le palmier *(phœnix),* mais le sens du Phénix est aussi plus profond, la Médecine universelle a des propriétés régénérantes, ainsi que l'expose l'ermite Treverizent à Parsifal[1] :

... Les fiers guerriers qui résident en ce château tirent toute leur nourriture d'une pierre précieuse qui est la pureté même. On l'appelle *lapsit exillis.* C'est par la vertu de cette pierre que le Phénix brûle et renaît de ses cendres, c'est grâce à elle qu'il perd ses plumes pour retrouver ensuite sa splendeur. La pierre a aussi le pouvoir de guérir les maladies, et de rajeunir hommes et femmes, dont les os et la chair retrouvent leur pleine vigueur. La pierre est aussi appelée le Graal...

Elle permet à l'Adepte de franchir la barrière du réel, ainsi que le décrit Philothaume dans son récit allégorique[2] :

... Alors, plus vite qu'un éclair, ce Philosophe, (Raymond Lulle) écartant la voûte azurée des cieux, m'a fait voir dans le sein d'un air immense, les racines lumineuses de tous les êtres de la Nature...

Cette voûte délimitant notre réalité, Fulcanelli, qui ne s'était plus montré depuis un quart de siècle, l'a écartée quelque jour de 1952 pour son élève Canseliet. Le Maître avait alors plus de 100 ans, l'élève 53,

---

(1) • *Parsifal*, par Wolfram von Eschenbach (v1170-v1220).
　　• Le Graal est taillé dans l'émeraude philosophique.
(2) *Explication Physique de la Fable*, par Philothaume (XVIIIᵉ siècle).

mais ils paraissent du même âge[1] :

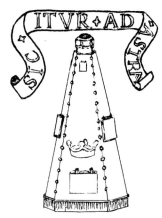

*D'après un bas-relief
exécuté en 1546
Château de Dampierre
(Charente-Maritime)*
C'est ainsi qu'on s'immortalise
est-il gravé au-dessus de l'athanor

... je ne m'attendais pas à rencontrer Fulcanelli, avec mes bretelles qui tombaient sur mon pantalon. Quand il m'a vu, il a repris le tutoiement dont il usait avec moi : "Mais alors tu me reconnais ?" Un enfant que vous avez connu, c'est difficile de le reconnaître quand il a 25 ans. Ici le cas était à l'opposé...

... comme s'il avait remonté le temps, mais on reconnaît toutes sortes de choses du visage : les oreilles, la forme, l'implantation des cheveux, grisonnants certes, mais qui étaient noirs. Bon vous me direz il a pu se teindre ! Non, c'était bien lui. Je n'ai pas pu voir s'il avait bien des dents nouvelles, je vais loin, mais dans l'ensemble, quelle allure...

... je découvris de ma fenêtre — ajoutant encore au charme du tableau — la présence d'un bambin d'environ dix ans et d'une petite fille, qui semblait descendue d'un tableau de Vélasquez. Un poney et deux lévriers les accompagnaient. Mais après une de ces longues nuits de travail dont je suis coutumier, la découverte que je fis me parut plus persuasive encore : dans une grande allée au feuillage dense, une jeune femme, une reine, s'avançait, portant le collier de la Toison d'or...

L'Adepte atteint donc la *Connaissance*. C'est le but véritable de l'alchimie, et nous tenons-là l'explication de la formidable attraction qu'elle suscite depuis tous temps, chez les Sages de toutes races.

... Tu seras délié de ton âme, tu ne seras plus toi-même quand il (le Seigneur) te répondra. Il te donnera l'oracle en vers et, ayant parlé, s'en ira. Toi cependant reste là en silence, car tu comprendras les choses de toi-même, et alors tu retiendras sans faute toutes les paroles du grand dieu, même si l'oracle comptait des milliers de vers[2]...

(1) Interview d'Eugène Canseliet dans
— *Le Feu au Soleil,* par Robert Amadou, 1978   (1er extrait).
— *Radioscopie,*   par Jacques Chancel, 1978   (2e extrait).
— *Le Grand Albert,* par John A. Ryan, 1971   (3e extrait).
(2) *Papyrus magique* (B.N.). Traduction du R.P. Festugière dans *La Révélation d'Hermès Trismégiste,* 1950, J. Gabalda.

C'est ici le lieu de bien insister sur la différence entre l'alchimiste, et l'Adepte. L'Adepte, nous l'avons compris, est l'alchimiste qui a réussi le Grand Œuvre, il a obtenu la pierre, première étape vers l'Absolu.

Le symbole de l'Adeptat est la *Rose-Croix,* mais comme il fut récupéré par plusieurs sociétés secrètes, nous ne voulons pas embrouiller les esprits. Que l'étudiant sache qu'assurément, le véritable Rose-Croix n'appartient à aucune organisation. La croix symbolise le creuset, comme l'indique l'ancien nom *crucible,* et sa racine *crux,* croix. La Rose est le symbole de la pierre philosophale, fleur du creuset.

Le médecin Robert Fludd, savant disciple de Paracelse, génère l'ambiguïté sur ce point de la Rose-Croix ; nous le citons quand même car il écrivait admirablement[1] :

Cathédrale de Chartres
Dessin d'une statue
du porche septentrional
(v. 1240)
Dictionnaire
de l'Architecture
1854,
E.-E. Viollet-le-Duc

... le Christ habite en l'Homme. Il le pénètre tout entier, et chaque homme est une pierre vivante de ce roc spirituel. Les paroles du Sauveur s'appliquent donc à l'Humanité en général. Et c'est ainsi que se construira le Temple dont ceux de Moïse et de Salomon ne furent que les préfigures. Et quand le Temple sera consacré, ses pierres mortes redeviendront vivantes, le métal impur sera transmué en or fin, et l'Homme recouvrera son état primitif de pureté et de perfection...

On pourrait supposer que par la pratique du laboratoire, l'opérateur habile, connaissant la théorie de A à Z, parviendrait forcément à reproduire cette fameuse pierre, et même que potentiellement, il la détiendrait déjà.

La clef de l'Adeptat se ramènerait donc à connaître à fond cette technique tant dissimulée par les Maîtres ? Eh bien non, cela ne suffit pas.

Le résultat des différentes manipulations, et surtout des dernières, dépend de nombreux facteurs, l'alchimiste n'est qu'un homme, il en a identifié quelques-uns : proportion des composants, température de cuisson, et aussi la position des astres dans l'espace, la conformation des barrières atmosphériques, etc., ce sont les paramètres de l'art. D'autres restent

---

(1) *Summum Bonum,* par Robertus de Fluctibus (1574-1637), publié en 1629 chez Joachimum Frizium.

insaisissables, que l'on peut appeler *paramètres de nature,* et parmi ceux-là, l'alchimiste lui-même.

N'allez pas imaginer un état de transe, plus indiqué au music-hall : l'alchimiste, calme philosophe, n'est pas plus mystique que fanatique. L'artiste doit sentir vivre sa matière, c'est un jardinier ; il doit s'accorder avec elle, c'est un musicien. Ajoutons à cette envolée qu'il faut sans doute être dispos : parmi leurs activités d'autrefois, beaucoup de femmes, en période menstruelle, demeuraient incapables de monter une mayonnaise, et faisaient tourner la nouvelle viande des saloirs.

François-Marie-Pompée Colonna (1649-1726) nous décrit ainsi l'Adepte qui manipula sous ses yeux[1] :

> ... Dans toutes ses différentes opérations, il avait une facilité que je n'avais jamais vue dans aucun Artiste : car il prenait un creuset au milieu du feu le plus ardent sans jamais le manquer : il maniait tous les vaisseaux de quelques matières qu'ils fussent, avec une adresse incompréhensible...

L'alchimiste, manœuvre expert à l'unisson de sa matière, reste encore soumis au bon vouloir des Maîtres de l'Olympe. C'est ainsi qu'il fera bien de demander protection à l'ombrageuse Artémis, chassant à travers monts et forêts, dans l'espoir qu'elle intercède auprès de Zeus son père.

*Composition de John Flaxman (1755-1826) pour l'*Iliade
(gravée en 1833 par Réveil)

(1) *Les secrets les plus cachés,* ouvrage cité en annexe.

LA POUDRE DE PROJECTION   Le second volet de la pierre philosophale correspond à la *poudre de projection,* Robert Fludd nous en a déjà glissé un mot.

Il s'agit de la pierre orientée au règne minéral par une *fermentation* à l'or ou à l'argent. Ce traitement, qui réduit considérablement son efficacité au règne animal et végétal, n'en permit pas moins à Michel Sendivogius (1566-1646) de guérir des malades, la poudre que lui avait donné Alexandre Sethon (? - 1604) s'épuisant, il mit le reste dans de l'alcool "et fit le médecin, faisant honte à tous les autres par ses cures merveilleuses".

Nous développerons davantage l'étude des transmutations métalliques, car si elles ne constituent pas une preuve d'efficacité sur l'homme, du moins placent-elles le phénomène en marge de la réalité ordinaire.

Le métal, réduit en feuilles par battage au marteau, est mis à fondre dans un creuset, avec la pierre : 3 ou 4 grammes d'or ou d'argent pour 1 gramme de pierre. Le composé prend alors l'aspect d'une masse vitreuse, opaque, dont la couleur va du rouge-orange au blanc.

Notons qu'avant d'incorporer l'or ou l'argent, il faut le purifier très soigneusement, par des techniques que nous étudierons dans un autre chapitre. L'argent ou l'or natif sont impurs, de même que ceux du commerce. La loi, en France, fixe les titres à[1] :

Or   : 920/1000   840/1000   750/1000
            avec une tolérance de 3/1000

Argent   : 925/1000   800/1000
            tolérance 5/1000

Platine   : 950/1000
            tolérance 10/1000

Les métaux ordinaires, s'ils sont destinés à la transmutation, doivent être débarassés des métalloïdes. La poudre de projection va les transformer en or ou en argent, selon la fermentation initiale.

Il suffit d'en mettre un fragment, pulvérisé ou non, dans une boulette de cire ou de papier, et de le projeter sur le métal en fusion, pour qu'en peu de temps celui-ci devienne Soleil ou Lune, généralement très purs.

---

(1) *Code Général des Impôts.* Article 522.

A partir du moment où l'on a incorporé la teinture, le délai varie de quelques secondes à quelques heures, suivant les conditions.

Mais des métaux si purs ne sont pas sans poser quelque problème à celui qui cherche à les écouler. Ainsi Eyrénée Philalèthe (1612 - ?) en fit-il naïvement l'expérience ; parcourant l'Europe afin de diffuser la science hermétique, il fabriquait de temps à autre un peu d'or ou d'argent pour assurer ses frais de voyages[1] :

> ... voyageant dans un pays étranger, je me présentai, déguisé en marchand, pour vendre un lingot d'argent très pur, car je n'avais pas osé y mettre d'alliage, chaque nation ayant son titre particulier... Ceux à qui je voulus le vendre me dirent que c'était de l'argent fait par artifice, et quand je leur demandai à quoi ils le reconnaissaient, ils me répondirent qu'ils n'étaient point apprentis en la profession, qu'ils distinguaient fort bien à l'épreuve l'argent qui venait d'Espagne, d'Angleterre, ou d'ailleurs, et que celui-là n'était au titre d'aucun état connu...

Certains orfèvres n'hésitaient cependant pas à acheter, au-dessus du cours, l'or qu'ils détectaient alchimique. C'est que le métal fabriqué par les alchimistes se révèle fréquemment un métal "teignant".

En effet, pour fabriquer de l'or, l'artiste mêle souvent au métal de base un peu plus de poudre de projection qu'il n'est nécesaire. On peut donc, jusqu'à la limite d'efficacité, ajouter une certaine proportion de métal vulgaire à l'or initialement fabriqué, pour ne retrouver, après nouvelle fusion, que de l'or pur.

Ainsi, l'acheteur pouvait-il parfois doubler sa mise. Toutefois, le coefficient transmutatoire d'une teinture n'a rien d'universel : durant le Grand Œuvre, le savoir-faire de l'artiste intervient nécessairement, et, dans la Nature, les conditions ne se montrent jamais identiques.

L'ultime phase du Grand Œuvre aboutit à la pierre philosophale disionsnous. En fait, son pouvoir peut facilement être accru suivant une progression géométrique de raison dix, le nombre sacré. A la deuxième opération, la pierre apparaît 10 fois plus puissante, 10 000 fois à la cinquième.

---

(1) *Introitus apertus,* 1667. *(L'Entrée ouverte au Palais fermé du Roi.)* D'après une traduction de l'abbé Lenglet Dufresnoy, Paris, 1742, Coustellier.

L'efficacité transmutatoire de la poudre dépend donc du niveau énergétique de la Médecine universelle.

Le témoignage personnel des Adeptes fait état, en pratique, d'un pouvoir tinctorial allant de 10 à 20 000 fois l'unité. Tous les métaux courants sont utilisables : mercure, argent, cuivre, fer, étain, plomb, zinc, antimoine, etc., mais leur nature influence le résultat.

Au XVII et XVIIIᵉ siècle, des Philosophes parcourant l'Europe, comme Philalèthe, se servaient de la poudre de projection pour propager l'alchimie. Anonymes, ils agissaient au niveau des souverains, ou des grands chimistes, farouchement anti-alchimistes de préférence, en leur remettant quelques milligrammes de poudre et le mode d'emploi. Les pauvres savants voyaient alors basculer leurs concepts, ils retournaient leur veste et devenaient les tribuns d'Hermès. C'est principalement de leurs comptes-rendus que nous allons tirer quelques données.

Auparavant, précisons que les chiffres cités par les écrivains dans les livres sur l'alchimie, et même parmi les meilleurs, comportent quelques absurdités ici et là.

Par exemple, dans un compte-rendu officiel — dont l'original en allemand était conservé chez un notaire à Ratisbonne — traduit en latin et en français, où la transmutation portait sur deux pièces de monnaie de cuivre, on trouve pour la première pièce, suivant les traducteurs :

— **Louis Figuier :** "100 dragmes et 8 1/2 grains". Cet auteur souligne que le procès-verbal, reproduit par von Murr dans, dit-il, ses "Nouvelles Littéraires", utilise des unités que l'on ne peut comparer à aucune autre :

"On est obligé d'admettre, pour les comprendre, que les auteurs de ces expériences accordaient à la *livre (Pfund)*, une valeur de beaucoup inférieure à celle qui appartient à la livre commerciale, médicinale, ou monétaire d'Autriche."

En effet, la conversion donne environ 380 grammes, soit 30 à 70 fois plus que la normale[1].

— **Bernard Husson :** "100 livres et 8 lotons"
A propos de la même transmutation, cet auteur nous précise aimablement :

(1) Cf. *Les poids autrefois,* en annexe au présent chapitre.

1) "Une livre = 32 lotons"[1]

2) la minuscule parcelle de teinture "accusa un poids d'un centième de loton, équivalent à un drachme poids de Nuremberg. Le poids de la teinture était donc de 15 centigrammes"

C'est-à-dire qu'en développant ici aussi le raisonnement un degré au-dessus de la lecture, on obtient une pièce de monnaie phénoménale de 48 kilogrammes !

Dans son *Alchimie et les Alchimistes* publié en 1860, Figuier, pour montrer sa bonne foi, nous livre sa source en allemand, laquelle semble provenir d'une traduction allemande de la traduction latine de l'original en allemand !

... Haben die Antvesenden zvei kupferne Pfennige gevogen, der eine von denen, so in dem Vinerischen Armenhause ausgetheilt verden ist nach obgedachten Probirgevicht hundert Quentchen 8 1/2 Gran, der andere aber, ein Ungrischen Poltura von 1607, achtundsechsig Pfund sechsen Loth schver gevesen[2]...

Nous reverrons ce passage en français page 89, dans l'annexe intitulée *Une transmutation officielle* (article n° 2). Husson ne se montre pas en reste, puisqu'il nous offre une référence latine (nous venons d'en citer ci-dessus le français, à propos du poids de teinture).

... lothonem exaequavit centenarii, qui drachma j ; ponderis Norimbergensis aequiparabatur...

Alors, — si on ne les rejette pas tous les deux ! — lequel choisir ? Figuier, puisque son erreur paraît moins grande ? Sûrement pas, les traductions de Figuier sont généralement fallacieuses, mais celle-ci est, de plus, bourrée d'erreurs, tout comme sa référence allemande émanant de von Murr (1805). Figuier (1819-1894) fut un célèbre vulgarisateur scientifique, qui publia plus de quatre-vingts ouvrages, mais sa perception de

---

(1) Avec toutefois une réserve, assez discrète : 170 pages plus loin, à propos d'une boulette d'or qui pèserait 16 livres, il nous dit « livre, qu'il faut peut-être interpréter en unités identiques à celles qui furent utilisées pour l'expérience de 1716 à Vienne ». *Transmutations alchimiques,* cité en annexe.

(2) Qu'il traduit : « Les personnes présentes pesèrent deux pfennigs de cuivre, dont l'un avait été pris à l'*asile des pauvres* de Vienne, le poids du premier fut trouvé de 100 dragmes 8 1/2 grains, celui du second, fait en 1607, en Hongrie, de 68 livres 6 loths. »

l'alchimie demeure filtrée par un épais rationalisme, bancal de surcroît.

Quant à Husson, né vers 1930, soyons honnête, son travail d'historien apparaît consciencieux. Dénicheur de vieux textes, il lui arrive cependant, emporté par son élan de traducteur fidèle, comme nous venons de le voir, d'écrire autant de bêtises que Figuier.

Gravure de 1558 par Pieter Bruegel le Vieux (v. 1525-1569)

Voyons quelques transmutations en or.

En 1614[1], à Vilvorde près de Bruxelles, le chimiste Johann-Baptist Van Helmont (1577-1644) obtint, à partir d'un quart de grain de poudre[2], projeté sur huit onces de mercure chauffé dans un creuset, huit onces moins onze grains d'or pur,
soit un coefficient tinctorial de

$$\frac{(8 \times 600) - 11}{1/4} \approx 19\ 000/1$$

La masse de métal n'a guère varié :

$$\frac{11}{8 \times 600} \times 100 = 0,2\ \%\ \text{en moins}$$

Le résultat fut quasi instantanné.
La poudre lui avait été remise par un Adepte inconnu.

Le 15 janvier 1648, à Prague, devant l'empereur Ferdinand III d'Autriche, un grain de poudre a transmuté trois livres de mercure en deux livres et demie d'or pur, soit un coefficient de

$$2,5 \times 9\ 000/1 \approx 23\ 000$$

La masse a diminué de

$$\frac{2,5 - 3}{3} \times 100 = 17\ \%$$

---

(1) 1618, selon Figuier.
(2) Van Helmont précise qu'il entend ici 600 grains pour 1 once.

La poudre venait de Labujardière, qui, à sa mort vers 1647, l'avait léguée à Johann Conrad Richthausen (1604-1663). Avec cet or, l'Empereur fit exécuter la médaille ci-contre.

En janvier 1667, à La Haye, le docteur Jean Frédéric Schweitzer, dit Helvétius (1629-1709), à partir d'une parcelle de "poudre", a transmuté environ 1/2 once (peut-être 6 dragmes) de plomb en or[1].

La transmutation fut achevée en un quart d'heure ; nous ignorons la précision du poids initial. Les essais ultérieurs montrèrent que l'excédent de teinture contenu dans l'or permettait d'en fabriquer un scrupule supplémentaire par dragme.

Le poids de poudre n'a pas été mesuré. Helvétius nous déclare que l'Adepte inconnu a coupé en deux le fragment gros comme "une semence de rave". Au célèbre panthéiste Spinoza[2] qui l'interrogeait, Helvétius précisa que la parcelle avait à peine la taille d'un quart de graine d'orge. Entre 1/2 semence de rave, et 1/4 de graine d'orge, on peut estimer le volume à environ 1 1/2 mm³. Si on admet une densité de l'ordre de 20 à 30, le poids atteint 30 à 50 milligrammes.

Comme, par ailleurs, 6 dragmes et 6 scrupules ≈ 30 grammes, le coefficient tinctorial serait voisin

de   30 / 0,03   ≈   1 000
ou   30 / 0,05   ≈   600

(1) Louis Figuier : 1 once 1/2.
(2) Lettre de Baruch Spinoza du 25 mars 1667 à son ami Jarig Jellis.

Vers 1706, à Francfort-sur-le-Main — là où un siècle plus tôt Alexandre Sethon avait fait transmuter du mercure par le marchand Coch — le conseiller Johann Konrad Dippel (1673-1734) étudia la poudre que l'Adepte Lascaris avait offert au lieutenant colonel Schomlz de Dierbach (armée polonaise).

$1/10^e$ de grain ont transformé 60 grains d'argent en 72 grains d'or, soit un coefficient de

$$\frac{72}{1/10} \quad = \quad 720$$

La masse de métal s'est accrue de

$$\frac{72 - 60}{60} \times 100 \quad = \quad 20\ \%$$

Au printemps 1717, à Paris, François-Marie-Pompée Colonna (déjà cité), esprit scientifique réputé, transmuta deux onces de mercure en deux onces — à peu près — d'or. La poudre, environ un demi-grain, lui avait été remise par un mystérieux voyageur qui se faisait appeler Diesbach[1]. La cuisson fut maintenue deux heures.

Le coefficient s'élève à

$$\frac{2 \times 600}{1/2} \quad \approx \quad 2\ 000 \quad \text{(car il y avait un peu plus que 1/2 grain)}$$

_____

(1) Selon l'identification de Husson.

En 1752, à Halle, le préparateur en pharmacie Reussing reçut d'un client un fragment de poudre, si imperceptible qu'il ne put le peser, avec lequel il transmuta une cuiller d'argent titrée à 750/1000, pesant une once un quart, en une once et demie d'or pur.

L'opération dura un bon quart d'heure.

Si l'on considère qu'1/10ᵉ de grain (5 milligrammes) était la limite de sensibilité de sa balance, on obtient un coefficient tinctorial d'environ

$$\frac{1,5 \times 600}{1/10} \approx 9\,000$$

Le poids de métal s'est accru de

$$\frac{1,5 - 1,25}{1,25} \times 100 = 20\,\%$$

L'orfèvre Lemmerich, qui essaya l'or, l'acheta aussitôt pour 36 thalers.

Le jeudi 31 mars 1831 à 10 heures 07, dans une grande ville de France, Cyliani, qui venait de recevoir le Don de Dieu, transforma cent grammes de mercure en or, en utilisant un gramme de poudre transmutatoire.

Ici le calcul est inutile : son coefficient correspond au minimum à 100.

Comme il commença à feu modéré, il dût chauffer pendant une heure, augmentant progressivement la température.

En 1922, à Sarcelles près de Paris, Eugène Canseliet, à partir de trois fragments de ''poudre'', a transmuté quelques bouts de tuyau de plomb en cent vingt grammes d'or.

A la première projection, la quantité de plomb se montra insuffisante, car l'or, obtenu quasi instantanément, présentait des veines rouges[1]. D'autres morceaux de tuyau furent donc ajoutés, et cette fois l'or apparut impeccable.

Rien ne fut pesé, à part l'or final. La poudre venait de l'Adepte Fulcanelli ; d'une petite boîte ouvragée, et bien remplie, il fit tomber trois éclats : l'un de la taille d'une grosse tête d'épingle, l'autre d'une demi-tête, le dernier minuscule.

On peut donc estimer le volume à environ 1 mm^3.

En admettant une densité de l'ordre de 20 à 30, on obtient un poids compris entre 20 et 30 milligrammes, d'où les coefficients :

    120 / 0,020 ≈   6 000
    120 / 0,030 ≈   4 000

---

(1) Nous parlerons en annexe des excès de teinture.

Frontispice de Secreta Chymiæ (Michael Maier)
Dans le Musæum Hermeticum
édition de 1749

Nous terminerons par quelques transmutations en argent. Il faut d'abord savoir que l'essai de l'argent par voie humide consiste en sa dissolution dans l'acide nitrique, appelé autrefois eau-forte.

Or, l'argent alchimique résiste souvent à l'acide nitrique : il se montre "plus fixe que ne l'est la *lune* naturelle". En outre, il apparaît plus dense que l'argent véritable. ainsi, une médaille frappée sur de l'argent alchimique en août 1693, était-elle "plus sonore que ne l'est ordinairement l'argent vulgaire, et, soupesée dans la main, elle semblait aussi lourde qu'une pièce d'or de la même dimension''[1].

Colonna nous dit exactement la même chose à propos de la poudre au blanc de Diesbach, ainsi que nous le verrons en annexe.

On ne peut se défendre ici de songer au platine, lorsque l'on établit le rapprochement avec deux propriétés caractéristiques de ce métal : une densité très supérieure à celle de l'argent[2], et l'inaltérabilité à l'acide nitrique.

Le platine existe dans la nature sous forme d'arséniure (sperrylite $PtAs_2$), ou encore à l'état natif, souvent en poudre, mêlé à d'autres métaux de son groupe (iridium, osmium, palladium, rhodium, ruthénium), ainsi qu'à l'or, au cuivre, et surtout au fer : environ 80 % de platine pour 7 % de fer, les 13 derniers % représentant l'iridium et suivants. On a déjà trouvé des pépites pesant jusqu'à 10 kilos.

Il passe pour avoir été découvert au XVIe siècle (XVIIIe siècle selon certains), mais dans *The Ancient Civilization of Peru*, le professeur John Alden Mason, de l'Université de Pennsylvanie, signale la découverte au Pérou d'ornements en platine fondu, datant de quelques millénaires. Pourtant, il est extrêmement difficile de le fondre : 1 750°C. Remarquons toutefois qu'en combinant coupellation et moulage, l'on contourne une partie du problème.

C'est un métal couleur d'acier poli, presque aussi mou que le plomb, lorsqu'il est pur, et très ductile : en 1812, on put obtenir des fils de 5 microns.

Le mercure n'a aucune action sur lui (sauf par électrolyse), mais d'autres métaux, cuivre, antimoine, zinc, plomb, bismuth, étain, ainsi que l'argent et l'or, le dissolvent : un barreau de platine plongé dans du plomb fondu disparaît comme un sucre dans l'eau. Quant à son comportement face aux autres agresseurs, ajoutons qu'il se montre insensible à l'air, mais se laisse attaquer par, notamment, l'eau régale, la silice, le phosphore et l'arsenic.

A notre avis, la *lune fixe* des transmutations ne pourrait correspondre au platine pur qu'en faisant abstraction de sa couleur et de sa difficile fusion.

(1) Communication du docteur Rosinus Lentilius (1657-1733) à l'Académie Léopoldine en 1695. Traduction par Husson in *Transmutations alchimiques,* opus citem.
(2) Rappel de densités : argent 10,5 ; or 19,3 ; platine 21,5.

Mais la lune fabriquée n'est pas toujours fixe, ainsi les travaux hyperchimiques du docteur Nagaoka, sur du mercure tridistillé soumis à un champ électromagnétique intense, entraînèrent-ils une transmutation, infime certes, mais en or et argent, les deux à la fois[1] :

> ... L'étude microcospique montre la présence de l'or sous la forme de fines particules et principalement à l'état colloïdal. Ces particules donnent en lumière réfléchie, puis en lumière transmise, des couleurs complémentaires. Il semble qu'il existe une valeur critique pour le champ nécessaire à la transmutation et le résultat de celle-ci est tout à fait complexe. On obtient surtout de l'argent en faisant passer la décharge à travers des gouttes de mercure qui tombent dans de l'huile. La transmutation simultanée du mercure en argent et en or semble avoir une signification importante du point de vue cosmique...

Venons-en maintenant aux transmutations alchimiques.

En août 1693, dans son palais, le duc Christian Eisenberg de Saxe Gotha (1653-1707) transmuta, à partir de trente-deux grains de poudre, une livre et demie de plomb en trente-sept lotons d'argent ? pur, plus sonore, fixe, et dense que l'argent naturel.

On obtient un coefficient tinctorial de

$$\frac{37 \times 300}{32} \approx 350$$

La masse de métal a considérablement diminué :

$$\frac{(1,5 \times 32) - 37}{1,5 \times 32} \times 100 = 23\ \%$$

*La médaille
du duc de Saxe*

---

(1) Extrait d'une communication scientifique citée par François Jollivet-Castelot (1874-1939). *Chimie et Alchimie,* Paris, 1928, E. Noury.

Le prince avait reçu cette poudre d'un inconnu, par voie postale ; avec l'argent, il fit graver sept médailles.

Le 19 juillet 1716, un Adepte, dont il semble bien que ce soit Lascaris, fit organiser à Vienne une séance de transmutation à laquelle il n'assista pas. Quatre hauts-dignitaires travaillèrent seuls au laboratoire, et à partir d'une particule "si exiguë qu'elle eût pu être placée dans l'œil sans qu'on en souffrit" transmutèrent du cuivre en argent. Le contrôle du titre fut opéré à la coupelle, aussi ignorons-nous si le métal résistait à l'eau-forte.

Les morceaux de cuivre, nous en avons déjà parlé[1], consistaient en deux pièces de monnaie, qui ne furent pas fondues mais seulement chauffées, et dont le poids initial correspondait à :

1re pièce,
(100 P × 32) + 8 p   =   3 208 p
(une unité P valant 32 p)

2e pièce,
(68 P × 32) + 16 p   =   2 192 p

ensemble,
3 208 p + 2 192 p   =   5 400 p

Après transmutation, le poids devint :

1re pièce,
(125 P × 32) + 8 p   =   4 008 p

2e pièce,
(79 P × 32) + 16 p   =   2 544 p

ensemble,
4 008 p + 2 544 p   =   6 552 p

(1) Nous en reparlerons plus loin, ainsi qu'en annexe.

Soit une augmentation de poids de :

1re pièce,

$$\frac{4\ 008 - 3\ 208}{3\ 208} \times 100 \quad = \quad 25\ \%$$

2e pièce,

$$\frac{2\ 544 - 2\ 192}{2\ 192} \times 100 \quad = \quad 16\ \%$$

ensemble,

$$\frac{6\ 552 - 5\ 400}{5\ 400} \times 100 \quad = \quad 21\ \%$$

D'après le compte rendu, le *coefficient tinctorial brut* atteint 6 552 (la poudre de projection pesait donc exactement une unité ''p''), mais le coefficient tinctorial net s'avère plus élevé : l'eau dans laquelle on avait jeté les pièces pour les refroidir étant devenue teignante, on transmua encore quelques autres morceaux de cuivre de poids indéterminé.

Si l'on considère :

1°) qu'une grosse pièce de monnaie courante, par exemple cinq ou dix francs français actuels, pèse dans les dix grammes,

2°) qu'une demi-semence de rave est au moins dix fois trop grosse pour que l'on ait envie de se la mettre dans l'œil[1],

on aboutit à un système cohérent, donnant environ :

(1) • Cf. transmutation d'Helvétius déjà citée.
    • Les participants entendaient « de la taille d'une poussière qu'on attrape dans l'œil », mais naturellement — pour aller au-devant du calembour — certains s'y mettent aussi le doigt !

— 4 milligrammes pour la poudre de projection
(poudre d'Helvétius divisée par 10 = 3 à 5 mg)

— 12,8 grammes pour la 1re pièce
(3 208 × 4 = 12 832 mg)

— 8,7 grammes pour la seconde pièce
(2 192 × 4 = 8 768 mg).

Dans cette hypothèse, la première pièce, après transmutation, devait donc peser dans les 16 grammes, et la seconde dans les 10 grammes.

Johann Christoph Gœtzius en 1731, et Bernard Husson en 1974, écrivent que la poudre de projection pesait 1/100e de l'unité "p". Ceci est une étourderie, due au fait qu'ils attribuent à "p" la valeur du loton : 15 à 17 grammes. (Quoique pour se le mettre aux yeux, 15/100e de grammes — soit au minimum 5 mm^3 en prenant 30 pour densité — paraissent un peu gros !)

Par contre, Christian Gottlieb von Murr en 1805, et Louis Figuier en 1860, ne se trompaient pas en indiquant que la poudre transmutatoire pesait une unité "p", unité dont ils se gardèrent d'estimer la valeur. Nous nous souvenons, de plus, que Figuier mettait en garde ses lecteurs : en dépit de leur nom, les unités ne sont ni des lotons, ni des livres. C'est sur ce clin d'œil que nous allons terminer, mais dans la suite du chapitre, nous reviendrons sur cette transmutation.

Le 6 septembre 1728, à Prague, le docteur Johann Jacob Geelhausen, devant presque tous les professeurs de l'Université, opéra la transmutation en argent pur d'une pièce de monnaie ancienne en alliage argentin, pesant une once (un impérial saxon de 1649).

Le fragment de "poudre", qui pesait entre 1/3 et 1/4 de grain, avait été fourni par Joseph de Würben, comte du Saint-Empire, lequel était l'un des quatre signataires du compte-rendu précédent, en 1716 à Vienne, c'est-à-dire que la teinture de ces deux projections provenait du même Adepte.

Le coefficient se limite ici à

$$\frac{600}{7/24} \approx 2\,000 \quad (7/24 \text{ étant la moyenne entre } 1/3 \text{ et } 1/4)$$

En effet, la transmutation constituait le clou d'un banquet de professeurs fêtant le doctorat d'un étudiant en médecine. L'ambiance n'était pas à l'étude des limites de la teinture.

D'après une gravure de Hans Weiditz, en 1520

Dans ce tour d'horizon, la poudre est presque à chaque fois projetée sur le métal en fusion, après avoir été incorporée dans une petite boulette de cire ou de papier.

Helvétius, alors qu'il ignorait ce détail, n'a rien obtenu en jetant tel quel un fragment de poudre sur du plomb en fusion.

Il convient de remarquer que même l'eau (H_2O) peut se transformer en teinture. Ainsi, lors de la transmutation de 1716 à Vienne, la poudre, collée au bout d'un bâtonnet par de la cire, avait été promenée sur la première pièce de monnaie préalablement chauffée au rouge, laquelle fut jetée vivement dans l'eau alors que la poudre y demeurait encore attachée.

Le vice-chancelier de Bohême la retira si précipitamment de l'eau qu'il se brûla les doigts : la pièce était transmutée, mais la poudre avait disparu dans l'eau.

Alors, les opérateurs ont tout simplement chauffé la deuxième pièce de monnaie en réserve (polture hongrois en cuivre) ; ils l'ont jetée dans la même eau puisque la poudre s'y était mêlée, et retirée aussitôt : le polture apparut transmué lui aussi.

La transmutation de 1728 à Prague s'opéra là encore sans fondre le métal, qui fut d'ailleurs préalablement poinçonné pour contrôle.

Une autre transmutation sans fusion, — que nous n'avons pas citée — en 1707 à Amsterdam, dont Dippel fut témoin, transforma, sur une plaque de cuivre de 30 centimètres de diamètres :

— un cercle de 20 centimètres, en argent,
— puis un autre cercle concentrique ($\varnothing$ 10 cm) de cet argent en or.

La plaque fut découpée pour vérification de l'intérieur. Les deux poudres de projection (à l'argent et à l'or) provenaient vraisemblablement de Lascaris.

Nous nous souvenons que Sendivogius avait dissout le reste de la poudre d'Alexandre Sethon dans de l'alcool rectifié, et qu'avec, il faisait le médecin. Grâce à une concentration différente de la liqueur, il transmuta plusieurs médailles et pièces de monnaie : il les chauffait et les trempait dedans.

La reine Christine de Suède (1626-1689), passionnée d'alchimie, possédait ainsi une douzaine de pièces, que Sendivogius, pour augmenter l'effet spectaculaire, n'avait transmuté qu'à moitié par trempage.

Colonna nous raconte qu'il arrivait à Diesbach d'incorporer (à froid) sa poudre dans du mercure convenablement préparé. Il y trempait une lamelle de métal, et la partie enfoncée était changée en or ou argent, selon la poudre utilisée. Elle en avait tout au moins la couleur, car la masse spécifique n'apparaissait qu'après fusion des lamelles.

L'Adepte Cyliani, né vers 1772, nous livre une description analogue sur les possibilités de sa pierre, qu'il ne semble pas avoir cherché à multiplier. Le lundi 4 avril 1831, il montra le tour de force à sa compagne[1] :

> ... nous vîmes avec joie le mercure (hydrargyre simplement distillé) offrir un phénomène bien curieux et se coaguler avec la couleur du plus bel or ; je n'avais plus qu'à le fondre dans un creuset et le couler ; je fis ainsi la transmutation à froid au grand étonnement de ma femme...

Avant de refermer ce deuxième volet de la pierre philosophale, n'oublions pas de remarquer aussi que la masse de métal précieux apparaît tantôt identique à la masse initiale, tantôt inférieure de 20 %, et tantôt supérieure de 20 %. Le principe de conservation de masse de Lavoisier se balance d'un pôle à l'autre ; en plus de la transmutation, il y a apport ou disparition de masse.

Nous ne savons que penser de cette étrange fourchette, tout au plus pouvons-nous ajouter que le phénomène n'est pas corrélatif à la durée de cuisson, ni à la densité du métal initial. Une erreur de pesée est exclue.

(1) *Hermès dévoilé*, opus citem.

La fourchette de 20 % reste approximative car au cours du chauffage, une partie du métal initial peut se volatiliser ; d'autre part, les comptes-rendus ne sont pas toujours clairs en ce qui concerne l'intervention docimasique.

Il s'agirait inférons-nous d'une caractéristique propre à la pierre du Philosophe, liée à sa capacité transmutatoire, et non moins étonnante. Dans un même ordre d'idée, nous verrons au dernier chapitre qu'au cours de la phase finale — le troisième œuvre — la masse de la pierre, ou plus exactement sa masse volumique, augmente.

De Prima Materia
(Basile Valentin)
dans le
Musæum Hermeticum

LE MERCURE UNIVERSEL   Le dernier volet de la pierre se montre plutôt spéculatif ; nous allons tout de même en esquisser rapidement le contour, c'est le *mercure universel*. Ce nom, que lui a donné Basile Valentin, n'est paradoxal qu'en apparence, car si la pierre constitue essentiellement un soufre, les manipulations, dans ce troisième volet, développent des qualités mercurielles.

Nous avons déjà vu que la pierre philosophale subit un traitement multiplicatif qui la rend théoriquement dix mille fois plus puissante à la cinquième opération.

A chaque réitération, la pierre est un peu moins cristalline, un peu plus lourde, et un peu plus fusible, tout en gardant sa fixité. Son efficacité s'accroît démesurément : un million de fois plus puissante à la septième opération, un milliard de fois à la dizième.

A ce niveau d'exaltation, la Médecine universelle devient liquide, et lumineuse ''comme un petit soleil''.

Déjà sous l'aspect cristallin, la pierre exubérée présente quelque phosphorescence au dire des Maîtres, mais en poussant la progression, son point de fusion s'abaisse jusqu'en dessous de la température ambiante. On peut supposer que l'état suivant soit gazeux.

Les Anciens, et notamment les Romains, ont peut-être utilisé cette propriété pour en faire des lampes sacrées et perpétuelles, plaçant la matière dans une ampoule de verre — hermétiquement scellée comme il se doit.

Le musée de Leyde possède deux de ces lampes, découvertes au début du XVIe siècle dans un monastère anglais ; d'après les moines qui en furent chassés sous Henri VIII, elles brûlaient depuis le IVe siècle.

A Rome, au long de la via Appia bordée de tombeaux antiques, on crut découvrir plusieurs fois le cercueil de Tullia (v-77 à v-45), tant aimée et pleurée par son père Cicéron.

Peut-être s'agissait-il de celui mis à jour en 1540 ? Nous empruntons la citation au *Dictionnaire* (Paris, 1674) de l'évêque Louis Moreri (1643-1680) :

> ... on dit néanmoins que sous le pape Paul III, au milieu du XVIe siècle, on découvrit dans le même chemin d'Appius, un ancien tombeau avec cette inscription : *Tulliolæ filiæ meæ*, dans lequel il

y avait un cadavre de femme qui, au premier souffle d'air, fut réduit en poussière, avec une lampe encore allumée, qui s'éteignit à l'ouverture du tombeau...

Dans son *Livre des Mystères* (écrit en collaboration, Paris, 1975), le regretté Jacques Bergier (1912-1978) parle de la crypte, contenant le corps embaumé et merveilleusement conservé d'une jeune fille, découverte en 1485 au bord de la via Appia à la périphérie de Rome. A ce propos, certains écrivent qu'elle se trouvait *sous* la voie d'Appius ! Ils n'ont manifestement aucune idée de ce que représentent les travaux d'infrastructure d'une route, quant à un souterrain *peu profond* creusé après coup, l'hypothèse est trop stupide pour que nous la critiquions. Les uns et les autres parlent en rêveur ; curieusement J. Bergier ou son collaborateur, persuadés qu'il s'agissait de Tullia, vont jusqu'à reprocher au chroniqueur de l'époque, Bartoloméo Fonte, de passer sous silence la fameuse lampe perpétuelle. Rectifions : il n'y avait aucune lampe, pas la moindre inscription, et — aucun connaisseur ne saurait s'y tromper — à trente deux ans, Tullia, très belle, n'était pas une jeune fille.

Pour en revenir aux lampes, précisons que dans la Rome antique, la tradition voulait que l'on en place une dans la tombe, près du corps. Les archéologues ont ainsi retrouvé quantités de lampes à huile, les autres demeurant quasi mythiques.

Dans son *Dictionnaire*, publié à Paris en 1694, — ouvrage traitant de science et d'art avec lequel l'auteur de *La Pierre Philosophale* (comédie, publiée en 1681) fit un pied de nez à ses confrères de l'Académie française — Thomas Corneille (1625-1709), signale une lampe découverte en 1401 :

> ... un paysan déterra proche du Tibre, à quelque distance de Rome, une lampe de Pallas qui avait brûlé plus de deux mille ans, comme on le vit par l'inscription, sans que rien eût pu l'éteindre. La flamme s'en éteignit sitôt qu'on eût fait un petit trou dans la terre...

Étaient-ce des lampes alchimiques ? Quoiqu'il en soit seuls de très grands artistes seraient capables d'exalter à ce point la Médecine universelle, car on risque tout bonnement de la perdre. Pour les deux premiers volets, quatre réitérations (soit cinq séries d'opérations) paraissent un maximum, d'autant que la provision de mercure à lui adjoindre demeure limitée.

Basile Valentin nous dit aussi que "pour son changement la dernière semence demande la huitième partie du temps de la première". Si l'on comprend qu'il s'agit encore d'une espèce de progression géométrique, ici de raison 1/8, la première réitération serait théoriquement huit fois plus courte que la grande coction, la quatrième quatre mille fois. Mais attention à ce genre de théorie, fiez-vous plutôt à la régularité du temps depuis cette fameuse Semaine où Dieu créa le Monde.

D'après la treizième planche du Mutus Liber, *1677, Altus*

En annexe à ce chapitre :

Les poids autrefois	Atorène
La poudre de projection	Basile Valentin
L'or potable	Johannès Agricola
L'or et la loi	Direction Générale des Impôts
Procès-verbal	Nicolas Flamel
Excès de teinture dans l'or	Balthazar de Monconys
La Lune fixe	Crosset de la Haumerie
Une transmutation officielle	Joseph de Wurben[1]
La valse des carats	Atorène
Les fraudeurs	Geoffroy l'Aîné
La grande cire rouge	Henri Khunrath
La pierre unique	Gabriel Clauderus
La barrière du réel	Élisabeth Haich

---

(1) Rédigé par quatre personnalités, voici les trois autres : Wolfgang de Metternich, Ernest de Metternich, Wolfgang Philipp Pantzer.

LES POIDS AUTREFOIS

Voici quelques valeurs du *marc* au Moyen Age.

Bordeaux	215 grammes	
Cologne	229,456	(issu d'une livre de 15 onces de Troyes
Grenoble	237	divisée en 16)
Limoges	226	
Marseille	234	
Montpellier	239,119	(9 onces romaines byzantines)
Paris et Troyes	244,753	(9 onces romaines exactes)
La Rochelle	230,352	
Rome (à la cour)	223	
Tours	217,558	(8 onces romaines)

En France, le marc de Paris a supplanté les autres, il fut adopté et étendu à tout le royaume sous Philippe Ier. Les divisions, qui relèvent du système duodécimal, avaient des origines romaines, ou gréco-romaines ; en voici un tableau :

équivalence en :	grammes	livres	marcs	onces	gros	deniers
1 livre =	489,5058	1				
1 marc =	244,7529	1/2	1			
1 fierton =	61,1882	1/8	1/4			
1 once =	30,5941	1/16	1/8	1		
1 gros =	3,8242	1/128	1/64	1/8	1	
1 denier =	1,2747	1/384	1/192	1/24	1/3	1
1 obole =	0,6373	1/768	1/384	1/48	1/6	1/2
1 grain =	0,0531	1/9216	1/4608	1/576	1/72	1/24

Nota : le gros était l'ancien dragme,
le denier était l'ancien scrupule.

En Europe, il faut considérer que la *livre* variait entre 310 et 570 grammes.

Comme nous avons fait référence aux pays de langue allemande à propos des transmutations, signalons le *loth* (loton) : 1 loth = 1/32 livre = 1/16 marc = 1/2 once, soit, pour le loth de Vienne, env. 17 grammes.

LA POUDRE DE PROJECTION

... Lorsque la Médecine et la Pierre de tous les Sages est faite et parfaitement préparée du vrai lait de la Vierge, prends-en une partie, puis d'excellent et très pur or, fondu, purgé par l'antimoine et réduit en lamelles très minces autant qu'il soit possible, trois parties. Mets-les ensemble dans un creuset servant d'ordinaire à fondre les métaux. Donne d'abord un feu lent pendant douze heures, après tient en fusion, continuellement, pendant trois jours et trois nuits. Dans ce moment, l'or purgé et la Pierre ont été faits pure Médecine, de propriété très subtile, spirituelle et pénétrante. Car, sans le ferment de l'or, la Pierre ne peut opérer ou montrer sa force de teindre. En effet, elle est extrêmement subtile et pénétrante, mais si, avec son ferment semblable, elle est fermentée et conjointe, alors la teinture préparée a reçu le pouvoir d'entrer et d'opérer dans tous les autres corps. Prends ensuite une partie du ferment préparé pour mille parties du métal fondu que tu veuilles teindre, alors sache, par vérité et foi souveraines, que ce seul métal sera transmué en bon or fixe...

Basile Valentin, *Les Douze Clefs de la Philosophie.* Traduction du latin par E. Canseliet, Paris, 1956, éd. de Minuit. Original en allemand, édité en 1599 par Johannem Thölden.

L'OR POTABLE

D'innombrables liqueurs, jaunes ou à base d'or, furent baptisées par leur père *or potable*. Cette simple affirmation permet au chercheur de rejeter le produit comme étranger à l'alchimie, car tout en la Science est désigné par allégorie : il n'entre pas une parcelle d'or dans l'*or potable des Sages*, et il n'est pas plus jaune qu'un caméléon.

Voici une recette — laquelle ne décrit pas, comme souvent, une solution de chlorure d'or — par Johannès Agricola. *Médecine chimique,* Leipzig, 1638[1].

... Coupe des rondelles d'une corne de cerf, de la grosseur et de l'épaisseur d'un demi-thaler. Prends une boîte à cémentation de la dimension des rondelles de cornes de cerf, juste assez grande pour que les rondelles entrent dedans. On peut les faire confectionner en bonne terre glaise selon sa convenance. Mets dans le fond de la boîte l'épaisseur d'un doigt de sable ou mieux encore de talc, place là-dessus un petit morceau de corne de cerf, puis une lamelle de ton or, puis à nouveau une rondelle de corne de cerf, puis de l'or, et ainsi de suite stratum super stratum, pour parler comme les chimistes, jusqu'à ce que la boîte soit pleine ou ton or épuisé. Couvre le tout avec du talc ; prends soin de bien luter la boîte et fais-la sécher. La boîte est ensuite placée dans un feu de roue moyen qu'on allume peu à peu d'abord, puis entièrement, de sorte que la boîte reste incandescente pendant une à quatre heures. Laisse refroidir ensuite, ouvre la boîte et tu trouveras l'or calciné, couleur de chair. Tu dois répéter ce travail trois fois, et l'or sera devenu tout à fait friable et se laisse broyer et triturer. Fais-le triturer alors avec la corne de cerf calcinée, réverbère-le dans une coupelle, mais pas trop fortement, pendant toute une journée ; l'or deviendra presque rouge brique ; il sera alors convenablement calciné et sois assuré que tu ne pourras atteindre meilleure calcination ; l'or sera devenu tellement subtil qu'il se prêtera fort bien, sans autre préparation, au traitement d'un certain nombre de maladies, car cette chaux est tout à fait douce et n'est souillée d'aucun corro-

---

(1) Traduction de l'allemand en français par Anne Forestier, in *Médecine et Alchimie,* ouvrage cité au chapitre IV.

sif. Verse sur cette belle chaux d'or pure le menstrue préparé comme il sera dit plus loin. Ce dernier en extrait une belle teinture couleur de sang et la sépare de sa viscosité minérale. Décante le menstrue et recommence avec un autre et refais l'extraction et la teinture. Et tu dois décanter et remplacer le menstrue jusqu'à ce que toute la teinture soit extraire et qu'il ne reste qu'une terre morte...

———————————— • ————————————

L'OR ET LA LOI

En France, la surveillance et le contrôle d'application de la législation sur l'or incombe aux services de la Direction Générale des Impôts (Direction de la garantie et des services industriels).

C'est donc le *Code Général des Impôts* qui définit la loi, par ses articles :

— 521 à 553
— 1794-5°, 1810-8°, 1823, 1854-3°
— 204 à 220 de l'Annexe I
— 183 à 214 de l'Annexe III

Nous avons déjà cité dans ce chapitre deuxième l'article 522 ; voici maintenant un extrait de volumineux *Précis de Fiscalité*, édité, pour la première fois en 1976, par la Direction Générale des Impôts à l'intention de ses personnels.

... Les opérations d'essai sont effectuées par trois procédés techniques différents :
— *la coupellation,* qui consiste à prélever par grattage ou coupe une infime partie de l'ouvrage et à analyser cette prise d'essai en éliminant les métaux communs de l'alliage dans un four à coupellations soumis à de très hautes températures ;
— pour l'argent, la coupellation a été abandonnée pour être remplacée par la *voie humide,* elle-même perfectionnée par la méthode Volhard ;
— enfin, un procédé moins précis, le *touchau* est utilisé pour les menus objets, les pièces fragiles et les articles d'occasion qui ne pourraient supporter sans détérioration les prises d'essai mais, surtout, comme méthode de tri. Cette méthode est basée sur la propriété d'une pierre lydienne — dite pierre de touche — sur laquelle le frottement de l'or ou de l'argent laisse une trace. En comparant ces traces, après action d'un acide, avec celles laissées dans les mêmes conditions par un alliage dont le titre est connu, on peut déterminer si l'objet essayé ou non au titre minimum légal.
Si le titre est reconnu conforme, l'objet est soumis à la marque, après paiement des droits.
Si le titre est au-dessous du minimum légal, l'ouvrage présenté à la marque est brisé...

NOUVEAU TABLEAU
DES POINÇONS DE TITRE ET DE GARANTIE

Fig. 1	Sur les ouvrages de fabrication nationale destinés à la vente à l'intérieur.
Fig. 2	Sur les ouvrages au titre légal destinés à l'exportation.
Fig. 3	Sur les ouvrages importés des pays contractants.
Fig. 4	Sur les ouvrages importés des pays non contractants, ou provenant des Monts-de-Piété et ventes publiques et dont l'origine française n'est pas démontrée.
Fig. 5 — 1er Titre / Fig. 6 — 2e Titre / Fig. 7 — 3e Titre	Poinçons appliqués sur les ouvrages de fabrication française essayés à la coupelle.
Fig. 8	Poinçon employé pour les mêmes ouvrages essayés au touchau.
Fig. 9 — Paris / Fig. 10 — Départements	Poinçons de Remarque qui servent à marquer les chaînes pleines de 10 en 10 cent. et figurant aussi dans les combinaisons de la marque au poids.
Fig. 11 / Fig. 12 / Fig. 17	Applicables aux articles importés, savoir : poinçons nos 11 et 12, aux provenances des pays dont les produits sont soumis en France au même régime que les produits similaires français ; poinçon n° 17, Le Hibou, à toutes les autres provenances et aux montres étrangères de toute origine.
Fig. 13 — 1er Titre / Fig. 14 — 2e Titre / Fig. 15 — 3e Titre / Fig. 16	Servent à marquer les ouvrages de fabrication française au titre légal et exportés sous bénéfice du crédit ou du remboursement des droits de garantie.
Fig. 18 / Fig. 19 / Fig. 20	Poinçons appliqués en vertu de la loi du 25 janvier 1884 sur les boîtes de montres au 4e titre fabriquées exclusivement pour l'exportation. — Le poinçon fig. 20 doit toujours se trouver avec les poinç. fig. 18 ou 19.
Fig. 21	Exécution du décret du 2 août 1892. Ce poinçon constate le paiement complémentaire des droits de douane sur les mouvements marqués A ou M transférés dans des boîtiers or. Le poinçon n° 28, sur les mouvements marqués M transférés dans des boîtiers argent.
Fig. 22 — 1er Titre / Fig. 23 — 2e Titre	Poinçons appliqués sur les ouvrages de fabrication française essayés à la coupelle.
Fig. 24 — Paris / Fig. 25 — Départements	Poinçons employés pour les mêmes ouvrages essayés au touchau.
Fig. 26 / Fig. 27	Applicables aux articles importés, savoir : poinçon n° 26, aux provenances des pays dont les produits sont soumis en France au même régime que les produits similaires français ; poinçon n° 27, « le Cygne », à toutes les autres provenances et aux montres étrangères de toute origine.
Fig. 28	Exécution du décret du 2 août 1892 (Voir fig. 21).
Fig. 29 — 1er Titre / Fig. 30 — 2e Titre / Fig. 31	Marques destinées aux articles français au titre légal exportés en franchise du droit de garantie.
Fig. 32 — Paris / Fig. 33 — Départements	Poinçons destinés aux objets n'étant pas au titre légal, provenant des Monts-de-Piété et des ventes publiques, s'applique aussi sur les objets anciens dont l'origine est inconnue et présentant un caractère d'art ou de curiosité.
Fig. 34	Marque spéciale aux ouvrages français exportés en franchise du droit de réimportation avec paiement de la taxe.
Fig. 35	Ancien poinçon applicable aux ouvrages étrangers fabriqués au titre français, supprimé en 1864.
Fig. 36	Poinçon pour les ouvrages de fabrication française composés d'or et d'argent dans lesquels le poids du métal accessoire dépasse, par rapport au poids total, la proportion de 2 p. 100.
Fig. 37	Pour les objets d'or et d'argent (articles de petite horlogerie) introduits en France en admission temporaire.

	Fig.	Description
Poinçons appliqués par les fabricants	Fig 38	Sur les ouvrages d'or et d'argent de fabrication nationale au titre légal.
	Fig 39	Sur les ouvrages d'or et d'argent de fabrication étrangère au titre légal.
	Fig 40	Sur les ouvrages doublés ou plaqués d'or ou d'argent de fabrication nationale.
	Fig 41	Sur les ouvrages doublés ou plaqués d'or ou d'argent importés.
	Fig 42	Sur les ouvrages en métal commun dorés ou argentés à la pile de fabrication nationale.
	Fig 43	Sur les ouvrages en métal commun dorés ou argentés à la pile importés.
	Fig 44	Sur les ouvrages à bas titre destinés à l'exportation (Décret du 6 juin 1884).

NOTA — Toutes les marques de garantie, à l'exception de celles du bureau de Paris, portent un signe appelé « déférent » indiquant le bureau où elles ont été appliquées.

POINÇONS REPRODUITS D'APRÈS LES EMPREINTES OFFICIELLES

POINÇONS du PLATINE
(Titre unique : 950/1000)

Tête de Chien	Tête de Jeune Fille		Mascaron
Fig. 1	Fig. 2	Fig. 3	Fig. 4

POINÇONS SPÉCIAUX POUR L'OR
(3 Titres : 920, 840 et 750/1000)

Tête d'Aigle			
Fig. 5	Fig. 6	Fig. 7	Fig. 8

Rhinocéros		Charançon	
Fig. 9	Fig. 10	Fig. 11	Fig. 12

Tête de Mercure			Hibou
Fig. 13	Fig. 14	Fig. 15	Fig. 16	Fig. 17

Tête égyptienne		Exportation 4e titre 583/1000	Mouvements de Montres
Fig. 18	Fig. 19	Fig. 20	Fig. 21

POINÇONS SPÉCIAUX POUR L'ARGENT
(2 Titres : 950 et 800/1000)

Tête de Minerve		Tête de Sanglier	Crabe
		Fig. 24	Fig. 25
Fig. 22	Fig. 23	Charançon	Cygne
		Fig. 26	Fig. 27

Tête de Mercure			Colonne
			Mouvements de Montres
Fig. 28	Fig. 29		Fig. 28

POINÇONS COMMUNS A L'OR ET A L'ARGENT

Poinçons de garantie		Tête d'Aigle à tête de Sanglier	Poinçon d'identité
Paris	Départements		
Fig. 32	Fig. 33		
Tête de Lièvre	Charançon		
Fig. 34	Fig. 35	Fig. 36	Fig. 37

POINÇONS DIVERS
Poinçons de Maître

Fig. 38	Fig. 39	Fig. 40
Fig. 41	Fig. 42	Fig. 44

Précis de fiscalité de la D.G.I., édition 1977
Nota (fig. 9 et 10) : au 1er septembre 1980,
la marque au poids a été remplacée par la marque à la longueur

LES ARTS DU FEU

PROCÈS-VERBAL

L'Adepte Nicolas Flamel (1330-1418) dresse le procès-verbal de son succès, auquel il associe son épouse Perrenelle.

Lundi est ici philosophique, car il est facile de calculer que le 17 janvier 1382 du calendrier julien tombait un vendredi.

... La première fois que je fis la projection, ce fut sur du mercure, dont je convertis une demi-livre ou environ en pur argent, meilleur que celui de la minière, comme j'ai essayé et fait essayer par plusieurs fois. Ce fut le 17 janvier, un lundi, environ midi, en ma maison, présente Perrenelle seule, l'an de la restitution de l'humain lignage mil trois cent quatre-vingt-deux. Et puis après, en suivant toujours de mot à mot mon livre (manuscrit d'*Abraham*), je la fis avec la pierre rouge, sur semblable quantité de mercure, — en présence encore de Perrenelle, seule en la même maison, le vingt-cinquième jour d'avril suivant de la même année, sur les cinq heures du soir — que je transmuai véritablement en quasi autant de pur or, meilleur très certainement que l'or commun, plus doux et plus ployable. Je peux le dire avec vérité, je l'ai parfaite trois fois avec l'aide de Perrenelle, qui l'entendait aussi bien que moi, pour m'avoir aidé aux opérations, et sans doute, si elle eût voulu entreprendre de la parfaire seule, elle en serait venue à bout...

Traduction par Pierre Arnauld de la Chevallerie. *Le Livre des Figures Hiérogliphiques,* Paris, 1612, chez Marette.

EXCÈS DE TEINTURE DANS L'OR

La surabondance de poudre dans les projections à l'or, provoque l'apparition de veines rouges. L'or est moins ductile, et même parfois cassant : il est "aigre".

En 1585, à Pragues, le médecin Nicolas Barnaud et l'aventurier Edward Talbot dit Kelly (1555-1597), ont transmuté chez le médecin impérial une livre de mercure en or, lequel apparut accompagné d'un peu de verre rouge. Kelly informa les participants que c'était là le signe d'un excès de teinture.

Cette poudre, Kelly l'avait achetée pour une somme dérisoire à un aubergiste protestant du Pays de Galles, lequel l'avait trouvée en violant la tombe d'un évêque catholique. (Cette profanation reflète l'un des aspects de la guerre des religions sous Élisabeth Ire.)

Richthausen, que nous avons cité à propos de la transmutation du 15 janvier 1648, avait été anobli quelque temps plus tard sous le titre de baron du chaos, clin d'œil aux alchimistes qui, dans leur laboratoire, ordonnent le *chaos*.

Avec la poudre de Labujardière, il accomplit plusieurs transmutations. En voici une où il est question d'or aigre, relatée par Balthazar de Monconys[1] qui, le 28 mars 1664, dînant en tête-à-tête, et sans valet, avec le Prince-Électeur de Mayence, Johann-Philippe de Schönborn (1605-1673), eut droit à ses confidences.

> ... L'Électeur fit lui-même cette projection avec tous les soins que peut prendre une personne entendue dans la philosophie. Ce fut avec un petit bouton gros comme une lentille, et il y avait de la gomme adragante qui joignait la poudre ; il mit ce bouton dans de

---

(1) • *Journal des Voyages*, Lyon, 1665 1666, H. Boissat et G. Remeus.
   • Ce grand érudit, né en 1611, mourut en 1665.

la cire d'une bougie qui était allumée là ; mit cette cire dans le fond du creuset, par dessus quatre onces de mercure, et mit le tout dans le feu couvert de charbons noirs dessus et dessous, et aux environs ; puis ils commencèrent à souffler d'importance, et, au bout d'une demi-heure, ils ôtèrent les charbons et virent l'or fondu, mais qui faisait des rayons fort rouges qui pour l'ordinaire sont verts. Chaos lui dit alors que l'or était encore trop haut en carat, qu'il fallait le rabaisser en y mettant de l'argent dessus ; lors son Altesse qui en avait plusieurs pièces, en prit une qu'il jeta lui-même dedans, et ayant versé le tout en parfaite fusion dans une lingotière, il s'en fit un lingot d'un très bel or mais qui se trouva un peu aigre, ce que Chaos dit procéder de quelque odeur de laiton qui s'était trouvé peut-être dans la lingotière, mais qu'on l'envoyât (l'or) fondre à la Monnaie. Ce qui fut fait, et on le rapporta très beau et très doux. Et le maître de la Monnaie dit à son Altesse que jamais il n'en avait vu de si beau, qu'il était à plus de 24 carats, et qu'il était étonné de voir comment un or si aigre était devenu parfaitement doux en une seule fusion. Son Altesse me promit de m'en envoyer à Venise...

LA LUNE FIXE

Dans ce chapitre, nous avons cité à trois reprises le mathématicien Colonna, fils naturel du prince de Gallicano et protégé de Richelieu.

Il avait reçu quelque temps un Adepte chez lui, et consigna ses observations dans *Les secrets les plus cachés de la philosophie des anciens, découverts et expliqués, à la suite d'une histoire des plus curieuses*, sous le pseudonyme de Crosset de la Haumerie (Paris, 1722, chez d'Houry fils).

Voici un extrait où l'argent alchimique change de nature si la teinture au blanc est en excès, ses caractéristiques le rapprochant alors du platine.

> ... Il faut observer que la fixation du mercure en argent se faisait en un quart d'heure... ; mais que pour celle de l'or, il fallait au moins deux heures et que le feu fut très fort : ce qui n'était pas nécessaire pour l'argent. Je demandai (au Maître) la raison de cette différence. Vous devez comprendre, me dit-il, que pour forcer le mercure à mettre dehors toute sa teinture, et pour lui faire acquérir la fixité de l'or, il faut nécessairement un feu et plus grand et plus long ; et au contraire, pour la fixer en argent, il ne faut simplement que l'épaissir : il n'est donc pas nécessaire de lui donner un feu ni si grand ni si violent ; il faut seulement l'échauffer un peu fort. En effet, les fixations de mercure en argent, comme je l'ai vu plusieurs fois, se faisaient avec plus de facilité et plus promptement que la présure ne fait épaissir le lait en un temps très chaud. Je remarquai, enfin, que l'argent qui provenait de la fixation du mercure, était plus pondéreux que l'argent ordinaire, et que l'eau-forte n'y faisait aucune impression, ou du moins fort peu ; mais elle n'y faisait rien du tout, quand il y avait un peu plus de poudre qu'il n'en était besoin. C'était donc une vraie Lune fixe, et telle que je ne crois pas qu'on en puisse faire autrement...

UNE TRANSMUTATION OFFICIELLE

Ci-contre, nous proposons quelques extraits du compte rendu de la transmutation du 19 juillet 1716 à Vienne, sur laquelle nous nous étions particulièrement étendu à cause des unités de poids.

Il est très détaillé, ce qui lui confère un grand intérêt, mais la traduction donnée par Louis Figuier se montre trop déformée par ses lunettes rationalistes.

C'est la traduction de Bernard Husson que nous avons choisie[1]. Elle apparaît consciencieuse, comme toujours, et le problème des unités semble venir de sa documentation. Il arrive à tout le monde de dire des bêtises, nous en avons relevé chez nos Maîtres, nous-même, coupant parfois les cheveux en quatre, sommes loin d'être à l'abri : quelques erreurs se sont immanquablement glissées ici ou là, nous aimerions les découvrir. "Seuls les morts ne se trompent plus !" disait Einstein à son ami Max Born, en avouant une bourde monumentale.

. . . .

1) Les soussignés se réunirent au lieudit à dix heures du matin, où l'un d'eux présenta une petite particule blanchâtre, rappelant un sel par son apparence, enveloppée dans du papier, si exiguë qu'elle eût pu être placée dans l'œil sans qu'on en souffrît. Cette parcelle, pesée devant toute l'assistance à la balance d'essayeur accusa un poids d'un centième de loton, équivalent à un dragme poids de Nuremberg (Figuier et von Murr : "un loton").
2) Ensuite les soussignés pesèrent également deux pièces de cuivre dont l'une était de celles que l'on distribue dans l'asile des indigents à Vienne, elle pesait cent livres et huit lotons. L'autre pièce, qui était un poltura hongrois de 1707[2], accusa un poids de 68 livres et 16 lotons.
3) La première pièce fut chauffée sur des charbons ardents d'où elle fut retirée avec des pincettes par le conseiller aulique Schwartzenburg ; aussitôt, le baron Wolf de Metternich, ayant fait adhérer la parcelle

---

(1) *Transmutations alchimiques,* Paris, 1974, J'ai lu.
(2) • Et non 1607, comme l'indique Figuier. (Note d'Atorène)
   • Par contre, Husson n'a pas considéré, dans cet article 2, le « poids d'essai » *(Probirgevicht),* que mentionne von Murr (v. page 57).

blanchâtre précitée à un bâtonnet de cire (autrement il lui eût été impossible de la manier), la promena d'un mouvement circulaire sur une seule des faces de la pièce, le plus rapidement qu'il lui fut possible.

4) Mais le vice-chancelier de Bohême, craignant que la monnaie ne fondît, la jeta dans l'eau, bien que la pièce fût encore de couleur rouge, et que la parcelle blanche restât encore agglomérée en une petite masse à sa superficie, puis il l'en tira avec tant de précipitation qu'il se brûla les doigts.

5) Tous les assistants présents virent de leurs propres yeux que la pièce, rouge lorsqu'elle fut plongée dans l'eau, était blanche lorsqu'elle en fut retirée, avec certaines marques qui leur permirent de voir qu'elle avait déjà commencé à fondre.

6) Cependant, comme on avait observé que la parcelle (de teinture) avait pénétré dans l'eau avec (la pièce), l'autre pièce précédemment mentionnée, le poltura, semblablement chauffée, fut seulement jetée dans l'eau, d'où on la retira aussitôt. On la laissa au baron Wolf de Metternich.

. . . .

15) Lorsqu'il n'y eut plus lieu de douter de la transmutation du cuivre en authentique et bon argent, on examina aussi les proportions, en pesant à nouveau les deux pièces du paragraphe 2, transmuées en argent ; la première pesait cent vingt-cinq livres huit lotons, soit vingt-cinq livres de plus (qu'initialement) ; la seconde soixante-dix-neuf livres et seize lotons, soit un excédent de quinze livres[1], ce qui n'étonna pas moins les assistants que la transmutation elle-même.

16) Le calcul exact ne put être fait, qui eût permis de savoir combien de parties de cuivre avait transmué une partie de teinture ; en effet, les deux petites pièces de l'article 7 et la lamelle de cuivre de l'article 8 n'avaient pas été soumises à une docimasie séparée. Mais si les deux (premières) monnaies avaient seules été transmuées, le calcul montre qu'une partie de teinture aurait changé 5 400 parties de cuivre en 6 552 parties d'argent à quatorze lotons (de titre). D'où l'on peut affirmer sans crainte de se tromper beaucoup qu'une partie de cette teinture avait teint dix mille parties de métal.

Fait au lieu et au jour (rapportés) ci-dessus, en mémoire et en témoignage fidèles d'une véritable transmutation accomplie, par nous, témoins oculaires, soussigné de notre propre griffe et confirmé de notre sceau.

. . . .

———————————— ■ ————————————

(1) En fait, il faut lire *onze* livres. (Note d'Atorène)

LA VALSE DES CARATS

Il nous paraît utile de créer une annexe spécialement destinée à rendre toute sa valeur à la transmutation du dimanche 19 juillet 1716 à Vienne, car avec les unités invraisemblables — dont Goetzius semble à l'origine — ce sont probablement les opérateurs qui passent pour des idiots.

D'abord, présentons-les, ces quatre personnages, puisque leurs qualités sont mentionnées au compte-rendu.

1) "Son Excellence le comte Joseph de Würben et Freudenthal, conseiller privé de Sa Majesté Impériale, vice-chancelier du Royaume de Bohême, Chef de la délégation allemande."
2) "Son Excellence le comte Ernest de Metternich, conseiller privé en fonctions auprès de Son Altesse Royale de Prusse, actuellement ministre délégué à la Cour Impériale."
3) "Le seigneur baron Wolfgang de Metternich, prince de Brandeburg."
4) "Le seigneur Wolfgang Philipp Pantzer, conseiller aulique[1] du prince Schwartzenburg."

Ils connaissaient parfaitement l'art des essayeurs, — à cette époque, dans les milieux aristocratiques, la spagyrie constituait un divertissement recherché — et avaient tout le matériel à disposition là où ils opérèrent,

... dans l'appartement de Wolfgang Pantzer, situé dans la forteresse carinthienne, demeure du seigneur comte Charles Ernest, Seigneur de Rappach, commandant en chef de la Maison de Sa Majesté Impériale et de la forteresse de Vienne...

Dans l'annexe *L'or et la loi*, nous avons vu que l'essai "consiste à prélever par grattage ou coupe une *infime* partie" de l'alliage à analyser. On

---

(1) *Conseil Aulique* = Tribunal Suprême.

le pèse, on le purifie, et on le repèse ; le rapport des deux poids représente le titre.

Même quelqu'un qui n'y connaît rien comprend immédiatement qu'il faut disposer de poids étonnamment petits pour établir la différence entre ''une infime partie'', et une partie encore un peu plus infime !

Eh oui, la précision ne date pas d'aujourd'hui, jadis on travaillait en ''milligrammes'', exactement comme maintenant !

Comme certains auront du mal à l'admettre, nous allons citer un passage de Lémery à propos des titres, lequel donnera en même temps au lecteur l'occasion de parfaire sa culture sur les carats. Rappelons que Lémery, qui n'était pas essayeur mais docteur en médecine, publia pour la première fois son *Cours de Chymie* en 1675.

> ... Le carat d'or est la vingt-quatrième partie d'une quantité d'or, quelle qu'elle soit : ainsi, une scrupule qui doit peser vingt-quatre grains, est un titre à l'égard d'une once d'or, car une once contient vingt-quatre scrupules.
> Il est important de savoir qu'afin de pouvoir déterminer plus exactement le titre de l'or qui passe vingt-trois carats, on subdivise le carat d'or en trente-deux parties égales, auxquelles on ne donne pas d'autre nom que celui de trente-deuxièmes parties du carat. Suivant ce calcul, un or à qui il ne manque qu'une de ces trente-deuxièmes parties, ou la sept cent soixante-huitième partie de son poids total, pour être au dernier degré de pureté, est un or à 23 carats 31/32, celui qui contient deux ou trois trente-deuxièmes parties de carat en alliage, est de l'or à 23 carats 30/32 ou 29/32, et ainsi du reste. Il ne faut pas, comme on voit, être très versé dans l'arithmétique pour faire ce calcul qui est des plus simples, et pour compter que dans un gros d'or qui pèse soixante-douze grains réels, chaque carat, ou chaque vingt-quatrième partie étant de trois grains, le trente-deuxième de carat doit être de 3/32 de grain, et qu'un tiers de gros d'or sera au titre de vingt-trois carats 31/32, lorsqu'il ne lui manquera, pour être absolument pur, que 3/32 de grain d'or réel, c'est-à-dire, lorsqu'il pèsera soixante-onze grains 29/32 en or pur, et 3/32 de grain en alliage. Cependant un fameux chimiste qui vient de faire imprimer une traduction de Schlutter a laissé glisser dans cet ouvrage une faute de grande conséquence à ce sujet, et qui a tout lieu de surprendre de la part d'un aussi habile homme, et si accoutumé au calcul des essais...

Nous abrégeons la citation, mais ajoutons que pour l'argent, le titre, jusqu'à la fin du siècle dernier, s'exprimait en deniers : en quelque sorte, on doublait le carat (1 denier de titre = 1/12e d'argent dans l'alliage ; 12 deniers étant de l'argent pur).

Dans le royaume de France, les essayeurs pesaient donc leurs petits prélèvements en grains (environ 50 milligrammes) et trente-deuxièmes de grain (environ 1 1/2 milligrammes). Prenons l'exemple d'un fragment pesant 2 grains 11/32, donc déjà volumineux (6,4 mm³), qui, après purification, aurait diminué de 3/32e de grain.

Le résultat est quasi-immédiat, mais nous allons développer.

Posons

$$\frac{(2 + 11/32) - 3/32}{(2 + 11/32)}$$

Après conversion en vingt-quatrièmes, nous obtenons :

$$\frac{24}{24} \text{ moins } \frac{31}{768}$$

ou 24 carats moins 31 trente-deuxièmes de carat,

c'est-à-dire que du dernier carat, divisé en 32, il manque :

32 — 31 = 1   (1,28 pour être exact).

Le titre s'élève donc à 23 carats et 1/32 (correspondant à 960/1000 dans la désignation actuelle).

Chaque pays utilisait ses propres subdivisions, mais les titres ne variaient guère d'un état à un autre. A Vienne, les opérateurs, manifestement habitués aux essais, pesèrent tout naturellement poudre de projection et pièces de monnaie avec les poids d'essayeurs, poids qui n'avaient généralement pas de nom, sauf celui de fraction des poids usuels (par exemple le 1/32e de grain). Et nous aimerions savoir qui baptisa livre et loton les unités des essayeurs viennois !

Pour ceux qui pensent que nos quatre gentilhommes avaient peut-être de gros yeux, dans lesquels ils eussent pu mettre beaucoup de poudre, nous allons développer davantage le raisonnement. En effet, les pièces de monnaie utilisées permettent de fixer rigoureusement la valeur des unités, et donc de dépasser notre évaluation du chapitre.

Ainsi, l'une des pièces étant de monnaie hongroise, voici les caractéristiques du *polture unitaire* millésimé 1707 :

poids	2,7 grammes
diamètre	23 millimètres
épaisseur	1,2 millimètre (sur le listel)

Le polture utilisé à Vienne pesait, comme nous l'avons vu :

$$(68 \text{ P} \times 32) + 16 \text{ p} = 2\,192 \text{ p}$$

Avec la pièce de 2,7 grammes, nous obtiendrions donc

— pour "p" la subdivision en trente-deuxièmes :
$$2\,700 \text{ mg} / 2\,192 = 1,23 \text{ mg}$$

— et pour "P", l'unité principale :
$$1,23 \text{ mg} \times 32 = 3,94 \text{ mg}$$

Nos arguments ayant maintenant tous bonne substance, voilà une affaire réglée !

Pas tout à fait cependant, une affaire réglée a beaucoup moins de charme. En réalité, trois poltures avaient cours en Hongrie à cette époque. Avec leur caractéristiques, il n'est pas difficile d'identifier exactement la valeur de l'unité de base "p", celles précédemment calculées ne constituant que le début du raisonnement.

Mais plutôt que les développements arithmétiques, nous allons vous proposer un peu d'histoire :

Au XVIIe siècle circulaient en Hongrie des poltures polonaises. Léopold Ier (1640-1705), empereur de 1657 à 1705, décida donc un jour d'en frapper de hongroises, en argent.

Le prince Rakoczi, François II (1676-1735), qui gouverna de 1703 à 1711, se soulevant contre l'empire des Habsburg, fit encore émettre des poltures en argent pendant les deux premières années de l'insurrection. Toutefois, à partir de 1704, il fit battre des poltures de 1, de 10, et de 20, en cuivre[1].

Polture de 1705,
en vraie grandeur
Siebenbürgische Münzen
und Medaillen
1901, Adolph Resch

(1) — pièce de 10 : ⌀ 31 mm, ép. 1,7 mm, poids 8,03 g.
  — pièce de 20 : ⌀ 36 mm, ép. 2,4 mm, poids 16,44 g.

LES FRAUDEURS

Du temps où l'on voulait fabriquer de l'or, il y eut naturellement des fraudeurs. Voici la description de quelques procédés de ces batteleurs ambulants. Elle est extraite d'un exposé que le docteur Geoffroy présenta en avril 1722 à l'Académie des Sciences de Paris sous le titre : *Des supercheries concernant la pierre philosophale*.

En fait, il a recopié ce qu'avait écrit l'alchimiste Michael Maier en 1617.

... Ils se servent souvent de creusets ou de coupelles doublées, ou dont ils ont garni le fond de chaux d'or ou d'argent, ils recouvrent ce fond avec une pâte faite de poudre de creuset incorporée avec de l'eau gommée, ou un peu de cire : ce qu'ils accommodent de manière que cela paraît le véritable fond du creuset ou de la coupelle.
D'autres fois ils font un trou dans du charbon, où ils coulent de la poudre d'or et d'argent, qu'ils referment avec de la cire : ou bien ils imbibent des charbons avec des dissolutions de ces métaux, et ils les font mettre en poudre pour projeter sur les matières qu'ils doivent transmuer.
Ils se servent de baguettes, ou de petits morceaux de bois creusés à leur extrémité, dont le trou est empli de limaille d'or ou d'argent, et qui est rebouché avec de la sciure fine du même bois. Ils remuent les matières fondues avec la baguette, qui, en se brûlant, dépose dans le creuset le métal fin qu'elle contenait.
Ils mêlent d'une infinité de manières différentes l'or et l'argent dans les matières sur lesquelles ils travaillent : car une petite quantité d'or ou d'argent ne paraît point dans une grande quantité de métaux, de régule, d'antimoine, de plomb, de cuivre, ou de quelque autre métal.

On mêle très aisément l'or et l'argent en chaux dans les chaux de plomb, d'antimoine et de mercure.
On peut enfermer dans du plomb des grenailles ou des lingots d'or et d'argent. On blanchit l'or avec le vif-argent et on le fait passer pour de l'étain ou pour de l'argent. On donne ensuite pour transmutation l'or et l'argent qu'on retire de ces métaux.

Il faut prendre garde à tout ce qui passe par les mains de ces sortes de gens. Car souvent les eaux-fortes ou les eaux régales qu'ils emploient sont déjà chargées de dissolutions d'or et d'argent. Les papiers dont ils enveloppent leurs matières sont quelquefois pénétrés de chaux de ces métaux. Les cartes dont ils se servent peuvent cacher de ces chaux métalliques dans leur épaisseur. On a vu le verre même sortant des verreries chargé de quelque portion d'or qu'ils y avaient glissée adroitement, pendant qu'il était encore en fonte dans le fourneau.

. . . .

Passons à d'autres expériences imposantes. Le mercure chargé d'un peu de zinc et passé sur le cuivre rouge lui laisse une belle couleur d'or. Quelques préparations d'arsenic blanchissent le cuivre et lui donnent la couleur de l'argent. Les prétendus philosophes produisent ces préparations comme des acheminements à des teintures qu'ils promettent de perfectionner...

LA GRANDE CIRE ROUGE

... Lorsque l'Œuvre aura passé de la couleur cendrée au blanc pur, puis au jaune, tu verras la pierre philosophale, notre roi élevé au-dessus des dominateurs, sortir de son sépulcre vitreux, se lever de son lit et venir sur notre scène mondaine dans son corps glorifié, c'est-à-dire régénéré et plus que parfait ; autrement dit, l'escarboucle brillante, très rayonnante de splendeur, et dont les parties très subtiles et très épurées, par la paix et la concorde de la mixtion, sont inséparablement liées et assemblées en un ; égale, diaphane comme le cristal, compacte et très pondéreuse, aisément fusible dans le feu comme la résine, fluente comme la cire et plus que le vif-argent, mais sans émettre aucune fumée ; transperçant et pénétrant les corps solides et compacts, comme l'huile pénètre le papier ; soluble et dilatable dans toute liqueur susceptible de l'amollir ; friable comme le verre ; de la couleur du safran lorsqu'on la pulvérise, mais rouge comme le rubis lorsqu'elle reste en masse intègre (laquelle rougeur est la signature de la parfaite fixation et de la fixe perfection) ; colorant et teignant constamment ; fixe dans les tribulations de toutes les expériences, même dans les épreuves par le soufre dévorant et les eaux ardentes, et par la très forte persécution du feu ; toujours durable, incalcinable...

———————————— • ————————————

Henri Khunrath (1560-v1605), *Amphitheatrum Sapientiæ Æternæ*. Hanovre, 1609. Traduction de Grillot de Givry, Paris, 1900, Chacornac.

LA PIERRE UNIQUE

Le médecin Gabriel Clauderus (1630-1691) relate, dans sa *Dissertation sur la Pierre Philosophale* (Nuremberg 1668), les propos d'un vieux savant dont il fut l'élève en tant qu'universitaire.

Clauderus ne dévoile pas l'identité de ce Maître qu'il respectait beaucoup, conseiller et premier médecin d'un grand prince d'Europe. C'était aussi un alchimiste qui avait réussi à élaborer la pierre philosophale. Malheureusement, une succession d'événements en amena l'anéantissement quasi immédiat : le fruit de son travail fut détruit par des soldats. Il ne réussira jamais à fabriquer une autre pierre, ainsi qu'il le confie dans ce passage traduit du latin par Husson [1] :

> ... A nouveau, toutes autres occupations mises de côté, je me consacrai entièrement à une nouvelle préparation de cette suprême teinture, sévèrement stimulé par mon maître. Bien que je vaquasse jour et nuit avec l'assiduité la plus grande à ce travail, que me fussent parfaitement connues, et en récente mémoire, les phases du processus, il n'en fut pas moins impossible de le conduire à nouveau à bonne fin... bien qu'à différentes reprises il ait été entrepris depuis le début avec précaution et avec soin. Sous l'évident vouloir divin, quelquefois un verre se brisait, où l'on avait omis quelque détail, tant et si bien qu'à la fin, atteint par la faiblesse de l'âge, je dus y renoncer...

(1) *Transmutations alchimiques,* opus citem.

LA BARRIÈRE DU RÉEL

L'Adepte franchit-il la barrière du réel ? En tous cas les fous la franchissent, et si l'on complète le syllogisme n'est-ce pas que l'Adepte est un fou ?

Dans le Tarot, réputé pour être, à l'origine, un résumé du *Livre de Toth,* le fou est la carte non numérotée, laquelle porte la lettre hébraïque *shin,* lettre mère dont la valeur cabalistique est 300.

Trois cents représentent la multiplication du chiffre 3 par 10 au carré, et si cela ne nous conduisait hors de notre sujet, nous pourrions développer l'analyse numérologique qui se révèle d'une grande richesse. Tenons-nous en à la valeur initiatique de l'image, sans oublier que l'esprit du Tarot plonge ses racines jusqu'aux profondeurs de l'Égypte ancienne.

Voici une contemporaine hongroise nommée Élisabeth Haich, qui sans être alchimiste se montre singulièrement perspicace : "il y eut toujours — et il y a encore — des initiés parmi les hommes qui connaissaient le secret de la transmutation chimique du corps, le gardant du commun des mortels''. C'est donc son commentaire sur le fou dont il nous a paru judicieux de citer quelques brefs extraits [1].

> ... Le Fou regarde vers le haut, vers les sphères supérieures...
> Il porte un collant jaune, déchiré par un étrange animal, dénudant ainsi son postérieur. L'animal mord encore la jambe mais le Fou ne s'en soucie guère, comme s'il était insensible. Calme, il poursuit son chemin, regarde vers le ciel, porte son ballot sans s'occuper des animaux qui l'attaquent par derrière, pas plus qu'il ne s'inquiète de la présence d'un crocodile qui l'épie et qui semble pourtant avoir peur d'attaquer.

---

(1) *Sagesse du Tarot* par Élisabeth Haich. Traduction de l'allemand en français par Francine Yesudian-Aegerter, Lausanne, 1972, Signal.

Entre les jambes du Fou, nous retrouvons la fleur rouge. Elle est ouverte, mais elle incline sa corolle vers le sol afin que personne ne puisse en apercevoir l'intérieur. Le Fou ne montre plus ses trésors. Qui est ce Fou ?

Ce Fou représente l'homme qui, ayant passé par toutes les étapes possibles de son développement sur terre, est parvenu à l'échelon supérieur. Sa conscience s'est unie à la conscience divine. Par l'esprit, il est tellement éloigné de ses prochains que ceux-ci ne le comprennent plus... Depuis qu'il a franchi le seuil entre les deux mondes, que son être terrestre est mort dans l'athanor et qu'il en est ressorti pareil à un être divin, ressuscité dans une nouvelle vie, il ne peut plus voir les choses sous un angle humain. Même pas la vie terrestre. Il a tout fait passer à droite, dans la spiritualité, son point de vue est maintenant divin et éternel. Pour lui, les différences entre le fini et l'infini, entre le mortel et l'immortel, se sont estompées...

D'après Oswald Wirth
(1865-1943)

Chapitre troisième

LES ARTS DU FEU

Maintenant, les dilettantes vont être déçus. Ceux qui rêvent, et les autres qui spéculent, voire qui spéculent sur les spéculateurs, ne trouveront guère leur pâture dans nos chapitres, réservés aux véritables enfants d'Hermès.

Nous présenterons le laboratoire de telle sorte que seul puisse être intéressé celui qui travaille de ses mains, celui qui ne craint pas d'entreprendre, "dans le silence et dans la solitude" le fatiguant corps à corps contre la matière.

LES VASES DE VERRE
Le Philosophe, c'est celui qui sait faire le verre, répondit la Sibylle interrogée sur ce point...

Sur l'origine du verre, Pline (23-79) rapporte, au 36e livre de son encyclopédie, qu'un jour, des marchands naviguant pour traverser la Phénicie, arrêtèrent leur bateau pour manger au bord du Bélus. Sur le sable, il n'y avait pas de pierres pour soutenir leurs marmites, ils eurent alors l'idée d'utiliser quelques blocs du nitre qu'ils détenaient en cargaison : en chauffant, le nitre réagit sur le sable, et le transforma en verre.

D'après une figure coloriée de
Splendor Solis
Salomon Trismosin, 1598, Rorschach

Signalons encore des glaçures colorées sur des poteries égyptiennes qui dateraient de 4 000 ans avant J.-C., et le corps de Ramsès II (qui régna de -1301 à -1235) reposait dans un cercueil de verre lorsque Gaston Maspero le découvrit en 1886.

Cet art du feu, longtemps ésotérique, devint chez nous l'apanage des gentilhommes verriers, tous nobles de naissance ou anoblis, qui ne se rendaient au fourneau que l'épée au côté.

Le verre est un matériau amorphe et transparent dont la silice constitue l'élément vitrifiable ; on peut le colorer par des oxydes métalliques, il est dur, imperméable aux gaz et aux liquides. Seuls l'attaquent l'acide fluorhydrique et les produits alcalins. Sa densité avoisine 2,5, il est peu conducteur de la chaleur et sa température d'emploi est de l'ordre de 400°C. Pulvérisé, le verre incolore paraît blanc grisâtre, et naturellement, quel que soit son coloris, il s'affadit.

Les plus répandus sont des verres sodo-calciques, contenant approximativement 75 % de silice, 15 % de soude, et 10 % de chaux et magnésie. On peut les employer jusqu'à 350°C, et les travailler au chalumeau à air comprimé.

Le verre boro-silicaté, qui contient environ 80 % de silice, 15 % d'oxyde de bore, et 5 % de soude, résiste bien aux chocs thermiques. On l'emploie jusqu'à 400-500°C, il se travaille au chalumeau à oxygène.

Il en existe bien d'autres, et aujourd'hui, certains traitements permettent, sans le rompre, d'enfoncer, à coups de maillet, un mince tube de verre dans une planche.

Partant d'une composition analogue à celles ci-dessus, on le fabriquait autrefois à partir de composés naturels : sable quartzeux, soude, potasse, calcaire, magnésie, etc., dont la plupart sont maintenant remplacés par des produits de synthèse.

Le principe consiste à provoquer la liquéfaction de la silice (suivant sa pureté SiO_2 seule fond de 1 600 à 1 700°C) à basse température au moyen d'adjuvants ; ces corps, bien qu'en faible proportion, influent considérablement sur les propriétés finales.

Dans le processus de fusion, il se forme à 600°C un carbonate double de sodium et calcium, lequel à 800°C réagit sur la silice. A 1 200°C la fusion est accomplie, mais pour l'affinage, il faut pousser jusqu'à 1 400 ou 1 500°C. On procède au soufflage vers 750 à 800°C, au laminage entre 1 000 et 1 250°C.

Voici un groupe de chimistes qui ne paraissent guère philosophes si l'on s'en réfère à la Sibylle : Baron s'appuie sur deux confrères pour reprendre Lémery lorsque celui-ci prétend qu'"il est même comme impossible de tirer du verre un véritable sel". Une certaine perplexité flotte[1] :

> ... Il semblerait par ce que l'auteur dit ici, que le verre est indestructible, et ne peut point se décomposer. Cependant Boerhaave[2] rapporte d'après Van Helmont, que si l'on fait entrer en fusion ensemble une partie de verre, et trois parties d'alcali fixe bien caustique, la masse qui en résulte peut se fondre dans l'eau ; et qu'en cet état, si l'on ajoute un acide concentré qui s'empare du sel alcali, le sable et les cailloux qu'on avait fait entrer dans la fabrique du verre se précipitent sous la forme d'une poudre...

Les opérations par voie humide amènent l'alchimiste à se préoccuper du verre. Le matras (ballon), qui ressemble à un œuf prolongé d'un col, correspond à une bouteille : il contient les liquides. Notons que ce n'est pas une mince affaire de *sceller hermétiquement*[3] un matras en ramollissant son col au chalumeau, seuls s'y prêtent — encore faut-il une bonne technique — les verres peu sensibles aux contraintes thermiques ; pour l'ouvrir sans le briser, on lui coupe le col par un anneau de fer rougi, et ce n'est pas non plus si facile en pratique.

L'alambic devra être de verre, ainsi que le montrent toutes les gravures alchimiques ; en bas, un récipient, la cucurbite, contient le liquide à distiller, et sera soumis à la chaleur ; au-dessus un couvercle spécial, le chapiteau, récupère les vapeurs ; un bec au chapiteau permettra de recueillir les vapeurs condensées, qui s'écouleront dans un matras quelconque.

Il apparaît tout de suite que :

De distillatione
(détail du frontispice)
Rome, 1608, Joannes Baptista Porta

1) si, après l'évaporation, l'on tient à récupérer facilement les résidus secs et adhérents sans détruire la

---

(1) Commentaire du *Cours de Chymie* de Lémery, opus citem.
(2) • Hermann Boerhaave (1668-1738) médecin hollandais, réputé par-delà les frontières européennes.
    • Van Helmont a déjà été cité.
(3) Cf. *Lexique spagyrique*, en annexe au chapitre I.

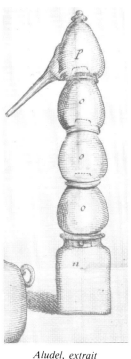

Aludel, extrait
d'une planche du
Traité de la Chymie
Édition de 1673
Christophle Glaser

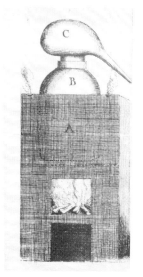

Pharmacopée Royale
Galénique et Chymique
1676, Moyse Charas
(Ici, la cucurbite
est en cuivre étamé)

cucurbite, il faut un col assez large pour y passer la main ;

2) pour remettre du liquide dans la cucurbite sans soulever le chapiteau, une petite ouverture est nécessaire, avec un bouchon ;

3) pour ajuster la condensation à l'augmentation du feu, le chapiteau, le bec, ou le matras, devront être refroidis.

Nous pourrions donc, à partir de ces trois données, sophistiquer quelque peu l'appareil.

Les contraintes de la distillation se révèlent tout de même un peu plus fines et complexes ; elles sont maintenant bien connues, aussi trouve-t-on dans le commerce des alambics de tous types, chacun étant plus particulièrement adapté à tel ou tel point précis de la chimie.

Ceux pour qui la cornue évoque encore le laboratoire retardent quelque peu : il n'y en a plus dans le commerce, ni d'ailleurs de ces classiques alambics qui illustraient les manuels anciens.

Un tel appareil, avec cucurbite à large col, et chapiteau correspondant, dépassé pour la chimie actuelle, devrait être fabriqué sur commande spéciale.

A propos des distillations, il convient de bien différencier deux phénomènes distincts :

l'évaporation, formation de vapeur uniquement à la surface en contact avec l'air. Elle est proportionnelle à la température, la pression, l'étendue de la surface libre, et l'hygrométricité ambiante.
Les distillations sans ébullition sont des évaporations. Entre la surface libre et le chapiteau, tout rétrécissement s'avère préjudiciable.

l'ébullition, formation de vapeur au sein même de la masse.

La surface libre n'intervient alors nullement, ni l'humidité ambiante, et peu importe la section du goulot.

Pour une pression donnée, un corps entre en ébullition à une température très précise ; si on augmente le chauffage, les bulles de vapeur deviennent plus nombreuses, mais la température ne s'élève jamais.

En contrôlant la pression, on peut parfaitement distiller de l'eau à 0°C ; en pratique, on descend même jusqu'à moins 50°C[1].

D'après la cinquième planche du Mutus Liber, *1677, Altus*

---

[1] Toutes ces lois sont abondamment détaillées dans les manuels de physique. Précisons seulement que pour faire bouillir de l'eau, la présence d'air dissous est indispensable, sinon les lois sont faussées.

LES VASES DE TERRE   Les traitements par voie sèche sont caractérisés par une température élevée, ils requièrent donc des vases adaptés, qui ne se cassent pas en chauffant, et dont la matière des parois ne se mêle pas trop au contenu.

Un certain Cyprian Piccolpassi, bien étrange *cavalier,* nous invite à considérer l'art du potier[1] ; jetons donc un coup d'œil sur les pots de terre.

Aujourd'hui, la porcelaine et les terres réfractaires côtoient l'alundun, la silice, ou l'alumine.

alundun.   Contenant 80 % d'alumine (Al_2O_3), on peut l'employer jusqu'à 1 450°C ; c'est un réfractaire remarquable, de plus il résiste bien à presque tous les réactifs.

porcelaine.   Sa pâte est constituée de sable et de feldspath, mêlés en proportions variables à du kaolin : en moyenne 50 % de kaolin, 30 % de feldspath, 20 % de silice.

D'après Les Troys Libvres
de l'Art du Potier
1861, Cyprian Piccolpassi

Le kaolin est un silicate d'alumine hydraté presque pur ($2SiO_2$ Al_2O_3 $2H_2O$) contenant 40 % d'alumine, 45 % de silice, et 15 % d'eau. Le feldspath, qui fond entre 1 200 et 1 300°C, est soit de type potassique : $6SiO_2$ Al_2O_3 K_2O, soit de type sodique : $6SiO_2$ Al_2O_3 Na_2O.
La pâte est cuite jusqu'à vitrification (1 300 à 1 450°C). Comme le verre elle tient bien aux acides, mais pas aux alcalins. On peut l'utiliser jusqu'à 1 100 ou 1 200°C.

silice.   Les vases en silice pure contiennent 99,7 % de SiO_2, dont nous avons vu avec le verre qu'elle fond vers 1 700°C. Sa tenue est bonne jusqu'à 1 300°C, passable jusqu'à 1 700°C. Elle résiste bien aux chocs thermiques, et réagit aux mêmes agents de corrosion que le verre.

alumine.   La proportion d'Al_2O_3 atteint ici aussi 99,7 % lorsqu'elle est dite pure. Elle fond à 2 040°C, mais on doit plafonner à 1 800 ou 1 900°C. Elle est remarquablement insensible aux agents corrosifs et surpasse les autres matériaux dans la tenue aux températures élevées.

---

(1) *Les Troys Libvres de l'Art du Potier,* Paris, 1861, Librairie Internationale.

terre réfractaire.   L'appellation est des plus vagues. Certaines terres sont naturellement réfractaires, le kaolin par exemple, ne présente pas trace de fusion à 1 600°C. En général, elles sont obtenues artificiellement à partir d'argiles cuites à haute température, et broyées à la finesse désirée, c'est ce que l'on appelle la chamotte. Les grains sont alors liés par de l'argile plastique, la pâte, après façonnage, est soumise à la cuisson. A température élevée, ce traitement lui permet de tenir nettement mieux que la porcelaine, malgré une composition assez voisine.

grès.   Dans les laboratoires d'autrefois, on utilisait aussi le grès. Cette terre réfractaire se révèle une proche parente de la porcelaine ; elle est principalement à base de silice, d'alumine, et d'oxyde de fer, les proportions déterminant le domaine d'emploi. On le cuit jusqu'à vitrification, c'est-à-dire entre 1 100 et 1 400°C suivant les pâtes.

A Savignies, près de Beauvais, où depuis une époque immémoriale la principale industrie était la poterie de grès, on fabriquait des creusets dont l'analyse indique 72 % de silice, 19 % d'alumine, et 4 % d'oxyde de fer (plus divers 5 %). Ils étaient parmi les plus réputés dans les laboratoires, avec ceux de Hesse (Allemagne) contenant 71 % de silice, 25 % d'alumine, et 4 % d'oxyde de fer.

Les creusets ont pour symbole la croix, grecque ou de Saint-André, et dans la *cabale* hermétique (qui joue avec *cavale,* cavalier, chevalier[1]), *crucifier* n'a d'autre sens que passer au creuset.

Ils sont classiquement renflés, plus hauts que larges, leur hauteur devant excéder la largeur d'au moins la moitié pour une bonne répartition de la chaleur. On en fabrique en divers métaux, et, naturellement, dans toutes les terres que nous avons citées, du plus petit (environ 5 centimètres de haut) jusqu'aux très grands de l'industrie métallurgique. On trouve aussi des creusets cylindriques, et d'autres en forme de tasse, appelés parfois crapauds.

Dans les feux de charbon, on les plaçait sur une rondelle en terre réfractaire, la tourte. Pour les chauffer au gaz, on préfère les suspendre dans un triangle en terre réfractaire, ou en silice.

Les têts sont des coupes évasées à fond épais, de diamètre 2,5 à 10 centimères. Ils servent à calciner à l'air libre, c'est-à-dire à transformer en chaux *(calx),* ancien nom générique des oxydes.

---

(1) Cabale, du latin *caballus,* cheval de somme, « qui soutient la somme de vérités ésotériques transmise par elle à travers les âges ».

Il nous faut aussi parler des cendres. Liées à la gomme arabique ou à l'argile, elles sont réservées à la fabrication des coupelles, petites écuelles poreuses utilisées pour la purification des métaux précieux. On emploie la cendre de bois — bien lavée pour éliminer les sels que renferme toute cendre — seule ou additionnée de chaux ou de cendres d'os, mais la meilleure composition reste la pure cendre d'os calcinés. Il faut en effet une matière peu conductrice de la chaleur, offrant toute sécurité de résistance au feu et aux pinces, poreuse et capable de s'imprégner facilement du plomb que l'on y met à fondre avant qu'il ne passe au travers. Une bonne coupelle doit absorber son propre poids d'oxyde de plomb. Baron nous en livre la fabrication[1] :

> ... La coupelle, si elle est petite, et qu'on la destine aux essais de l'or ou de l'argent, se figure dans un moule de cuivre creusé exprès pour recevoir la pâte faite avec les cendres d'os ou de bois, bien lessivées et humectées avec de l'eau commune, et dans lequel on frappe cette pâte avec un autre moule en relief, représentant une portion de sphère, qui s'imprime en creux dans la coupelle...

Traité des Arts céramiques, *1844, Alexandre Brongniart*

LES FOURS   Avec deux grands creusets en terre réfractaire, assemblés suivant les instructions du *Maître de Savignies,* l'artiste pourra, lorsqu'il entreprendra le troisième œuvre, réaliser le four très particulier nommé athanor dans le vocabulaire de l'art.

Mais auparavant, l'étudiant doit devenir un maître du feu ; la première chose à apprendre est la construction de la cage : dans le commerce, on trouve rarement des fourneaux alchimiques. Voyons d'abord les parois et leur comportement.

Parmi les matériaux énumérés, nous n'avons pas parlé de la terre commune, elle contient en moyenne 55 % de substances argileuses, 30 % de silice, et 15 % de calcaire ou de feldspath. On en fait des pots à fleurs, des briques, des tuiles, etc., en la cuisant aux environs de 1 000°C. Elle est alors poreuse, et ne saurait être comparée au grès, lequel est vitrifié dans la masse. A 1 200°C, ordinairement elle fond et se boursoufle, mais certaines variétés tiennent beaucoup mieux.

S'ils sont destinés à la maison, les vases d'argile sont presque toujours émaillés. Les apothicaires possèdent quelques notions là-dessus, Lémery[2] pense que "le fer entre dans la composition de l'émail ordinaire, avec le plomb, l'étain, le safre, la pierre de Périgord, la cendre gravelée, et celle de kali". Baron, s'appuyant sur les *Éléments de chimie suivant les principes de Becker et de Stahl*[3], reprend :

... L'émail ordinaire qui sert de base sous les autres émaux, est l'émail blanc, il n'entre point de fer dans sa composition ; il est fait avec cent parties de chaux métallique qui résulte du mélange de dix parties de plomb, et de onze parties d'étain calcinées ensemble, cent parties de fritte de cristal — on appelle ainsi le mélange des ingrédients qui servent à faire le cristal, et qui sont les cailloux, le nitre, le borax, l'alcali de la soude, et quelquefois l'arsenic —, et une partie d'alcali fixe bien pur, le tout broyé, mêlé et fondu ensemble en une seule masse qu'on réduit en poudre pour l'usage. On colore cet émail de telle couleur que l'on veut, en le faisant fondre avec différentes matières, telles, par exemple, que le safre (oxyde de cobalt) pour l'émail bleu, le safran de Mars (oxyde de fer) et le cuivre calciné pour l'émail vert, la rouille de fer pour l'émail

(1) Commentaire du *Cours de Chymie* de Lémery, opus citem.
(2) • *Cours de Chymie.*
     • *Cendre gravelée :* lie de vin calcinée,
     • *Kali* est une plante littorale.
(3) En français, 6 volumes, Baron cite l'original en latin (Halle, 1730) dont l'auteur est le médecin allemand Johann Juncker (1679-1759).

jaune, la pierre de Périgord, ou le Périgueux, pour l'émail couleur de chair, etc. ...

On trouve de l'argile à peu près partout, il suffit de la malaxer avec de l'eau jusqu'à obtention d'une pâte liquide, laquelle coulera à travers les mailles d'un tamis en y laissant les cailloux. Le lendemain on décante, et on laisse sécher jusqu'à la consistance permettant le modelage, c'est tout simple.

On la pétrit alors, puis on lui donne la forme désirée. Après séchage à l'ombre sur des journaux, pendant une dizaine de jours, la cuisson peut être entreprise.

Jusqu'à 600°C, il reste encore de l'eau captive, et il faut chauffer par petits paliers ; au-dessus, on peut augmenter l'allure. Le refroidissement devra être très lent, les terres non réfractaires ne seront pas sorties du four avant que l'on puisse les toucher rapidement du doigt. D'autres argiles, excellentes terres à feu naturelles, peuvent sortir incandescentes du four sans se briser.

L'argile dont on dispose pourra être mélangée à différents corps qui modifient ses propriétés, mica, argile cuite broyée (chamotte), chaux, la rendront moins sensible à la chaleur, mais c'est surtout la teneur en alumine qui rend réfractaire.

Très vite, l'étudiant ès alchimie, excellent ouvrier, n'aura aucune difficulté à fabriquer son four ; mais pour le cuire, il faut un autre four. On peut à la rigueur l'amener chez un potier, mais l'argile mêlée à de la paille hachée permet d'improviser un four dans lequel cuira le premier. Lorsqu'il est cuit, il faut le prémunir de la dilatation par des cerclages d'acier.

Pour un gros four immobile, les briques et le ciment seront plus convenables, ou encore le béton réfractaire. Pour les petits fours, il faut remarquer que le béton reste encore très bien adapté : béton et terre sont absolument équivalents. A ce niveau, le problème n'est plus tellement dans la matière du four, mais dans sa conception.

Traité des Arts céramiques
1844, Alexandre Brongniart

Si on connaît le secret du fonctionnement des fours, on peut parfaitement cuire de la porcelaine avec de vulgaires fagots, ou liquéfier du fer, forgerons et potiers furent jadis des grands-maîtres du feu.

Très sommairement, pour un four classique, disons que :

— l'aire de combustion détermine la puissance,
— l'arrivée d'air contrôle la rapidité du chauffage et la température,
— l'évacuation des gaz contrôle l'atmosphère (oxydante, neutre, ou
— réductrice)[1],
— le parcours des gaz détermine le rendement en température.

Ajoutons que contrairement aux apparences, il est possible d'opérer la combustion horizontalement. Et même — c'est à ce genre d'audace que l'on reconnaît un dompteur de feu — il ne faut pas craindre de placer le foyer en haut, pour faire sortir les gaz en bas !

Dans un four à réverbère classique, la forme de la voûte, mais surtout sa position par rapport à la sole, est de première importance : en abaissant la voûte, on force les gaz brûlants à se rapprocher de la sole, ajoutant ainsi la chaleur des gaz à celle du rayonnement, et la température devient nettement plus élevée. Mais le meilleur moyen reste encore d'axer la conception sur un tirage indirect, en laissant la voûte-réverbère à sa place habituelle, et en permettant aux gaz de s'échapper par la sole. Les trous de cette dernière devant alors être raccordés au conduit d'une bonne cheminée.

A propos de réverbère, connaissez-vous l'histoire de ce petit garçon en pleurs, cherchant à la nuit tombée, sous un réverbère, la pièce de monnaie qu'il a perdue ? Attendri un passant s'arrête, puis un autre, bientôt tout un attroupement remue consciencieusement les objets qui parsèment le sol autour de l'enfant. Mais la pièce demeure introuvable. Alors quelqu'un demande : "petit, es-tu sûr que c'est bien ici que tu as perdu tes sous ?" — "Oh non monsieur,

Deux fours extraits d'un manuel scolaire de la fin du siècle dernier : La physique et la chimie du Brevet élémentaire, Émile Bouant

(1) Le contrôle de l'atmosphère est un élément capital qu'il importe d'avoir présent à l'esprit, notez ceci fils de la Science, nous n'y reviendrons pas.

c'est là-bas, mais je cherche ici parce qu'on y voit plus clair.''

Parfaite illustration des générations de spéculateurs et souffleurs s'obstinant à chercher la pierre philosophale là où elle n'est pas !

Pour le chauffage, l'électricité est à proscrire sous toutes ses formes dans les trois phases de l'Œuvre. Il reste la gamme des combustibles ; avec le gaz, (butane, propane, etc.) on ne dépasse guère 1 200°C, mais l'injection d'air permet d'atteindre 1 600 à 1 700°C, dans un vacarme infernal.

Gravure du traité de Lambsprinck, dans le Musæum Hermeticum. *Nous la complétons par quelques mots* l'abbé Nicolas Montfaucon de Villars (1635-1673) dans le Comte de Gabalis (1670) : "Quant aux Salamandr habitants enflammés de la région du feu, ils servent les Philosophes, mais ils ne recherchent pas avec empresseme leur compagnie ; et leurs filles et les femmes se font voir rarement"

Cette même température peut être obtenue avec les huiles lourdes, comme le mazout, si elles sont préchauffées, et finement pulvérisées avec de l'air sous pression. Le pétrole est tout aussi valable, on le rend généralement gazeux avant d'y injecter l'air.

Nous n'allons pas tout passer en revue, d'autant qu'il semble si simple d'utiliser le charbon, combustible traditionnel de l'alchimiste.

Un kilogramme d'anthracite a en moyenne le même pouvoir calorifique que :

- 9 kilowatt-heure
- 2 kg de bois sec
- 1,15 kg de cocke
- 0,75 kg de pétrole lampant
- 0,75 kg de mazout
- 0,65 kg de butane, ou de propane.

Ces valeurs ne caractérisent que l'énergie relative, et non les températures limites susceptibles d'être atteintes ; mais en alchimie, les températures requises ne sont pas toujours aussi élevées que certains l'imaginent (quoique d'autres songent à la lampe à huile), nous le verrons en temps utile.

A titre d'exemple, notre premier four expérimental, propre à la fusion, se composait de deux parties principales :

- le bas, de hauteur 50 centimètres, comprenait le pied, le cendrier, et le foyer tronconique,
- le haut, qui constituait le four proprement dit, avec la porte et les trous d'évacuation des gaz, offrait la forme exacte d'une coupole, de diamètre extérieur 40 centimètres.

Il fonctionnait au charbon, une petite turbine amovible insufflant au besoin de l'air sous la grille.

L'ensemble restait léger, et bien isolé malgré des parois fines ; nous l'avions fabriquée en béton mixte, et ceci nous amène à en aborder la technique.

La différence entre terre et béton, c'est qu'il faut un moule pour ce dernier, et qu'une fois démoulé, il n'a pas besoin de cuisson ; le séchage reste nécessaire, ainsi qu'un cerclage d'acier à l'extérieur. Les granulats et le liant doivent être réfractaires.

Le *ciment fondu* que l'on trouve dans le commerce tient jusqu'à 1 400°C s'il contient 40 % d'alumine, mais d'autres ciments, contenant 80 % d'alumine, résistent à près de 2 000°C.

La gamme des granulats réfractaires est assez étendue (basalte, sillimanite, gibbsite, corindon brun ou blanc, alumine tabulaire, etc.), les chamottes doivent contenir au moins 40 % d'alumine. D'une manière générale, les granulats utilisables doivent avoir subi une cuisson, naturelle ou artificielle, qui les a maintenus à une température telle que toutes les transformations préjudiciables ont déjà été subies. C'est d'ailleurs pourquoi les fours en terre doivent être cuits.

Il faut une granulométrie répartie de telle façon que les petits cailloux entrent dans les vides laissés par les gros. Le liant ne doit se déposer qu'en mince film sur la surface extérieure des cailloux.

Pour un petit four, on pourra utiliser en première couche un mortier, dont la composition suivante correspond à 10 litres en place :

chamotte 0 — 0,2 mm	3,2 litres
chamotte 0,2 — 2 mm	6,8 litres
eau pure	3,2 litres
ciment réfractaire	6,0 kilogrammes

Il faut d'abord bien mélanger les granulats et le liant, ensuite seulement ajouter l'eau : on dispose alors de deux heures pour utiliser le mortier, il conviendra de le tapoter pour faciliter sa mise en place.

Nous conseillons une épaisseur de parois de l'ordre de 5 centimètres, comprenant 1 ou 2 cm de mortier réfractaire, et 3 à 4 cm de béton isolant fabriqué comme suit.

Les granulats isolants (pouzzolane, ponce, vermiculite, argiles réfractaires expansées, corindon globulaire) ont un pouvoir réfractaire variable, mais ils résistent tous au moins à 1 000°C, ce qui nous suffira en tant qu'isolant (le corindon globulaire permet d'atteindre 1 700°C).

Voici un dosage valable avec du mica expansé (vermiculite), que l'on trouve facilement, on peut le moudre sans difficultés pour obtenir la granulométrie désirée. Pour 10 litres de béton isolant en place :

chamotte	0 — 0,2 mm	2 litres
mica	0,2 — 1 mm	4 litres
mica	3 — 6 mm	6 litres
eau pure		4 litres
ciment réfractaire		3 kilogrammes

Ce béton ne doit recevoir qu'un compactage léger.

Pour une bonne tenue mécanique, il faut mettre en œuvre les deux couches l'une après l'autre, sans attendre que la première ait fait prise.

Quatre heures après la fabrication, la réaction commence dans le liant, et le béton s'échauffe, entraînant une évaporation de l'eau. Il faut alors l'humidifier pour compenser les pertes, ou mettre un plastique dessus. Après vingt-quatre heures, on peut le laisser à l'air libre. Le lendemain, on peut commencer la mise en température, par paliers jusqu'à 600°C, comme pour la terre.

Pour glacer la surface ainsi qu'un émail, il faut l'enduire d'un peu de barbotine (eau + ciment) et y appliquer une mince feuille de plastique, la laissant jusqu'à complet durcissement.

Contrairement à la terre, le béton ne se rétracte pratiquement pas au séchage, et les cerclages de fer peuvent être placés avant.

En terre ou en béton, le prix de revient des fours reste faible, voici des prix approximatifs en 1980 :

ciment fondu, 25 kg	:	40 F
chamotte à 40 % d'alumine, 50 kg	:	70 F
mica expansé, 100 l	:	45 F
(densités moyennes : chamotte 1,25, vermiculite 0,07)		

L'artiste ne laissera à personne le soin d'attraper son dragon par la queue, nous voulons parler de la *liquation*.

Maintenant que le voilà potier et maçon, il n'hésitera pas à fabriquer un four adapté à chacun de ses problèmes, la liquation étant le plus élémentaire[1].

Voici, pour l'inciter, la proposition d'un four commode, où la source de chaleur dans cette pré-étape consiste sans inconvénient en une résistance électrique. Il ne nous paraît pas utile d'aller jusqu'au chauffage par induction ou par pertes diélectriques, même si la *terre* se montre remarquablement isolante.

Pour traiter un kilogramme de minerai à la fois, une résistance de 800 watt, en bon alliage de nickel, s'avère amplement suffisante. Notre four a la forme d'un pot à fleurs de taille moyenne, avec un trou au fond, par lequel s'écoule le sulfure en fusion. Le couvercle comporte une chicane pour assurer une bonne étanchéité à l'air et maintenir la neutralité de l'atmosphère.

A l'intérieur, la résistance doit être scellée avec de la terre, mais le four peut très bien être en béton. Signalons que terre ou béton moulés peuvent être rendus thermiquement isolants par l'adjonction de polystyrène expansé, lequel laissera des lames vides en fondant.

D'après une enluminure d'un
Roman de la Rose
XIVe siècle

Le four se présente comme un gros creuset chauffant. A l'intérieur, un creuset amovible, percé au fond lui aussi, reçoit le minerai brut, un banal pot à fleurs fait parfaitement l'affaire s'il est de bonne terre.

Un régulateur, à rupteur thermique, transformateur, ou triac, permettra de ralentir l'allure dès que la température de fusion sera atteinte. Il faut fournir juste assez de chaleur pour permettre l'écoulement, sinon, la

---

(1) Par liquation, nous entendons la séparation, au moyen du feu, de minéraux alliés. Il y a plusieurs liquations en alchimie, gardons-nous de les confondre.

matière étant volatile, on en perdrait beaucoup. L'étudiant peut d'ailleurs retenir dès maintenant que le feu devra toujours être proportionné aux caractéristiques philosophiques de l'opération :

> ... il faut, déclare Basile Valentin[1], observer le gouvernement du feu, afin qu'il ne soit pas trop ardent, ni moins effectif qu'il ne doit. Car le principal point consiste dans le feu, qui est le seul séparateur des esprits vivifiants, lesquels étant séparés de leur corps ne doivent pas être dépouillés de leur force par la violence du feu...

Avec la four décrit, un kilogramme de minerai est traité en une heure. (Ne pas le broyer). Les résidus stériles sont retirés à chaud, avec une cuillère de fer et une pince, ou en retournant le creuset.

Ne serait-il pas plus simple de se procurer directement du sulfure chez le marchand ? Le néophyte doit comprendre que la matière brute lui permet d'entreprendre sa première démarche auprès de la Nature, et qu'en retour, il jouit d'une totale sécurité sur la qualité du produit. Basile le lui confirme charitablement[2] :

> ... Toutes marchandises à vendre, tirées des mines, valent chacune leur prix, mais lorsqu'elles sont falsifiées elles deviennent impropres. Elles sont, en effet, altérées sous un faux éclat, et ne sont plus, comme auparavant, convenables au même ouvrage...

Le sulfure — bien purifié si l'orifice du creuset n'excède pas cinq millimètres — s'écoule par le trou du four maintenu surélevé, il se solidifie à l'extérieur. Pour éviter que le durcissement ne s'opère dans le goulet, la résistance scellée doit descendre assez bas.

Le corps étant de nature fibreuse, la cassure, après coulage dans un moule cylindrique, montre une parfaite étoile en relief[3]. Ces rayons ne sont cependant pas les mêmes qui, selon l'évocation de Philalèthe, guidèrent jadis les Rois Mages.

---

(1) *Le Char Triomphal de l'Antimoine,* opus citem.
(2) *Les Douze Clefs de la Philosophie,* opus citem.
(3) N'allez pas en déduire qu'il faille ici rassembler la matière dans un moule. Il convient au contraire de favoriser sa désagrégation, par exemple en la laissant plonger dans l'eau.

Dragon des Philosophes au sortir de son gîte

En annexe à ce chapitre :

Le verre	Antoine Furetière
L'argile	Johann Glauber
Vaisseaux spagyriques	Nicolas Lémery
Le fourneau	Nicolas Lémery
Conseils d'un potier	Bernard Leach
Le fourneau	Christophle Glaser
Le repérage des températures	Atorène
La vie du potier	Bernard Leach
La terre et le verre	Fulcanelli
Synopsis du Grand Œuvre	Atorène

LE VERRE

... Corps diaphane fait par art. Il tient le milieu entre les métaux et les pierres. Il est fusible comme les métaux, mais il n'est pas malléable. C'est le dernier ouvrage que l'art peut faire par le moyen du feu ; car tous les métaux à force du feu se tournent enfin en verre, et la terre même, comme on voit aux briques trop cuites, qui se vitrifient. Le verre se fait avec des cailloux blancs et reluisants, ou avec du sable blanc bien lavé, et avec du sel alcali, ou de l'herbe de soude ; ou bien pour faire du verre commun, du sel de cendres de fougère : le tout dans un feu de réverbère très violent. On en fait aussi avec des cristaux de roche fondus. On fait le beau verre avec de la soute[1] du Levant et du sable blanc. On y mêle un peu de manganèse (oxyde de manganèse) pour ôter le verdâtre de la soute ; et si on en met beaucoup, il sera d'un rouge de pourpre. Le verre qui a une faible teinte de rouge est très propre pour faire des verres objectifs et des lunettes d'approche. On fait le verre jaune avec de la seule rouille de fer. On le fait de couleur bleue ou d'aigue-marine, en y mettant du cuivre rouge calciné plusieurs fois, et y ajoutant un peu de safre calciné. On fait du verre vert avec le cuivre calciné et la rouille de fer, ou avec le minium, c'est-à-dire, la chaux rouge de plomb. On le fait violet, en y mettant du safre et de la manganèse. La diaphanéité du verre vient de ce qu'il a ses pores tout droits et vis-à-vis les uns des autres ; et sa polissure, de ce qu'ils sont extrêmement petits, jusque là que les eaux fortes et régales n'y peuvent pas entrer, quoiqu'elles entrent bien en ceux de l'or. C'est une imagination de croire qu'on ait jamais eu l'invention du verre malléable, parce que s'il était ductile, il perdrait sa principale qualité, qui est la transparence, laquelle ne peut subsister, que tant que ses pores seront vis-à-vis les uns des autres. On a vu en Allemagne des bouteilles d'un verre si délié par le fond, qu'on les pouvait rendre convexes ou concaves en soufflant, ou en attirant l'air doucement : ce qui montre qu'il peut y avoir quelque flexibilité dans le verre. L'esprit du sel très bien rectifié (acide chlorhydrique) ronge le verre, et en dissout tout le tissu, en sorte qu'il devient friable...

On appelle aussi un *œil de verre,* un œil fait d'émail au feu de lampe, dont se servent les borgnes pour réparer un peu la difformité de l'œil qui leur manque.

Verre de lunette, est un verre taillé dont on se sert pour faire des lunettes à longue vue...

■

Abbé Antoine Furetière (1619-1688). *Dictionnaire Universel,* Rotterdam, 1689, Reinier.
(1) *Soute* paraît n'être qu'une déformation de *soude.* Furetière indique au mot soute : « est une espèce de sel qui sert à faire les lessives », tandis qu'il définit clairement la soude.

L'ARGILE

... Les chimiques ont été un long temps en grande erreur, et non seulement eux, mais encore les orfèvres, et ceux qui séparent les métaux. Comme aussi d'autres qui ont besoin de se servir de creusets, s'étant persuadés en eux-mêmes, qu'il ne se peut trouver de bonne terre en autre part qu'en Hesse ; ce qui a été cause qu'il a fallu transporter des creusets de ce pays-là en celui-ci avec grands frais, ne considérant pas qu'en tous les endroits d'Allemagne, il s'en trouve de semblables. Ce qui est à la vérité une grande folie des hommes, ne provenant que de ne savoir pas connaître la bonne terre, laquelle se trouve presque partout. Je ne nie pas que la terre de Hesse ne soit très bonne pour les creusets, tuiles, retortes, et autres vaisseaux, qui doivent souffrir un grand feu, à cause de quoi on recommande la terre des creusets de Gipse et Valbourg.

Il y a peu d'années que quelques-uns ont fait leurs creusets et autres vaisseaux qui endurent bien le feu, avec de la terre qu'on porte d'Angleterre et de France en Hollande, lesquels ont fort bien retenu les métaux dans le feu, mais non les sels, d'autant qu'ils sont trop poreux, et ne sont pas si compacts que ceux de Hesse, c'est pourquoi ceux de Hesse sont toujours préférés à tous autres, d'autant qu'ils retiennent mieux les métaux et les sels, mais quoique cette terre soit transportée de là en autres places, néanmoins cette sorte de forts creusets n'en sauraient être faits ; la cause de cela ne provient pas de la constitution de l'air, ni du lieu, quoique faussement, quelques-uns lui aient voulu imputer, mais elle vient de l'erreur en les faisant cuire, car en Hesse il y a grande abondance de bois, lequel ils n'épargnent point en cuisant les creusets, car ils les cuisent jusqu'à la dureté de pierre. Ce qui ne se peut faire avec un petit feu de tourbe.

La même erreur se commet en faisant d'autres pots et vaisseaux, lesquels sont faits à Frechein, Sibourg, et autres lieux proches de Cologne, lesquels sont transportés presque par toute l'Europe, la bonté desquels est attribuée à la seule terre, et non à la manière de les faire. Mais à présent l'expérience nous a fait voir, que toute bonne terre devient pierre dans un feu violent, sans considérer le lieu où elle est prise.

. . . .

Johann Rudolph Glauber. *Beschreibung einer newerfundenen,* Amsterdam, 1648-1649, Fabeln. Traduction française par Du Teil ; *La description des nouveaux fourneaux,* Paris, 1659, chez Jolly.

Celui qui veut faire l'essai de la bonne et pure terre blanche, pour voir si elle se rend en pierre dans le feu, qu'il jette une pièce de pure terre de la grosseur d'un œuf dans un feu violent, observant si elle se crèvera en pièces promptement ou lentement : si elle ne crève et ne se réduit en poudre, quoiqu'elle ait quelques fentes, c'est de bonne terre propre pour être cuite, si le mélange est bien fait, en quoi consiste tout l'art.

. . . .

Pour une part de la terre tamisée, y joindre deux, trois ou quatre parts — ayant égard à la graisse de la terre — de la terre cuite dans la fournaise d'un potier de terre, et mise en poudre, lesquelles étant mêlées avec une suffisante quantité d'eau, il les faut piler avec les pieds, et après les pétrir avec les mains, et la terre sera préparée pour en former des vaisseaux. Quand il fait des creusets et coupelles, qu'il se pourvoit de moules de bois grands et petits faits au tour, d'autant que lesdits vaisseaux ne sauraient être formés par la voie ordinaire des potiers, à cause que leur matière doit être fort maigre pour souffrir un grand feu, c'est pourquoi on les fait communément avec des moules, selon la façon ci-dessous écrite.

Mettez une pièce de votre terre préparée dans le moule, lequel il faut tenir d'une main, et appliquer la terre par dessus avec l'autre, ou le tenir avec les pieds, ou entre les cuisses, afin que la terre soit appliquée avec les deux mains. Comme aussi il te faut premièrement bien frotter le moule, avec du sable bien tamisé et net ; car autrement la terre s'attachera au moule de bois, de telle façon qu'il sera presque impossible d'en détacher le creuset sans un grand danger : ce fait, il est besoin de l'appliquer encore plus avant en frappant dessus, avec quelque instrument de bois bien poli, afin que le creuset soit parfaitement mis dans le moule. Par ce moyen, les creusets deviennent extrêmement forts. Ce fait, tire le creuset hors, et le mets sur une planche pour le sécher, premièrement à l'air, puis par la chaleur du feu, ou du soleil, et après le cuits dans la première chambre de notre quatrième fournaise, ou dans une fournaise de potier.

. . . .

Je n'ai jamais vu aucune terre qui soutienne la litharge, et le sel de tartre, d'autant que la meilleure que j'ai jamais vu, ne peut résister à leur pénétration ce qui est grandement incommode pour certaines opérations profitables, lesquelles nous passons sous silence.

Que ce qui a été dit suffise concernant la façon des creusets. Or pour ce qui concerne la façon de faire les têts et les coupelles, et les appliquer aux-dits moules, je n'ai pas cru que ce fut ici le lieu de le montrer : d'autant qu'il y a longtemps qu'il l'a été par d'autres, particulièrement par cet ingénieux personnage Lazarus Erker...

VAISSEAUX SPAGYRIQUES

... Plusieurs cornues de différentes grandeurs sont nécessaires dans un laboratoire ; celles qui sont de terre de grès sont fort commodes pour distiller les esprits acides, car elles résistent à la dernière violence du feu, et elles ne fondent point comme celles de verre. Les vaisseaux faits de cette terre ont les pores aussi resserrés que le verre, et ils conservent les esprits comme lui. Ceux qui n'ont point de vaisseaux de grès doivent enduire le tour des cornues de verre avec le lut dont nous parlerons ci-après, lorsqu'ils veulent distiller les esprits acides, afin qu'en cas que le verre fonde, le lut soutienne la matière.

Les cuines sont des espèces de cornues de grès, ou d'une terre approchante, dont le fond est plat, et le bec s'élève, au lieu de s'abaisser ; elles sont propres à être placées dans les grands fourneaux, lorsqu'on distille les esprits acides : on leur adapte des récipients de grès qui peuvent s'arranger sur le bord du fourneau, en sorte qu'ils ne tiennent pas tant de place que les ballons de verre.

Un pot de terre commune de grandeur médiocre, qui ne soit point vernissé en dedans, qui résiste au feu nu, pour tirer les fleurs blanches du régule d'antimoine ; ce pot doit être disposé de manière qu'on y puisse introduire, et faire soutenir à quatre ou cinq doigts de sa hauteur, un petit couvercle formé de la même terre, de figure orbiculaire, un peu voûté, et qui en son milieu soit percé d'un petit trou. Ce couvercle doit entourer et couvrir la partie du pot où il sera posé, et pourra y entrer facilement et en être retiré quand on voudra. Outre ce petit couvercle intérieur, le pot en aura un autre extérieur et ordinaire, qui couvrira et bouchera toute son ouverture.

Les matras, grands et petits, étant adaptés au bec des alambics, sont appelés récipients ; d'autres fois on y fait entrer des matières qu'on veut mettre en digestion. Ils sont encore propres à faire plusieurs sublimations, et quand le col d'un matras entre dans celui de l'autre, on les nomme vaisseaux de rencontre ; ce qui se pratique quand on veut faire circuler quelques esprits, et alors on lute exactement les jointures.

Il faut aussi avoir plusieurs grands ballons qui servent de récipients pour recueillir les esprits qu'on fait distiller par la cornue : leur capacité doit être triple, afin que les esprits circulent avec plus de facilité.

Les cucurbites de terre et de verre servent à plusieurs opérations. Il faut aussi des chapiteaux de verre qui aient des embouchures différentes en

N. Lémery. *Cours de Chymie,* opus citem.

grandeur : car il en faut de proportionnés aux cols des cucurbites, et à ceux des matras. Alambic exprime ordinairement la cucurbite couverte de son chapiteau ou de la chape, mais quelquefois on retient le nom d'alambic pour le chapiteau seul.

On trouve chez les verriers les chapiteaux, avant qu'ils aient servi, fermés hermétiquement par le bec ; c'est ce qu'on appelle chapiteaux aveugles ; ils sont employés pour les sublimations des fleurs ou des sels volatils, mais quand on veut s'en servir pour les distillations, il faut nécessairement les ouvrir, en rompant l'extrémité de ce bec.

Il faut avoir des lingotières pour y verser les métaux fondus qu'on veut congeler : ce sont des moules de fer de diverses façons. Celle qui sert à la pierre infernale (nitrate d'argent) doit être composée de deux pièces qu'on joint avec deux petits anneaux de fer ; on jette la matière en fusion par le haut, fait en manière de petit entonnoir...

LE FOURNEAU DE LÉMERY

... On divise les fourneaux en fixes et en portatifs ; les fourneaux fixes sont ceux qui tiennent à terre, et qu'on ne peut enlever de leur place sans les rompre ; les fourneaux portatifs sont ceux que l'on peut transporter où l'on veut.

Le fourneau qui est le plus en usage parmi les chimistes, est celui qu'on appelle fourneau de réverbère ; il doit être assez grand pour qu'on y place une grande cornue servant à la distillation des esprits acides et de plusieurs autres choses. Ce fourneau doit être fixe : on le composera de briques, qu'on joindra avec un lut fait d'une partie d'argile, d'autant de fiente de cheval, et de deux parties de sable, le tout détrempé dans de l'eau : les briques seront élevées à double rang, afin que le fourneau étant bien épais, la chaleur y soit retenue plus longtemps ; le cendrier sera haut d'un pied, et aura la porte tournée, s'il est portable, du côté d'où vient l'air, afin qu'en l'ouvrant le feu soit allumé ou augmenté facilement ; la hauteur du foyer ne sera pas si grande que celle du cendrier, et sera terminée supérieurement par deux barreaux de fer de la grosseur d'un pouce, lesquels serviront à soutenir la cornue et on élèvera encore le fourneau à la hauteur d'un pied ou environ, en sorte qu'il cache la cornue. On adaptera dessus un dôme en couvercle, qui aura un trou au milieu avec son bouchon, et une petite cheminée haute d'un pied, pour mettre sur ce trou quand il est débouché, et quand on veut exciter une grande chaleur, car la flamme se conservant par le moyen de cette petite cheminée, il en réverbère davantage sur la cornue. Ce dôme sera composé de la même pâte que nous allons décrire, en parlant des fourneaux portatifs.

. . . .

Pour les fusions, il faut bâtir un fourneau de la même matière et de la même forme que les précédents, excepté qu'il n'y faut point les deux barres de fer qu'on avait mises aux autres pour soutenir le vaisseau.

Les fourneaux portatifs seront composés d'une pâte faite avec trois parties de pots à beurre mis en poudre, et deux parties de terre grasse, le tout détrempé en eau. Leur construction sera pareille à celle des fourneaux de réverbère. On pourra même faire des trous, par où l'on passera des barres de fer qui soutiendront la cornue, afin qu'on les puisse retirer facilement quand on voudra se servir de ce fourneau pour mettre

N. Lémery. *Cours de Chymie,* opus citem.

quelque matière en fusion. Un fourneau de cette construction soit fixe, soit portatif, est appelé fourneau polychrête, parce qu'il peut servir à plusieurs sortes d'opérations.

Il est bon aussi d'avoir pour les fusions un fourneau portatif de la même matière que les autres. Il sera rond, et posé sur un trépieds ; il aura une seule grille au fond, et six registres ou trous aux côtés pour donner plus d'air au feu. On fera un dôme de la même matière pour mettre dessus, et une espèce de petite cheminée de terre pour poser sur le trou du dôme, afin que la force du feu se conserve plus longtemps.

On doit toujours faire entrer le sable, ou les pots cassés, ou quelque chose de semblable, dans la pâte qui sert à construire les fourneaux, tant fixes que portatifs, afin d'empêcher qu'il ne s'y fasse des crevasses en séchant ; car ces matières rendant l'argile ou terre grasse plus poreuse, l'humidité trouve bien plus de facilité à sortir.

On pourrait encore, pous la construction des fourneaux fixes, employer la chaux détrempée avec le sable, et mettre des pierres au lieu de briques ; mais comme il est besoin dans les opérations d'augmenter ou de diminuer la capacité du fourneau, pour la proportionner aux vaisseaux qu'on met dedans, la description que nous avons donnée est la plus commode, parce qu'on peut très facilement rompre et rétablir les fourneaux sans l'aide d'un maçon.

Un petit fourneau de fer avec sa marmite, et un couvercle du même métal, est commode pour plusieurs opérations : cette marmite peut servir d'un bain-marie, et d'un bain de vapeur, quand on n'en a point d'autres ; on peut aussi l'employer pour distiller par un alambic, aux feux ou bains de sable, de cendre ou de limaille de fer...

CONSEILS D'UN POTIER

... Théoriquement, les murs d'un four doivent être aussi minces que la résistance le permet, pour la bonne raison que des murs épais absorbent et l'humidité et la chaleur ; par conséquent, ils ralentissent les premiers stades de la cuisson. Ainsi, entre les quatre facteurs, résistance à la chaleur, poids du four, dilatation et rayonnement, il faut trouver un moyen terme dans chaque cas particulier.

Contrastant avec la triple épaisseur de briques qu'on trouve fréquemment dans nos fours occidentaux, certains fours chinois sont faits de cazettes[1] vides dont les ouvertures sont à l'extérieur, et qui n'offrent que 2,5 cm environ d'épaisseur d'argile à l'intense chaleur intérieure. Combien de temps durent de telles constructions pour un usage constant ? Je ne sais mais, au Japon, il est d'usage de reconstruire les parties faibles des fours à grès chaque année, après qu'ils ont supporté environ vingt-cinq cuissons. Ces fours orientaux... sont construits avec des courbes irrégulières et sont rarement maintenus par une armature en fer pour résister à la dilatation de la chaleur. Dans certains cas, on les construit avec des blocs d'argile crue que brûle partiellement le feu dans le four. Ceci n'est possible que dans les localités où on peut obtenir une argile à feu particulièrement non contractile.

La construction en forme de ruche des fours d'Extrême-Orient se prête au genre de revêtement que j'ai mentionné. En Europe, nous utilisons l'amiante ou le kieselguhr et, récemment, de très légères briques poreuses. Le principe de non-conductibilité de la chaleur a pour base la formation spongieuse de minuscules poches d'air. Théoriquement, le vide vaudrait mieux, mais l'air est pratiquement la seule solution. Le matériau le moins cher et le moins conducteur est la cendre de bois, qu'on obtient facilement grâce aux branches taillées sur les haies et aux herbes qu'on brûle. Cette cendre blanchâtre, ou grise, doit être tamisée à sec et mélangée avec suffisamment d'argile sableuse pour la lier...

———————————— ∎ ————————————

Bernard Leach. *A potter's book,* Londres, 1940, Faber and Faber. Traduction française par M. Scalbert-Bellaigue, et B. Lhôte-Sulmont. Dernière édition en 1979, Dessain et Tolra, Paris.

(1) Étuis en argile où l'on range les poteries pour les protéger des flammes.

LE FOURNEAU DE GLASER

... Il faut avoir un fourneau à vent pour les fontes métalliques et miné-rales, et pour les vitrifications, le cendrier de ce fourneau doit être assez haut, et la porte dudit cendrier assez grande, afin que le vent y puisse librement entrer. Ce fourneau doit être rond au dedans, on le fait grand ou petit, large ou étroit, selon qu'on a dessein de fondre une grande ou petite quantité de matière. Il y doit avoir au-dessus de la grille, une porte pour l'introduction du charbon, le foyer doit avoir environ un pied de haut, et être couvert d'un couvercle fort, et de bonne terre à creuset, et qui soit de deux pièces, pour en pouvoir ôter la moitié, lorsqu'on veut mettre un creuset dans le feu ou l'ôter hors du feu, ce couvercle doit être fait comme en dôme, ayant un trou au-dessus dans lequel on puisse enchâsser un ou deux ou trois tuyaux l'un sur l'autre, pour resser-rer et concentrer mieux la chaleur à l'entour du creuset : ce même four-neau peut aussi servir à la sublimation de l'antimoine et autres miné-raux, en ôtant le couvercle, et mettant une barre de fer à travers le foyer, pour soutenir le vaisseau qui contient la matière qu'on veut subli-mer.

Or, pour la commodité de ceux qui ne veulent, ou ne peuvent avoir un grand laboratoire, nous leur ferons la description d'un fourneau univer-sel, qui peut servir à toutes les opérations de la chimie, et qui peut même être portatif, il faut que ce fourneau soit fait d'une seule pièce, hormis le couvercle, et d'une très bonne terre dont on fait les creusets, et même il est nécessaire qu'après avoir été fait, et séché, on le fasse cuire dans quelque four de potier, par ce moyen l'on peut être assuré qu'il durera la vie d'un homme ; il doit être proportionné comme s'ensuit ; la hauteur du cendrier doit être de six pouces, avec une porte par laquelle l'on peut retirer la cendre, et donner de l'air au feu, puis il faut poser la grille de fer au-dessus de laquelle est le foyer, il faut que le dedans du fourneau soit resserré en bas, et comme en forme de hotte, afin que la grille y puisse appuyer étant resserré en bas, et plus ouvert par le haut, le foyer doit avoir tout autour neuf pouces de haut jusqu'à l'endroit où l'on met deux barres de fer pour soutenir les vaisseaux, les-quelles barres de fer doivent être mises en sorte qu'on les puisse ôter et remettre, si l'on veut, calciner quelque matière ou distiller ; au-dessus des

Christophle Glaser. *Traité de la Chymie,* Paris, 1663, chez l'auteur.

barres, le fourneau doit avoir encore six à sept pouces de hauteur, et dans cette hauteur doit avoir une échancrure pour passer le col des cornues avec la pièce faite de la même terre, s'enchâssant dans ladite échancrure, qui se puisse ôter et remettre lorsqu'on veut distiller autrement que par la cornue, ou y placer un bain-marie ou de sable ; il faut finalement que ce fourneau ait son couvercle fait en dôme, et qu'il ait un grand trou au milieu pour gouverner le feu en le tenant bouché ou l'ouvrant en partie ou tout à fait...

LE REPÉRAGE DES TEMPÉRATURES

Le *Philosophus per ignem* ne doit pas ignorer la plus simple des méthodes pour évaluer le feu.

L'intensité des radiations lumineuses à l'intérieur d'un four permet de
repérer la température. La gradation approximative est la suivante :

600 ° Celsius	rouge naissant
700 ° C	rouge foncé
800 ° C	rouge vif
900 ° C	rouge clair
1 000 ° C	orange
1 100 ° C	jaune orangé
1 200 ° C	jaune très clair
1 300 ° C	blanc
1 400 ° C	blanc éclatant
1 500 ° C	blanc bleuté.

On peut aussi utiliser des petits cônes de silicates, conçus pour ramollir à
une température déterminée.

En Europe, on utilise le système *Segers* dont la gradation va de 600 à
2 000°C, en 59 paliers. L'indication de la température est donnée au
moment où la pointe du cône s'affaisse et touche le support.

Dans le dernier chapitre, nous donnerons une autre méthode de repérage,
ainsi qu'une application couvrant la gamme de 200 à 800°C.

LA VIE DU POTIER

Dimanche 28 septembre 193..

Cher X,

....

J'ai apporté quelques modifications de structure à l'entrée du foyer, à l'alandier et aux carneaux conduisant à la chambre. Le foyer a été réduit de 3,75 m² à 0,40 m² pour convenir à la flamme étroite du mazout pulvérisé remplaçant les bûches ; la grille et le cendrier ont été supprimés. A la place, j'ai construit un coin en briques réfractaires s'avançant depuis les carneaux centraux vers le brûleur afin de diviser la chaleur et de la diriger vers les deux côtés. Ces aménagements, ainsi que la nouvelle maçonnerie pour les carneaux, ont été faits avec les matériaux les plus réfractaires.

Nous avons (Bernard Leach et son fils) connu une première expérience difficile parce que la chaleur intense et persistante du mazout en combustion faisait fondre des briques à feu ordinaires. A un moment donné, la paroi frontale du four menaça de s'effondrer lorsque plusieurs piliers de briques solides constituant les carneaux se mirent tout bonnement à couler ; fort heureusement, la voûte en cône du four tint bon ; les liants étaient sains et la masse entière des briques avait été fondue et scellée par de nombreuses cuissons antérieures, si bien que nous pûmes remplacer ces élements avant que le pire ne survienne.

....

Bernard Leach

———————— ▪ ————————

Le livre du potier, opus citem.

LA TERRE ET LE VERRE

... Dans le domaine alchimique, la croix grecque et la croix de Saint-André ont quelques significations que l'artiste doit connaître. Ces symboles graphiques, reproduits sur un grand nombre de manuscrits, et qui font, dans certains imprimés, l'objet d'une nomenclature spéciale, représentent, chez les Grecs et leurs successeurs du moyen âge, le creuset de fusion, que les potiers marquaient toujours d'une petite croix *(crucibulum)*, indice de bonne fabrication et de solidité éprouvée. Mais les Grecs se servaient aussi d'un signe semblable pour désigner un matras de terre. Nous savons que l'on affectait ce vaisseau à la coction et pensons que, étant donné sa matière même, l'usage en devait être peu différent de celui du creuset. D'ailleurs, le mot matras, employé dans le même sens au XIIIe siècle, vient du grec *métra,* matrice, terme également usité par les souffleurs et appliqué au vase secret servant à la maturation du composé. Nicolas Grosparmy, Adepte normand du XVe siècle, donne une

figure de cet ustensile sphérique, tubulé latéralement, et qu'il appelle de même matrice. Le X traduit aussi le sel ammoniac des sages, ou sel d'Ammon *(ammoniakos)*, c'est-à-dire du Bélier, que l'on écrivait jadis avec plus de vérité harmoniac, parce qu'il réalise l'harmonie *(armonia,* assemblage), l'accord de l'eau et du feu, qu'il est le médiateur par excellence entre le ciel et la terre, l'esprit et le corps, le volatil et le fixe. C'est encore le Signe, sans autre qualification, le sceau qui révèle à l'homme, par certains linéaments superficiels, les vertus intrinsèques de la prime substance philosophale. Enfin, le X est l'hiéroglyphe grec du verre, matière pure entre toutes, nous assurent les maîtres de l'art, et celle qui approche le plus de la perfection[1]...

——————————— ■ ———————————

Pour se moquer, les alchimistes ont appelé souffleurs *ceux qui cherchent en vain. Mais familièrement, ils se désignent eux-mêmes par ce nom*
Au château que Jehan Bourré (1424-1506) construisit à 15 km d'Angers, les visiteurs restaient sans doute pensifs en contemplant, parmi les peintures du plafond de la salle des gardes, cette tête magistrale aux cheveux ondulés

(1) Fulcanelli. *Les Demeures Philosophales,* Paris, 1930, J. Schemit.

SYNOPSIS DU GRAND ŒUVRE

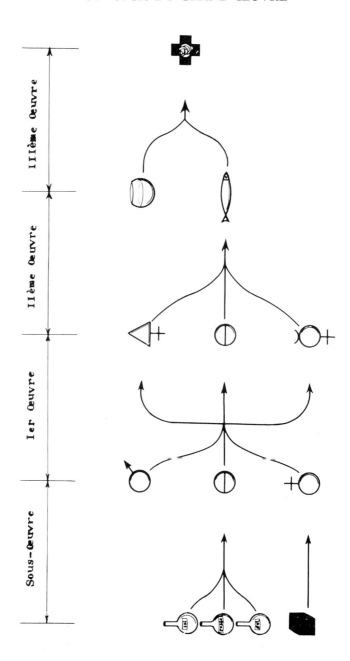

Les phases intermédiaires, largement détaillées dans nos chapitres, ne sont pas indiquées ici.

Chapitre quatrième

LE SEL

Réfléchissons aux données du chapitre précédent. Nous y avons trouvé des matériaux de base : silice, kaolin, alumine, etc., hautement infusibles, en association avec d'autres, quasi interchangeables : nitre, soude, potasse, etc. La faible proportion de ces derniers souligne leur caractère accessoire, mais à quoi servent-ils exactement ?

Tout simplement à entrer en combinaison avec des corps déterminés, afin de les rendre plus fusibles. On les appelle des *fondants*.

LES FONDANTS La forme sous laquelle on les utilise amène à en distinguer deux catégories.

Les sels [1], et principalement ceux, naturels ou artificiels, de l'acide nitrique, carbonique, borique, etc. Citons-en quelques-uns :
— nitrate de potassium (nitre, salpêtre) KNO_3
— carbonate de calcium (craie, blanc d'Espagne) $CaCO_3$
— borate de sodium (borax) $Na_2B_4O_7, 10H_2O$

En atmosphère oxydante, si la température est assez élevée, ils se transforment en oxydes.

Les oxydes définissent la seconde catégorie de fondants, toute une gamme étant en effet directement utilisée sous cette forme.
Par exemples :
— oxydes de plomb (litharge) PbO (minium) Pb_3O_4
— oxyde de fer (noir et magnétique) Fe_3O_4
— oxyde de bismuth Bi_2O_4
— etc.

---

(1) En chimie, le sel est l'union d'une *base* et d'un *acide* : acide + base → sel + *eau*.

Prenons maintenant la silice. Parmi les fondants, certains la rendront liquide à basse température, mais en dépit de proportions identiques, et comme on peut le supposer, ils influeront sur les caractéristiques du silicate final. C'est exactement ici que nous sautons à pieds joints dans la science du feu.

Tous les arts du feu reposent sur la connaissance des fondants. Nous l'avons vu en détail quant à la poterie, au verre, et à l'émail, c'est encore le cas dans la métallurgie. Pour le traitement du minerai de fer par exemple, en ajoutant du calcaire comme fondant des parties terreuses, un verre grossier, nommé laitier, se forme, et la liquation commence : le fer en bas, le verre en haut.

L'importance de ces adjuvants s'avère capitale, ils doivent devenir des familiers de l'artiste. Température d'action, mordant, influence, etc., autant de caractéristiques propres et nettement différenciées. Le débutant fera bien de commencer par s'initier concrètement à l'art de la terre et du verre, après qu'il aura développé l'aspect exotérique de notre précédent chapitre. Il notera aussi la remarque du grand potier Bernard Leach : "Un fait curieux et inexpliqué à propos des fondants est que deux fondants combinés agiront plus puissamment que chacun isolément."

LES ALCALIS L'alchimie, qui, entre les arts du feu, est le plus noble de tous, n'échappe pas à la règle des fondants. Si nous avons compris, au minimum, que pour obtenir du cristal, il faille nécessairement une certaine quantité d'oxyde de plomb[1], nous nous doutons déjà que pour élaborer la pierre philosophale, un fondant n'en vaudra pas un autre.

Nous allons donc nous cantonner dans l'étude des fondants salins, et plus particulièrement dans les nitrates et carbonates de potasse et autres. En présence de carbone, le feu transformant les nitrates en carbonates, voyons d'abord ces derniers. Les cendres d'un gazon calciné par exemple, ont fourni approximativement :

silice	:	30 %	carbonate	:	8 %
potasse	:	18 %	chlorate	:	5 %
alumine	:	12 %	magnésie	:	5 %
phosphore	:	8 %	sulfate	:	4 %
chaux	:	8 %	fer	:	2 %

(1) Cristal de gobeleterie, en moyenne : silice 3 parties, minium 2, carbonate de potassium 1.

Si on lave ces mêmes cendres une fois, à l'eau froide, c'est principalement la potasse qui sera dissoute, avec d'autres sels, ainsi que le montre une nouvelle analyse

silice	:	40 %	potasse	:	6 %
alumine	:	17 %	magnésie	:	6 %
chaux	:	13 %	fer	:	3 %
phosphore	:	9 %	chlorate	:	0 %
carbonate	:	6 %	sulfate	:	0 %

Les cendres étaient très utilisées par les potiers d'autrefois, comme couverte des grès, chaque variété apportant son coloris grâce aux divers oxydes métalliques qu'elles contiennent.

Avec de l'eau chaude, les cendres constituaient la lessive des ménagères, voici peu de temps encore. Celles provenant des végétaux des bords de mer contiennent plutôt du sodium que du potassium, d'ailleurs, le mot *soude* vient de la plante du même nom, dont on tirait le sel, et alcali vient d'une plante riche en soude elle aussi : la *kali*. Potasse vient de l'allemand *potasche,* cendre de pot. Soude et potasse s'équivalent pour la lessive, elles dissolvent les corps gras. En ajoutant de la chaux (CaO) à une solution bouillante de carbonate de sodium ou potassium, le carbonate de calcium ($CaCO_3$) insoluble qui se forme est précipité. On obtient alors une lessive de soude caustique (NaOH), ou de potasse caustique (KOH), laquelle, mêlée aux corps gras, donne les savons communs. Voyez comment on extrayait les sels jusqu'au siècle dernier[1] :

D'après une figure coloriée de
Splendor Solis
1598, Salomon Trismosin

... Quand on a rassemblé une grande masse de plantes que l'on destine à la fabrication de la potasse, on dispose une aire bien bat-

---

(1) • Guillaume Belèze. *Dictionnaire universel de la Vie pratique,* Paris, 1859, Hachette.
   • Personnellement, nous trouvons en moyenne 15 % de sel dans les cendres de bois (poids secs).

tue sur laquelle on doit brûler les herbes, et ramasser leurs cendres pour les porter sous des hangars où l'on a préparé une série de tonneaux destinés à recevoir ces cendres sur lesquelles on passe et repasse de l'eau, jusqu'à ce qu'elle marque dix degrés. On fait alors écouler cette lessive par une rigole qui la porte dans une chaudière de fer où on l'évapore jusqu'à siccité, et au moment où la partie qui se dépose devient mobile sous l'instrument qui la remue, on la met dans des barils ; c'est ce qu'on nomme le salin : il s'en trouve, dans les bonnes cendres, à raison de 10 p. 100. Il ne diffère de la potasse que parce qu'il contient encore des substances étrangères, et qu'il n'est point suffisamment desséché...

Soude et potasse ont aussi des propriétés thérapeutiques. Les excellents iatrochimistes du Moyen Age classaient minutieusement, comme les potiers, les différentes plantes d'où ils tiraient le sel, c'est-à-dire qu'en

D'après une lettrine du XVe siècle

fait, ils connaissaient l'action des oligo-éléments. Von Bernus, le dernier grand représentant de la race, nous en parle savamment[1] :

> ... ils savaient — néanmoins — volatiliser le sel de tartre et le chasser au-dessus du chapiteau et, avec le produit ainsi obtenu, ils pouvaient guérir complètement les calculs biliaires et rénaux, de même que la goutte ; bref, ils étaient capables de dissoudre et d'éliminer de l'organisme tous les dépôts d'urates. Ils ne savaient pas que le *sal tartari* obtenu par la calcination du tartre avait la même formule que la potasse provenant de la combustion et lixiviation de l'écorce de chêne ou de n'importe quelle autre plante — armoise, romarin, etc. —, mais ils savaient fort bien que le sel provenant des feuilles et des glands de chêne est efficace contre l'hématurie, que le sel extrait du romarin "fortifie le cœur et donne une bonne digestion", que le sel d'armoise "est bon pour les fièvres persistantes, chasse les coliques, augmente les urines et les sueurs et consume le mal dans l'estomac"...

OXYDANTS ET RÉDUCTEURS   Il reste encore bien des domaines où l'importance du sel est considérable, "tu mettras du sel sur toutes tes offrandes" lit-on dans le *Lévitique* (2-13), mais nous devons abréger. Après les carbonates, parlons des nitrates.

L'azote qu'ils contiennent, facilement assimilable par les plantes, en fait un aliment de choix pour le règne végétal. Jadis, on utilisait les nitrates pour fabriquer la poudre à canon : ce sont de puissants oxydants. Rappelons à ce propos en quoi consistent les réactions d'oxydation et de réduction, un alchimiste ne doit pas les ignorer.

La fixation d'oxygène sur un corps, simple ou composé, est une *oxydation*. Par exemple, le carbone brûle dans l'oxygène en donnant du gaz carbonique (CO_2) ; quant aux métaux chauffés à l'air libre, presque tous se mêlent à l'oxygène et s'oxydent.

La réduction est l'opération inverse, c'est-à-dire que l'on enlève l'oxygène à un corps composé qui en contient. Ce phénomène s'oppose à l'oxydation, ainsi, du plomb chauffé à l'air libre n'appaîtra-t-il pas oxydé si on le saupoudre de carbone.

(1) *Alchymie und Heilkunst,* Nuremberg, 1948. Traduction française par Anne Forestier, Paris, 1960, Dangles.

Le carbone constitue en effet l'un des principaux réducteurs, comme le soufre, et les métaux en général. Signalons aussi qu'il y a plusieurs niveaux dans les réactions oxydation-réduction, et que l'oxydant d'un corps peut se montrer le réducteur d'un autre. Nous n'avons pas besoin d'en dire plus sur ce sujet, d'autant qu'il est abondamment développé dans tous les manuels de chimie ordinaire.

En s'appuyant sur ces phénomènes, le docteur Georg-Ernest Stahl (1660-1734), bien qu'ignorant l'existence de l'oxygène, avait créé en 1693 la célèbre théorie du *phlogistique*, laquelle fut adoptée par ses successeurs jusqu'au bouleversement d'Antoine-Laurent de Lavoisier (1743-1794).

Comme il testa en 1708 de l'or fabriqué avec surabondance de teinture[1], la réalité des transmutations était pour lui une certitude, elle constituait d'ailleurs un concept dans sa théorie. En quelque sorte, il laissait une passerelle entre l'alchimie et la chimie naissante.

Très schématiquement, disons qu'il considérait les matières combustibles comme une association de "terre" et de "phlogistique" ; le phlogistique, fluide impondérable, ayant la propriété de se transformer en feu. Les corps oxydés, à l'époque appelés "chaux", avaient donc perdu leur phlogistique.

Logique, Stahl entreprit de capter le phlogistique du plomb, en alternant un grand nombre de fois le processus oxydation-réduction, espérant ainsi l'accroître et le rendre concret. Par cette même technique, les maîtres potiers obtiennent un lustre magnifique sur leurs émaux, mais Stahl n'obtint rien !

---

(1) En annexe au chapitre II, nous avons parlé des excès de teinture.

L'EAU Certains sels se dissolvent dans l'eau, et d'autant plus qu'elle est plus chaude. L'eau apparaît donc tout indiquée pour les purifier. Ainsi, prenons une solution saturée à la température T. Si on la refroidit, le niveau de saturation s'abaisse, et l'excédent de sel se dépose, formant des cristaux si le refroidissement s'opère lentement et sans agitation.

En reprenant les cristaux dans une autre eau, et en renouvelant plusieurs fois la même opération, on lave (purifie) le sel. Toutefois, si l'on raisonne en véritable artiste, il ne faut pas pousser trop loin la purification, sinon autant acheter un produit de synthèse. Même d'autres chercheurs ont compris cela[1] :

La Source. *Tableau de Dominique Ingres (1780-1867) Musée du Louvres*

... En ce qui concerne la métallurgie, je signalerai un fait assez important. Au début de mes recherches sur certains procédés chimiques des Anciens, j'avais été assez surpris de ne pouvoir reproduire au laboratoire des expériences métallurgiques qui me semblaient pourtant décrites fort clairement. En vain, je cherchai à comprendre les raisons de cet échec, car j'avais observé les indications et les proportions données. En réfléchissant, je m'aperçus que j'avais commis pourtant une erreur. J'avais utilisé des fondants chimiquement purs, alors que les Anciens se servaient de fondants impurs, c'est-à-dire de sels obtenus à partir de produits naturels et capables, par conséquent, de provoquer des actions catalytiques. Effectivement, l'expérience confirma ce point de vue...

Pour laver le sel, on utilise une solution saturée avons-nous dit ; examinons aussi l'inverse : comment, sans la décomposer, rendre à l'eau sa pureté ?

---

(1) Conférence de R. Alleau en décembre 1955, à la demande de J. Bergier. *Le Matin des Magiciens*, opus citem.

De trois manières, basées sur les trois états ordinaires de la matière. En effet, à certains changements d'état, de nombreux corps en général, et l'eau en particulier, se purifient :

liquide — gazeux
liquide — solide
solide — gazeux

Cependant, une partie des sels accompagne l'eau dans son nouvel état, et ce en quantité d'autant plus importante que le passage s'effectue plus rapidement. Il importe en conséquence de réitérer plusieurs fois l'opération, la température et la pression constituant les principaux paramètres.

Dessin de Jean Gourmelin en 1969

SALPÊTRE   A présent que nous disposons de quelques bases, il ne reste qu'à passer aux applications, et le Cosmopolite va nous mettre dans l'ambiance[1] :

> ... ce que les Philosophes nous ont déclaré lorsqu'ils ont écrit que leur sujet était la force forte de toute force, et c'est, à vrai dire, le Sel de la terre, qui se montre tel. Car où est-ce qu'on trouve jamais une force et une vertu plus épouvantables que dans le Sel de la terre, savoir le nitre, qui est un foudre à l'impétuosité duquel rien ne peut résister ?...

L'appellation *nitre*, ou *salpêtre*, recouvre en fait plusieurs nitrates, bien qu'elle désigne généralement celui du potassium (KNO_3). Au début du siècle, le gisement de nitrate du Chili ($NaNO_3$), provenant de la fermentation du guano, constituait encore le principal fournisseur des utilisateurs industriels du nitrate de potassium. Le nitrate de sodium était alors traité par double décomposition avec le chlorure de potassium. Quant à la valeur marchande, actuellement 1 kg de nitrate de potassium se vend au détail dans les 30 francs.

Dans les pays chauds, le nitre se forme à la surface du sol, résultant de la décomposition des matières azotées. Les alluvions aussi, notamment celles déposées par le Nil et le Gange après le retrait des crues, font apparaître du nitre. Un grand nombre de plantes en contiennent (23 % de nitrate de potassium dans certaines amarantes — poids sec —), il devient carbonate après combustion. On sait aussi que le salpêtre (du latin *sal petræ*, sel de la pierre) apparaît sur les murs humides, c'est alors un mélange de nitrate de calcium, sodium, et potassium. Que dit Lémery là-dessus[2] ?

> ... il se tire des pierres et des terres qu'on a démolies des vieux bâtiments. On en trouve aussi dans les caves et dans plusieurs autres lieux humides, parce que l'air se condense dans ces endroits, et se lie facilement avec la pierre.
> Le salpêtre se fait aussi quelquefois par l'urine des animaux qui tombe sur des pierres ou dans des terres ; quelques-uns même ont cru que tout le salpêtre venait de là : mais nous voyons tous les jours qu'on en retire des lieux où il n'y a eu aucune urine. Ce sel est moitié volatil, et moitié semblable au sel gemme, nous le prouverons dans la suite. On trouve aussi en temps sec aux pays

(1) *Les œuvres de Cosmopolite* (Traité du Sel). Traduction de l'allemand en français par Antoine Du Val, Paris, 1669, chez d'Houry.
(2) *Cours de Chymie,* opus citem.

chauds, du salpêtre naturel attaché contre des murailles et des rochers en petits cristaux ; on les sépare en houssant ces lieux doucement avec des balais, et l'on appelle par cette raison ce salpêtre, *salpêtre de houssage* : il est préférable au salpêtre ordinaire pour la composition de la poudre à canon, et pour les eaux-fortes...

On nous apporte des Indes Orientales un beau salpêtre très estimé, principalement pour la poudre à canon ; on dit qu'il naît proche de l'eau abondamment, et qu'on en voit s'élever de certaines terres désertes et stériles en cristaux blancs, aussi près à près l'un de l'autre que de l'herbe : on n'a qu'à le ramasser et à le purifier, il paraît semblable à notre salpêtre raffiné.

La grande et violente flamme qui arrive dès qu'on a jeté le salpêtre sur du charbon, et les vapeurs rouges qu'il rend quand on l'a réduit en esprit, on obligé les chimistes à croire que ce sel était inflammable... (Si c'était le cas, il brûlerait) par exemple dans un creuset rougi au feu, mais il ne s'y enflammera jamais, en quelque quantité d'eau qu'on l'y mette, et quelque violence de feu qu'on lui donne...

Pour le purifier, il faut procéder comme nous l'avons précédemment indiqué, en se gardant toutefois de mettre beaucoup d'eau : le nitre se montre extrêmement soluble. La solution saturée bout à 115°C, et à ce moment, 3,3 parties de salpêtre sont dissoutes dans 1 partie d'eau. Si l'on abaisse la température à 25°C, il ne reste plus, dans ce même poids d'eau, que 0,33 partie dissoute, tout le reste est précipité.

Le salpêtre qui forme des cristaux duveteux sur les vieux murs ne contient pratiquement pas d'impuretés, à part quelques poussières. Mais parfois, il ne contient pas non plus le moindre ion nitrate[1] ! C'est un sel aussi agréable à regarder qu'à travailler ; sa proportion de premiers cristaux, plus gros, desquels Glaser va parler ci-après[2], atteint environ 70 %.

   ... Mettez telle quantité de nitre qu'il vous plaira dans une bassine de cuivre, et versez dessus trois ou quatre fois autant d'eau de pluie : faites-les bouillir sur un petit feu jusqu'à ce que le nitre soit dissout, puis coulez le tout au travers d'une chausse de drap dans une terrine, laquelle vous exposerez en lieu froid, vingt-quatre heures. Au bout desquelles vous trouverez le nitre réduit en beaux cristaux transparents. Versez l'eau qui surnage dans une bassine, et la faites encore évaporer d'un tiers, puis la mettez à cristalliser, comme devant, et continuez ainsi jusqu'à ce que tout le salpêtre

---

(1) Nous l'avons constaté avec étonnement dans les Alpes.
(2) *Traité de la Chymie,* opus citem.

soit converti en cristaux : mais les premiers cristaux contiennent en eux le plus pur des salpêtres : c'est pourquoi il les faut sécher et garder à part, pour s'en servir aux préparations des remèdes pour la bouche. Les autres cristaux peuvent servir à faire de l'eau-forte, ou autres choses de moindre conséquence...

TARTRE A présent que nous connaissons le salpêtre, voyons le tartre. Chimiquement, en supposant une pureté parfaite, c'est un sel de l'acide tartrique — $HOOC(CHOH)_2COOH$ — : le tartrate acide de potassium — $C_4H_5KO_6$ — (ou bitartrate de potassium).

On le trouve à l'état naturel, dissous dans le raisin et bon nombre de fruits. Comme le salpêtre, il est soluble dans l'eau, et non dans l'alcool ; c'est précisément pourquoi il se dépose lors des fermentations alcooliques, et même après, durant plusieurs mois, par suite notamment de l'abaissement de la température.

Une partie s'accroche aux parois des tonneaux de chêne ou des cuves de ciment, l'autre partie se mélange à la lie, laquelle contient aussi une forte proportion de tanin ($C_{28}H_{10}O_{18}$). Piccolpassi s'est intéressé à la question[1] :

... En tous temps se peut recueillir le tartre, pourvu que soient les tonnes bien sèches, j'entends celles où sont longtemps demeurés les vins. Celles-ci, raclées en dedans avec un fer, il s'en lèvera une croûte épaisse d'un ou deux doigts, c'est là le tartre...

Dans les cuves de ciment, le tartre se décolle facilement, mais pour ne pas abîmer l'enduit, on utilise un chalumeau à gaz. Le grattoir en fer dont parle Piccolpassi demeure toujours en usage pour les parois de chêne sur lesquelles le tartre est assez adhérent. L'opération a lieu avant les vendanges. Signalons au passage que lors de sa formation, le vin de Provence donne environ 1,5 kg de tartre par barrique (250 l).

On rencontre parfois deux corps, ou plus, qui, tout en étant chimiquement identiques (indépendamment des oligo-éléments), possèdent des propriétés physiques totalement différentes.

---

(1) *Les Troys Libvres de l'Art du Potier,* opus citem.

Ainsi, et tout à fait à propos, prenons le tartre qui se dépose dans les chaudières. On sait en effet que l'eau chaude laisse dans les récipients des dépôts calcaires (carbonates de calcium essentiellement). De temps en temps, il faut l'éliminer, et pour les grosses chaudières industrielles, l'opération se montre d'envergure. Il existe divers procédés, chimiques et électrolytiques. Ce n'est pas d'eux que nous désirons parler, mais d'un autre, déjà ancien, et pratiquement inconnu des plombiers[1].

On installe, dans l'eau de la chaudière, une ampoule de verre contenant du néon à basse pression, et on y provoque quelques décharges à haute fréquence. L'eau apparaît alors transformée en "eau activée", et (l'ampoule étant alors retirée) lorsque l'on remet la chaudière en fonctionnement, au lieu de former des dépôts incrustants, l'eau désincruste au contraire les anciennes concrétions. Nous indiquerons encore, avant de revenir à nos tonneaux, que les résultats sont étroitement liés à la position de la Terre dans l'espace sidéral, et aux cycles du Soleil[2].

Dans un ordre d'idée voisin, on dénombre physiquement quatre acides tartriques, bien que chimiquement formules et propriétés soient identiques. Ainsi le raisin contient-il, en sus du tartre, un peu d'acide tartrique à l'état libre : de l'acide dextrogyre, mais voyons l'ensemble[3] :

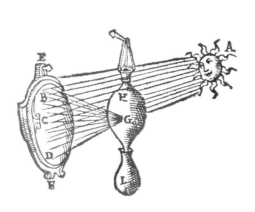

De distillatione
Rome, 1608, Joannes Baptista Porta

… l'acide tartrique ordinaire, dévie à droite le plan de polarisation de la lumière, c'est-à-dire qu'il possède le pouvoir rotatoire droit ; un autre, l'acide tartrique gauche, possède le pouvoir rotatoire gauche ; un troisième est sans action sur la lumière polarisée, mais peut être dédoublé en acide droit et en acide gauche : c'est l'acide tartrique racémique ; le quatrième enfin est sans action sur la lumière polarisée et n'a pu être dédoublé en acide droit et en acide gauche : c'est l'acide tartrique inactif…

(1) Actuellement, ce procédé paraît repris par quelques électroniciens, un modèle efficace est-il ainsi diffusé par la firme Rhonelec.
(2) Les cycles solaires seront étudiés dans un autre chapitre.
(3) *La Grande Encyclopédie,* Paris (1902, Sté anonyme, pour le tome concerné).

Rappelons qu'une lumière n'est totalement polarisée qu'après réflexion sous l'incidence de 57°. Ainsi, la nuit, les rayons lumineux du Soleil réfléchis par la Lune sont-ils partiellement polarisés.

Le tartre se montre un excellent fondant, particulièrement bien adapté à certaines opérations requérant la présence du carbone. A peine chauffé, il noircit et se boursoufle, à température plus élevée il se transforme en carbonate. Pour des travaux aussi rigoureux que l'Œuvre alchimique, les cristaux, même prélevés directement aux parois des tonneaux, contiennent beaucoup trop d'impuretés. Il faut donc les purifier. On peut envisager la voie humide, comme pour le salpêtre, mais sa solubilité est très différente. Voici quelques chiffres de saturation, lesquels varient suivant l'origine du tartre. Nous vous avons choisi un tartre rouge du Roussillon.

Détail de la XIIe clef
de Basile Valentin
Musæum Hermeticum
édition de 1749

tartre brut au sortir des tonneaux
• à 100°C : 6,7 parties de tartre, pour 100 parties d'eau (en poids).

tartre purifié une fois
• à 100°C : 6,9 p. de tartre pour 100 p. d'eau.

tartre après plusieurs purifications
• à 100°C : 11 p. de tartre pour 100 p. d'eau,
• à 90°C : 8 p. de tartre pour 100 p. d'eau,
• à 8°C : 0,4 p. de tartre pour 100 p. d'eau.

Si le travail du nitre est un plaisir, celui du tartre est fastidieux. Il faut beaucoup d'eau, et les matières colorantes sont difficiles à séparer, sauf avec de l'argile.

Le rendement de la récolte ne se montre jamais élevé, ainsi, sur 10 parties de ce tartre du Roussillon, nous n'avions guère obtenu, après plusieurs purifications, que 3 parties de sel pur, ou cristal de tartre.

On ne trouve pas de tartre des tonneaux dans le commerce, mais s'il invoque l'Hermès hellénique, le fils de la Science obtiendra probablement son appui. Le synthétique tartrate acide de potassium ne peut convenir qu'aux premières manipulations du débutant, le prix, en 1980, s'élève à environ 75 francs/kg.

C'est peut-être le point de vue du spagyriste que le lecteur attend, et, pour ne pas le faire languir, nous lui proposons Glaser, en précisant que sa *crème* ne diffère en rien du *cristal*[1] :

> ... (Le cristal de tartre) se prépare ainsi : mettez dix livres de beau tartre de Montpellier pulvérisé grossièrement dans une grande chaudière, et versez par dessus environ trois bons seaux d'eau commune, et faites bon feu sous la chaudière, en sorte qu'elle puisse bouillir environ un quart d'heure durant, remuez parfois avec un bâton et après avoir écumé la dissolution de tartre, vous la passerez chaudement par des chausses de drap faites en pointe, et laisserez refroidir et cristalliser ce qui aura passé par la chausse, et tout étant refroidi, ôterez la crème qui surnagera pour la garder, puis verserez l'eau par inclination, et laverez le cristal arrêté au fond et aux côtés du chaudron, lequel vous trouverez fort menu dans cette première cristallisation. Mais pour le rendre plus beau et plus gros, faites-le dissoudre de nouveau dans moindre quantité d'eau nette dans une bassine plate, et lui faites prendre quelques bouillons, et étant bien dissout, ôtez doucement la bassine du feu, et la laissez refroidir, et tout étant froid, séparez de l'eau la crème, et le cristal, et les faites sécher, et vous aurez un tartre bien purifié...

A moins qu'il ne soit trop dilué, ce qui n'est pas peu dire[2], il est parfaitement impossible de filtrer le tartre bouillant car cela le refroidit, et il cristallise dans les pores du filtre (sauf dispositif réchauffeur).

Nous avons vu précédemment que l'abaissement de $10°C$ d'une solution bouillante et saturée précipite déjà 27 % du sel. En refroidissant encore un peu, pratiquement tout le cristal est précipité, et, sans filtrage, il suffit de le récupérer, collé sur le fond et les parois du récipient, en vidant

---

(1) • *Traité de la Chymie,* opus citem.
   • On améliore le résultat global en lavant le tartre, jusqu'à épuisement, dans de petites quantités d'eau que l'on récupère. (Au lieu de chercher à le dissoudre en une seule fois.)
(2) Trois bons seaux n'excèdent pas 45 litres, mettons 50. La dilution indiquée par Glaser atteint donc approximativement 10 %, lesquels représentent le niveau de saturation avec un tartre pur.

Tartre brut, grandeur nature
(vin blanc à gauche, vin rouge à droite)

l'eau par inclinaison ; la technique s'impose d'elle-même à l'expérimentateur. Pour séparer la lie, il faut, dans le stade final, procéder à la batée, comme les orpailleurs ; c'est-à-dire opérer la ségrégation par densité, en remuant l'ensemble.

Toutes ces considérations sur la voie humide ne doivent pas dissimuler que certains artistes préfèrent la voie sèche. Nous verrons en annexe comment Lémery obtient le *sel fixe*, par une calcination du tartre brut jusqu'à la blancheur totale (carbonate de potassium), mais il existe une phase intermédiaire dans la calcination, phase que l'opérateur observe sans difficulté. C'est ainsi que quelques-uns trouvent judicieux de quitter la voie sèche à ce moment, poursuivant la purification par voie humide ; en fait, le résultat est à peu près identique.

Pour l'utilisation comme fondant, les spagyristes ne raffinaient pas autant, le tartre brut leur suffisait ; mais ils n'ignoraient pas que traditionnellement, on associait tartre et salpêtre dans certains traitements métallurgiques[1] :

> ... Prenez une livre de bon antimoine, douze onces de tartre de Montpellier, et cinq onces de nitre, mettez-les ensemble en poudre, puis ayez un grand creuset, et le placez dans un fourneau à vent sur un petit rond...

ROSÉE   Si notre traité d'alchimie s'avère le premier qu'ait jamais ouvert le lecteur, il pensera peut-être à une coquille, et qu'après le rouge du Languedoc, c'est probablement du rosé que nous allons parler. Il n'en est rien, c'est bien de la rosée. Chez quelques auteurs, elle prend un sens métaphorique, mais nous ne développerons que celui de "condensation atmosphérique", n'oublions pas que l'alchimiste est un jardinier.

> ... une rosée abondante, nous dit Belèze[2], par un temps découvert et calme, doit faire espérer la continuation du beau temps. Au contraire, la pluie est prochaine, si par un temps découvert et calme, il n'y a pas de rosée...
> La rosée vivifie les plantes ; elle leur prodigue une humidité nécessaire, et souvent plus efficace que celle même des pluies ; elle pénètre plus facilement dans le tissu cellulaire des végétaux, et l'on remarque que les plantes qui croissent dans les lieux secs et arides sont plus pourvues que celles des marais de ces longs poils qui leur permettent d'absorber une plus grande quantité de rosée...

C'est d'ailleurs au rang de l'agriculture que Lémery timidement, et Baron fermement, la laissèrent. Mais Glaser, — plus ancien puisqu'il naquit vers 1630, et enseigna sa science à Lémery alors âgé de 21 ans, enseignement qui tourna court après deux mois — respectant d'avantage la Tradition, nous dit ce qu'il en pense[3] :

> • **De la Rosée.**   Prenez quelque quantité de rosée de mai, — laquelle abonde en esprit subtil — et en distillez environ la moitié par des cucurbites au bain-marie, ou au sable modérément chaud, et rectifiez une fois ce qui est distillé, n'en retirant que la moitié,

---

(1) C. Glaser. *Traité de la Chymie,* opus citem.
(2) *Dictionnaire universel de la Vie pratique,* opus citem.
(3) *Traité de la Chymie,* opus citem.

laquelle vous conserverez dans des fioles bien bouchées. Cette eau ne sert pas seulement de menstrue (dissolvant) pour les extractions, mais peut aussi servir de véhicule à beaucoup de remèdes, qui ont besoin d'être délayés dans quelque liqueur. On peut travailler de même sur l'eau de pluie, mais il la faut prendre au mois de mars, environ l'équinoxe, auquel temps elle est plus remplie de l'Esprit universel qu'en toute autre saison.

Glaser emploie des mots justes : *Esprit universel, équinoxe,* et même *mars* et *mai* ; quant à l'eau de pluie, c'est une assimilation à peu près exacte qui est formulée là.

Avec la rosée, nous entrons concrètement dans le domaine du merveilleux. En effet, cette condensation nocturne, sous l'influence de la Lune, est, selon la Tradition, le véhicule privilégié de l'Esprit universel.

Dans la *Bible,* la rosée est souvent citée : "Son pays recevra de l'Éternel, en signe de bénédiction le meilleur don du ciel, la rosée[1]" ou encore : "Tressaillez de joie, vous qui dormez dans la poussière ! Pareille à une rosée de lumière est ta rosée, et la terre redonnera vie aux ombres[2]", etc. Esprit pratique, voilà encore, penserez-vous, un ingrédient que l'on ne trouve pas plus dans le commerce que le salpêtre des murs, et le tartre des tonneaux. Eh oui ! pas de panoplie d'alchimiste chez les marchands, c'est déjà beaucoup que notre livre y soit ! Il faut se débrouiller pour les fournitures, et voilà de quoi opérer une première sélection parmi les amateurs.

La rosée n'est guère que de l'eau, mais nous verrons en annexe que la banalité de l'eau dissimule un fascinant point d'interrogation. C'est avec la rosée que l'alchimiste traite les sels ; ce qu'elle contient de précieux s'y mêle alors (*rôsis* signifie force), ils deviennent philosophiques.

Dans la cabale phonétique, la rosée s'identifie avec le sel *harmoniac,* ou armoniac. Pour Pline, le sel *ammoniac* est le sel des sables (*ammos* = sable), mais en redressant la saga du sel, on découvre Ammon-Râ, le grand dieu solaire des Égyptiens, symbolisé par un bélier. *Sel d'Ammon,* ou *scel de l'harmonie* entre le Ciel et la Terre, c'est à l'équinoxe de printemps qu'il faut le prendre de préférence[3].

Quant à l'armoniac Lémery adopte l'interprétation sableuse semble-t-il[4] :

---

(1) Deutéronome, 33-13.
(2) Isaïe, 26-19.
(3) Pour ceux qui ne comprennent pas vite : le Soleil entre dans le Bélier au printemps.
(4) *Cours de Chymie,* opus citem.

... Le sel armoniac des Anciens n'était autre chose que le sel volatil de l'urine des chameaux et de plusieurs autres animaux qui pas-
saient en grand nombre par des pays fort chauds, comme par les
déserts de la Lybie, par l'Arabie. L'urine de ces animaux était con-
sommée peu de temps après avoir été faite par la grande ardeur du
Soleil, et l'on trouvait son sel volatil sublimé à la superficie des
sables. C'est peut-être ce qui lui a fait donner le nom de *Sal
Armoniacum*, on le ramassait et on le conservait dans des vaisseaux de verre ; mais nous ne voyons plus guère de ce véritable sel
armoniac, soit parce qu'il ne passe plus assez de chameaux dans
ces lieux chauds, soit parce qu'on néglige de ramasser celui qu'on
y trouve...

On récolte la rosée à la fin de la nuit, de préférence lorsque la Lune est
pleine. Même par beau temps, elle est parfois gelée, il faut alors attendre
qu'un rayon de soleil entraîne la fusion, les gens des villes ne peuvent pas
le savoir ; quant à ceux de la campagne, s'ils se lèvent tôt, ils n'ignorent
pas que la rosée gèle parfois en plein été.

Nous la ramassons en épongeant l'herbe. Si la prairie est vaste, il suffit
de promener une grande toile absorbante, mais pour des massifs d'herbe
dispersés, une simple wassingue s'avère plus pratique. Les linges doivent
être parfaitement propres, débarrassés de toute trace de lessive, quelques
dizaines de rinçages à l'eau de pluie ne sont pas superflus avant la première récolte. Tous les récipients et objets destinés à son contact doivent,
eux-aussi, être soigneusement nettoyés.

Avec le choix de l'herbe apparaît le premier problème ; l'endroit doit
être le plus possible à l'abri des retombées polluantes. Les citadins doivent savoir que la belle herbe cultivée dans les prairies est assaisonnée à
l'engrais, ce n'est donc pas là qu'il faut opérer la récolte. A défaut de
disposer de son propre herbage, il reste par exemple les clairières des
forêts.

Lorsqu'une pluie, longue et drue, a bien nettoyé l'herbe, et que le Soleil
a tout séché, le moment est excellent. Encore faut-il qu'il y ait de la
rosée, car parfois, on n'en trouve pas une goutte dans la période propice !

Déjà à ce premier niveau, l'étudiant entre en contact avec la réalité
alchimique, il doit guetter le bon moment pour se geler les mains : le
Ciel ne lui accordera guère qu'un jour ou deux dans la saison[1]. Voici
quelques rendements sur de l'herbe verte, haute de dix à vingt centimètres.

---

(1) Certaines contrées sont cependant mieux favorisées.

rosée peu abondante
   1 litre pour 150 m²
   1 litre en 30 minutes

rosée assez abondante
   1 l / 40 m²
   1 l / 10 mn

rosée abondante
   1 l / 18 m²
   1 l / 7 mn

La teneur en électrolytes semble indépendante du lieu de récolte (en zone non polluée), ou de l'abondance, la date de fraîcheur n'intervient pas non plus. La résistivité varie d'une année à l'autre, ou plutôt d'un équinoxe à l'autre, mais elle reste assez constante durant un même équinoxe, se maintenant dans une fourchette de 20 %. Sur des rosées de divers équinoxes, nous avons obtenu à 18°C des résitivités variant entre 2 000 et 45 000 ohms-centimètres.

La rosée est inodore ; elle présente l'aspect d'une infusion légère, sa couleur variant entre le marron-beige et le gris-vert, tous deux très clairs, et nous avons remarqué qu'une dose infinitésimale d'éther officinal (il suffit d'une molécule) précipite à la longue les colorants, mais naturellement, ceci sort du cadre alchimique.

Après la récolte, il faut conserver la liqueur dans le noir. Au préalable, un filtrage s'impose ; en général, elle se montre parfaitement limpide, mais contient au moins quelques brindilles. La nuit venue, on la présentera au ciel, en espérant qu'il se maintiendra dégagé, et l'influx de la Lune viendra encore enrichir la solution. En même temps, les suspensions rebelles au filtrage se déposent, et pourront ultérieurement être éliminées par siphonnage. C'est d'ailleurs pourquoi, avant d'utiliser de grandes cuvettes plates comme l'indique le *Mutus Liber,* il vaut mieux la laisser dans de hauts vases transparents et cylindriques (ou même des bouteilles) ; on voit, au cours des premiers jours, outre les sédiments du fond, des particules se coller tout au long d'une génératrice. Les masses environnantes en dévient l'orientation, laquelle n'est nullement le nord ; mais nous ne frustrerons pas l'étudiant : il découvrira lui-même ce qui attire les particules. Ensuite, on la met en *quarantaine.*

En marge de l'alchimie, l'étude de la rosée nous stupéfia plus d'une fois. Nous allons citer De Saulx[1], mais nous avons personnellement observé

---

(1) *Nouvelles Découvertes,* Paris, 1727, Vve Delaulne.

des phénomènes bien plus étranges qu'une déliquescence. De Saulx, médecin de l'Hôpital de la Charité, avait évaporé au Soleil de mai de l'eau de pluie et de la rosée récoltées à l'équinoxe de mars 1710 :

> ... il me resta une très petite poudre de couleur de cendres et insipide, elle ne pesait au plus qu'un grain d'orge.
> Je mis cette petite poudre à l'air, sur un morceau de verre concave que je mis sur la fenêtre da ma chambre exposée au Soleil levant, le temps étant beau et pendant l'aurore, c'est-à-dire une petite demi-heure avant le lever du Soleil. Un quart d'heure après, je trouvai ce verre plein d'une liqueur rouge transparente et qui semblait huileuse entre les doigts. En la goûtant elle pénétra fortement dans les papilles de la langue, sans chaleur ni acrimonie quelconque : sa saveur était saline, agréable et douce, sans acidité ni alcalité, et n'approchait d'aucune espèce de sel. Je versai cette liqueur dans un petit verre à l'air, et la petite poudre encore humide, au lieu d'attirer une nouvelle liqueur, se dessécha promptement...

La rosée, en rendant philosophiques les fondants, provoquera ultérieurement l'apparition de l'émail vert au blason, le fameux sinople[1]. Sans elle, il resterait jaunâtre et quelconque.

A titre d'information complémentaire, signalons que parmi les électrolytes, la rosée contient un sel surprenant, facile à identifier par la forme des cristaux ou par les réactifs.

Achevé ou non, le sel "en cet état, devient impropre et sans effet dans l'art philosophique". Il ne faut donc pas l'isoler pour l'alchimie, comme le précise *Quand-sel-y-est* après Fulcanelli : "l'enrichissement des sels médiateurs, dans le Grand Œuvre, se fait tout simplement, au sein de la rosée, par la solution et la subséquente cristallisation".

Canonique ou marginal, l'examen de ce liquide ne manquera probablement pas d'intéresser quelques curieux. Une banale expérience permet immédiatement de vérifier que la rosée aime la glace autant que la vapeur : sa congélation totale, dans une quelconque bouteille en plastique, découvre un saisissant cône salin (si toutefois elle n'est pas trop impure). La rosée, qui papillonne à la distillation, comme nous le verrons en

---

(1) • Du grec *sinôpis,* terre de Sinope (Paphlagonie) laquelle est rouge.
   • Jusqu'au XIII siècle, signifiait bien *rouge,* mais « par un changement de sens inexpliqué », devint *vert* au XIV.

annexe, est bien une nymphe du froid. La congélation fractionnée sera donc tout aussi indiquée que l'évaporation pour ceux qui voudront contempler son sel.

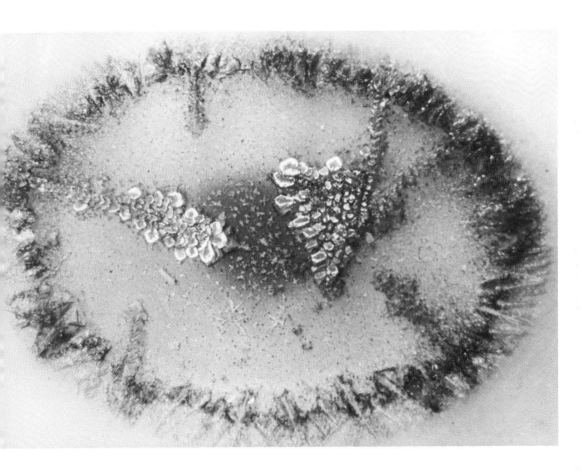

Sel de rosée nouvelle, grossi quatre fois

Au verso de notre légende laconique, que diriez-vous d'un petit vagabondage autour du sel ? Après tout — mais il faut comprendre — l'alchimie est très exactement la chimie du sel (en grec hals = sel). Un détail d'abord. Jadis on confondait parfois deux sels marins : les chlorures du sodium et du potassium, qui forment des cristaux identiques. On trouve le second, plus âcre, dans l'eau mère du premier

« (Le Dr Cohausen) a ôté au sel marin des côtes d'Espagne toute sa saveur, en le faisant digérer ou putréfier au moins pendant quarante jours dans l'esprit le plus subtil de rosée » 1759, Pott, chimiste célèbre

« Il existe dans l'art une ancienne opinion sur la convertibilité du sel marin en nitre. Cette opinion a pris un nouveau crédit dans ces derniers temps ; on a même, dit-on, tenté cette transmutation par l'autorité du ministère » 1772, Encyclopédie de Diderot

« Geoffroy l'Apothicaire, dans un mémoire lu à l'Académie des Sciences en 1716, prétend que le sel armoniac des Anciens semble plus tenir du sel gemme que de tout autre, parce que Pline et Dioscoride le décrivent comme un sel transparent et divisible en plusieurs lames... La seule chose certaine sur tout cela, c'est que nous ignorons tout à fait ce qu'était le sel armoniac des Anciens, et quelle était son origine » 1756, Baron

En annexe à ce chapitre :

Le sel et les principes	Christophle Glaser
Le salpêtre	N. Lémery et T. Baron
Le sel de tartre	Nicolas Lémery
Le sel commun	Nicolas Lémery
La mer des Sages	Nicolas Valois
Messieurs les alchimistes	Nicolas Lémery
L'eau	Jean Montorsier
L'éclairage parabolique	Fulcanelli
La rosée du spagyriste	Gosset
La courbe du sel	Atorène
Le roman de la rosée	Charles-Marc des Granges
Le Feu secret	Cosmopolite

LE SEL ET LES PRINCIPES

... Pour commencer par l'esprit ou *Mercure*, comme le plus excellent et le plus noble, et qui des trois dans la résolution des choses se présente le premier à nos sens, nous dirons que c'est une substance légère, subtile et pénétrante, qui donne la vie et le mouvement aux corps, les fait végéter et croître, et parce qu'il est continuellement en action et en mouvement, il ne subsisterait pas longtemps dans les corps s'il n'était retenu par les autres principes plus stables que lui, de là s'ensuit que les mixtes où cette substance subtile prédomine ne sont pas fort durables : Ce qu'on peut remarquer aux animaux et végétaux, qui périssent bien plutôt que ne font les minéraux et métaux, lesquels sont presque destitués de ce principe.

Le *Soufre* est le second principe actif, mais inférieur à l'esprit en activité, sa substance est oléagineuse, subtile, pénétrante et inflammable, on le réduit difficilement en principe pur aussi bien que les autres, lorsqu'il contient quelques particules spirituelles ; il surnage l'eau comme font les huiles aromatiques subtiles, de romarin, sauge, térébenthine et autres, et s'il contient quelque portion de Sel et de terre, c'est alors une huile crasse et pesante qui va au milieu et au fond de l'eau, ce qu'on remarque aux huiles de gommes, bitumes, bois, etc., qui se distillent par le feu violent ; c'est ce principe qu'on dit être la cause de la beauté ou de la difformité des animaux, des différentes couleurs et odeurs des végétaux, et de la ductilité et malléabilité des métaux. Il fait la liaison des autres principes, lesquels sans lui ne se pourraient entretenir pour le peu de rapport qu'il y a entre eux ; il préserve les corps de la corruption, adoucit l'acrimonie des sels et des esprits, et étant d'une nature ignée, il garantit les végétaux où il abonde du froid, de la gelée, et des autres injures des saisons, comme il est aisé à remarquer aux cyprès, aux sapins et autres végétaux semblables qui gardent toujours leur verdeur.

Le troisième des principes actifs est le *Sel*[1], qui se découvre après que les substances volatiles sont évaporées ou exhalées, pour ce qu'il reste fixe avec la terre, de laquelle on le sépare par dissolution et évaporation ; alors il se présente à nous en corps friable aisé à mettre en poudre, ce qui témoigne la sécheresse, laquelle le fait appéter l'humidité,

---

C. Glaser. *Traité de la Chymie*, opus citem.

(1) Au point de vue philosophique, le Sel ne constitue pas un principe. Nous en parlerons au début de notre chapitre VI.

qu'il attire de l'air si puissamment qu'en peu de temps il se réduit en liqueur : Le Sel se purifie par le feu et est incombustible, il retient l'esprit et préserve le Soufre de la combustion, et leur sert de base et de fondement ; il cause les saveurs différentes, et rend les corps où il abonde durables et presque incorruptibles : par exemple, le chêne qui contient peu d'huile et beaucoup de Sel, est d'une longue durée, et plusieurs autres mixtes qui sont de même nature...

LE SALPÊTRE

... Faites fondre dix ou douze livres de salpêtre dans une quantité suffisante d'eau ; laissez reposer la dissolution, et la filtrez, puis la faites évaporer dans un vaisseau de verre ou de terre jusqu'à diminution de la moitié, ou jusqu'à ce qu'il commence à paraître une petite pellicule dessus : transportez alors votre vaisseau dans un lieu frais, l'agitant le moins que vous pourrez, et l'y laissez jusqu'au lendemain, vous trouverez des cristaux qu'il faut séparer d'avec la liqueur : faites évaporer derechef cette liqueur jusqu'à pellicule, et remettez le vaisseau dans un lieu frais, il se fera de nouveaux cristaux : réitérez les évaporations et les cristallisations jusqu'à ce que vous ayez retiré tout votre salpêtre.
Notez que dans les dernières cristallisations vous aurez un sel tout à fait semblable au sel marin, ou au sel gemme, il faut le garder à part : il peut servir à assaisonner le manger.
Les premiers cristaux sont le salpêtre raffiné.
On peut faire fondre et purifier le salpêtre encore plusieurs fois dans de l'eau, et observer à chaque fois tout ce que nous avons dit, afin qu'il soit bien blanc, et purifié de son sel marin.
Le salpêtre raffiné est très apéritif...

Commentaires de Baron

On est convaincu aujourd'hui par expérience que le nitre est un sel parfaitement neutre qui ne fait point d'effervescence, ni avec les alcalis, ni avec les acides. On ne peut donc pas dire que le nitre est un sel acide, car il est composé de l'union intime d'un sel alcali, et d'un acide pénétrés mutuellement l'un par l'autre. On n'est pas mieux fondé à dire que le nitre est volatil, puisque l'expérience fait voir au contraire, que ce sel mis en fusion dans un creuset, résiste très longtemps à la plus grande violence du feu, et qu'à la fin il pénètre le creuset et s'échappe au travers, ou que si celui-ci est impénétrable, il se décompose et s'alcalise, plutôt que de se sublimer et de se dissiper en l'air. L'épithète de sel aérien pourrait mieux convenir au salpêtre ; car suivant le sentiment de Stahl, la production de ce sel dépend de ce que l'esprit universel répandu dans l'atmosphère, et qui est de la nature de l'acide vitriolique, venant à

N. Lémery. *Cours de Chymie,* revu par Baron, opus citem.

se déposer dans des pierres ou des terres qui sont chargées de matières, soit animales, soit végétales, réduites en pourriture, il se combine avec les sels volatils et les huiles fétides que la putréfaction développe dans ces sortes de matières, et reçoit par-là une modification particulière qui le change en acide nitreux, auquel les mêmes sels volatils dont on vient de parler servent de base, jusqu'à ce que le sel armoniac nitreux qui résulte de cette union ait été changé en véritable nitre par l'addition, soit naturelle, soit artificielle, d'un alcali fixe qui prend la place de l'alcali volatil. Il est vrai que M. Lémery le Fils (fils de Nicolas) explique la formation du nitre bien différemment dans deux mémoires fort curieux et intéressants, imprimés parmi ceux de l'Académie des Sciences pour l'année 1717. Il y prétend que le nitre est un sel, dont l'acide existe naturellement tout formé dans toutes les matières végétales et animales, où il est lié tantôt par un alcali volatil, tantôt par un alcali fixe ; en sorte que selon lui, les animaux et les végétaux sont deux grands magasins, dans lesquels se forme et s'amasse tout le nitre qui se trouve dans la nature, et que la putréfaction ne sert qu'à le développer et le dégager des matières étrangères, surtout huileuses, dans lesquelles il était embarrassé. Le principal fondement sur lequel M. Lémery appuie cet ingénieux système est, qu'il y a plusieurs plantes qui contiennent de véritable salpêtre, qui se fait sensiblement reconnaître avant qu'elles ayent contracté la moindre pourriture, et que d'un autre côté, la plupart des matières animales contiennent un sel ammoniacal nitreux qu'on peut en retirer par des procédés particuliers, et qui n'a besoin pour devenir du salpêtre ordinaire, que de changer sa base alcaline volatile contre une fixe. M. Lémery pense donc que l'air ne contribue point, comme cause matérielle, à la formation du nitre, mais simplement comme cause auxiliaire et instrumentale, en tant qu'il entraîne par son mouvement l'humidité superflue qui abreuve les matériaux nitreux, et que s'insinuant dans l'intérieur de ces matériaux, il y excite une fermentation, dont la suite est le développement des parties salines nitreuses qui y sont renfermées. Mais cette opinion de M. Lémery souffre de grandes difficultés ; car 1°. Il n'est rien moins que démontré, que toutes les matières végétales contiennent du nitre tout formé, il est prouvé au contraire qu'il y a un grand nombre de plantes, dont le sel essentiel est, ou un tartre vitriolé, ou du sel commun. 2°. Par rapport aux plantes dont on retire du nitre sans le secours de la putréfaction, Juncker fait très bien observer que ces mêmes plantes n'en fournissent pas toujours constamment, que cela dépend du terrain dans lequel elles ont crû et végété, ce qui ne laisse aucun lieu de douter que le nitre qu'on en retire quelquefois ne leur soit tout à fait étranger. 3°. Enfin, pour ce qui est des matières animales, on est pour le moins autant en droit d'assurer que le sel nitreux que l'on en retire est un produit de l'art, que de dire qu'il existait tout fait dans ces sortes de matières avant les différentes préparations qu'on leur a fait subir pour obtenir ce sel. Le sentiment de Stahl sur la formation du nitre est donc préférable à celui de M. Lémery le Fils...

LE SEL DE TARTRE

... Ceux qui voudront seulement tirer le sel, pourront concasser le tartre cru, et l'ayant enveloppé dans du papier, le calciner entre les charbons ardents jusqu'à ce qu'il soit réduit en une masse blanche...

Jetez-la alors dans beaucoup d'eau chaude, et en faites une lessive, laquelle ayant été filtrée et versée dans un vaisseau de verre ou de grès, vous en ferez évaporer au feu de sable toute l'humidité ; il vous restera un sel blanc qu'on appelle *sel alcali du tartre*...

Je retire ordinairement par cette méthode quatre onces de sel de tartre bien blanc et bien purifié, de chaque livre de tartre rouge...

Si l'on veut bien blanchir le sel de tartre et les autres sels fixes alcalis, il les faut calciner seuls à grand feu, jusqu'à ce qu'ils soient blancs, puis les faire purifier par dissolution, filtration et coagulation. Pour ce qui est de la facilité qu'ils ont à se fondre, cet accident est naturel aux sels alcalis, et on ne le leur peut point ôter qu'en détruisant leur nature...

Quoique le sel de tartre soit passablement blanc après la première purification, si l'on en calcine soixante-quatre onces, et qu'on le filtre, comme nous avons dit, on retirera encore beaucoup de matière terrestre. Si l'on fait sécher cette terre par curiosité, on en trouvera trois onces et demie...

La liqueur ou huile faite par défaillance, n'est qu'un sel de tartre dissous dans l'humidité de la cave. Si l'on en veut faire promptement, il faut faire fondre du sel de tartre dans ce qu'il faudra seulement d'eau de pluie bien filtrée pour le contenir en liqueur. On s'en peut servir comme de la première, elle guérit les dartres, et elle résout les tumeurs, parce qu'étant alcaline, elle adoucit les sels piquants qui fomentaient ces maladies.

Quand on fait dissoudre du sel de tartre ou de sa liqueur dans l'eau nouvellement distillée de quelque plante verte, l'eau verdit, et plus la plante dont on a tiré l'eau a été verte, plus aussi ce sel la verdit. L'eau de morelle verdit plus que l'eau de mélisse, l'eau de mélisse plus que l'eau d'euphraise, et ainsi du reste... Mais il faut que l'eau ait été distillée par une chaleur assez forte ; car si elle avait été tirée au bain-marie ou à une chaleur approchante, il n'y paraîtrait rien de vert, quand on y mêlerait du sel alcali...

--- • ---

- N. Lémery. *Cours de Chymie*, revu par Baron, *opus citem*.
- Ajoutons une précision personnelle : à 135°C, température d'ébullition de la solution saturée, 1 poids d'eau contient 2 poids de sel ; à 15°C, 1 p. de sel est dissous dans 1 p. d'eau.

LE SEL COMMUN

A l'époque de Lémery, pour obtenir l'esprit de sel (acide chlorhydrique), on distillait — à feu violent, pendant 12 à 15 heures — du sel marin mélangé à de l'argile en poudre : « Les parties qui composent le sel sont unies si étroitement, que toute la force du feu n'est pas capable de les ébranler, si elles ne sont étendues par quelque intermède. » Notre auteur ignorait que l'on pouvait remplacer l'argile par l'huile de vitriol (acide sulfurique), mais ceci n'est qu'un détail.

Par contre Lémery, ainsi qu'il nous l'apprend dans son *Cours de Chymie,* savait que Jean Seignette[1], célèbre pour son magnifique tartrate, détenait un secret.

... On a recherché les moyens de tirer l'esprit de sel sans addition, mais cela n'est pas encore bien connu. Il est vrai que M. Seignette, apothicaire de La Rochelle, entr'autres belles découvertes qu'il a faites sur les sels, à la connaissance desquels il s'est particulièrement appliqué, nous apporta ici en l'année 1672 un sel marin que nous distillâmes sans addition par un feu fort modéré, et en deux heures de temps nous retirâmes trois onces et demie de très bon esprit de six onces de sel que nous avions mis dans la cornue, après quoi nous cassâmes la cornue, et ayant réduit en poudre le sel qui y était resté au poids de deux onces et demie, nous l'exposâmes à l'air dans une terrine pendant quinze jours, et nous le trouvâmes rempreint d'esprits : nous le mîmes derechef distiller, et avec la même facilité que devant, nous retirâmes la moitié du poids d'esprit de sel qui avait la même force que le premier. La matière restée dans la cornue ayant encore été exposée à l'air, elle reprit d'autres esprits. M. Seignette nous assura qu'il avait ainsi tiré de l'esprit d'une même manière jusqu'à neuf fois, ce qui est digne d'admiration, et qui montre bien que l'air contient un esprit qui forme diverses choses, selon la diverse disposition des matières dans lesquelles il entre. Ce sel est particulier à celui qui nous l'a montré, et il le prépare de quelque manière que nous ignorons...

---　•　---

(1) J.S., mêmes initiales que l'Artiste qui publia, en 1677 à La Rochelle, un livre sur l'Œuvre et sur la rosée : *Mutus Liber.* N'allez pas en tirer des conclusions simplistes. D'ailleurs Jean Seignette a un frère, Élie, médecin à La Rochelle, dont le seul prénom pourrait évoquer tout un programme : dans la *Bible* (Rois II 1 — 10 et 12), n'a-t-il pas le feu du ciel pour arme secrète ? Et Savinien de Cyrano, dans les *Estats du Soleil* (Paris, 1667) fait d'Élie son Philosophe, tout comme Eyrénée Philalèthe, dans l'*Introitus apertus* (Londres, 1669) en fait son Artiste.

LA MER DES SAGES

... Plusieurs ont estimé que l'Eau, premier principe des philosophes, était la simple eau élémentaire, ou de pluie, ou de mer, d'autres la rosée du ciel ; d'autres l'ont cherchée dans les simples, herbes, et animaux, et telles choses hétérogènes, interprétant maladroitement le dire des Philosophes, et s'attachant à leurs paroles au lieu de prendre leurs intentions. Comme quand ils ont parlé d'eau de vie, de vin rouge et blanc, de vinaigre, huile de tartre et telles semblables choses, ainsi que l'eau de notre mer. Car il faut que tu saches qu'ils parlent en plusieurs façons, comme quand ils disent : prends l'eau de notre mer ; en un autre lieu disent : mercure, ou notre vif-argent, parce que ce mot de "notre" emporte un autre sens ; car s'ils disaient eau de mer, on pourrait être déçu en cet endroit, mais l'eau de notre mer, qui est la mer des Philosophes, est une autre chose. Ils entendent par leur mer, la généralité de ladite eau, parce qu'elle est partout, en tout lieu. Elle est dans le ciel, puisque le ciel l'engendre, dans l'air, puisque ce n'est qu'air, et dans la terre pour y produire toutes choses. Secondement ils nomment leur mer l'Œuvre entier, et dès que le corps est réduit en eau, de laquelle il fut premièrement composé, cette eau est dite "eau de mer", parce que c'est vraiment une mer, dans laquelle plusieurs sages nautonniers ont fait naufrage, n'ayant pas cet astre pour guide, qui ne manquera jamais à ceux qui l'ont une fois connu. C'est cette étoile qui conduisait les Sages à l'enfantement du fils de Dieu, et cette même qui nous fait voir la naissance de ce jeune Roi...

Nicolas Valois (1375 - ?). *La Clef du Secret des Secrets*. Écrit à Flers en 144.

MESSIEURS LES ALCHIMISTES

... ils ont cru que la production de ce métal (l'or) était le but où la nature tendait dans les mines, et qu'elle avait été empêchée et détournée quand elle avait produit les autres métaux, qu'ils ont nommés imparfaits. Sur cette pensée, ils n'ont épargné ni leur temps, ni leur peine, ni leur bourse, pour achever de cuire et de perfectionner ces métaux, et pour les convertir en or : c'est ce travail qu'ils ont appelé le grand Œuvre, la recherche de la Pierre philosophale.

Quelques-uns d'eux pour y parvenir font un mêlange de ces métaux avec des matières qui servent à les purifier de leurs parties les plus grossières, et les font cuire par de grands feux, les autres les mettent à digérer dans des liqueurs spiritueuses, voulant par là imiter la chaleur dont la nature se sert, et prétendant les faire pourrir, pour en tirer ensuite le mercure, qu'ils disent être une matière très disposée à faire de l'or. Les autres recherchent la semence de l'or dans l'or même, et ceux-là se tiennent assurés de l'y trouver, de même qu'on trouve la semence d'un végétal plutôt dans le végétal même, qu'ailleurs. Pour ce faire, ils ouvrent l'or par des dissolvants qu'ils croient les plus propres, puis ils le mettent digérer par des feux de lampe, ou par la chaleur du Soleil, ou par celle du fumier, ou par quelque autre degré de feu toujours égal : et qui approche le plus du naturel, afin d'en tirer le mercure ; car ils veulent que si l'on avait ce mercure, et qu'on le mette dans la terre, il produirait de l'or, de même qu'une semence produit une plante...

Les autres la recherchent dans les végétaux, comme dans le miel, dans la manne, qui en sont tirés, dans le sucre, dans le vin, dans le rossolis, dans le romarin, dans le cétérach : les autres dans les animaux, comme dans les gencives, dans les sang, dans les urines : et les autres enfin, qui croyent bien raffiner, vont chercher la semence de l'or dans le Soleil et dans la rosée ; car quelques astrologues entêtés jusqu'à cet excès de folie, d'assurer que le Soleil est un or fondu au centre du Monde, et coupellé par le feu des astres qui l'environnent, et que les rayons qu'il jette et qu'il fait briller de toutes parts, proviennent des étincelles qui s'en détachent, de même qu'il arrive dans la purification de l'or par la coupelle.

Je n'aurais jamais fait, si je décrivais ici les peines, les fatigues, les veilles, les chagrins, et surtout la dépense où ces messieurs se sont comme

N. Lémery. *Cours de Chymie*, revu par Baron, opus citem.

abîmés, en opérant chacun à sa manière : ils se préoccupent tellement des opinions que leur suggère un désir âpre de devenir riches, qu'ils n'ont l'esprit susceptible d'aucune conception, autre que de celle qui tend à leur grande imagination ; aussi traitent-ils les philosophes qui ne goûtent pas leurs sentiments, comme des profanes, et ils se réservent à eux seuls le nom de véritables philosophes, ou de philosophes par excellence...

Il est à remarquer que parmi les traités de ces messieurs, il s'en trouve peu qui n'avertissent dans le titre ou dans la préface qu'ils vont donner véritablement, et sans déguisement, le secret du grand Art, dont l'on dit qu'il est inspiré de Dieu pour écrire au sujet de la pierre philosophale, et en enseigner le secret sans aucun voile ; l'autre, qu'il est ému de charité pour les enfants de l'Art, et qu'il ne peut souffrir qu'on leur cache plus longtemps un secret si nécessaire : l'un promet la clef de la vraie Sagesse ; l'autre en promet l'échelle : l'un assure qu'il va ouvrir le tombeau d'Hermès, et que les vérités d'alchimie y paraîtront plus claires que le jour : l'autre annonce qu'il va enseigner un chemin plein et facile qui conduira droit à la tour dorée. Cependant, quand on vient à examiner ces prétendues explications ou dévoilements, on n'y trouve que des allégories très obscures, et des énigmes inexplicables...

L'EAU

Quoi de plus banal que l'eau ? Et pourtant quel mystère.

En alchimie l'eau est essentiellement métaphorique ; toutefois, comme elle constitue la rosée, il est bon de la connaître mieux. Voici quelques points de repère.

Pour l'écrivain Robert Charroux, elle est le dissolvant universel des alchimistes (article dans *Rose-Croix*, printemps 1964). Robert Grugeau (c'est son véritable nom) ne connaît pas grand chose en alchimie, mais se montre par ses ouvrages un grand ébranleur de réalités ordinaires. Né de parents modestes le 7 avril 1909 dans la Vienne, il devint docteur en philosophie de l'Université des Sciences de l'Homme, en Grande-Bretagne, et docteur en histoire et préhistoire de l'Académie des Sciences de Rome. Il est mort d'un infarctus le 24 juin 1978.

... Rares sont les hommes qui ont vu de l'eau pure. Qui en boirait serait sûr de mourir ; qui ferait ses ablutions à l'eau pure serait désintégré. L'eau pure est plus nocive que les plus dangereux acides, et son pouvoir solvant est tel qu'il désintègre à peu près tous les corps. Tous les corps sauf un. En France, il n'existe de l'eau pure qu'à l'Institut Pasteur et comme elle détruit, dissout le verre des bouteilles et bonbonnes, il a fallu inventer une matière plastique pour pouvoir la conserver...

Un article de Jean Montorsier, dans *Planète* d'avril 1969, paraît tout indiqué pour figurer dans la présente annexe. Nous en donnons donc quelques extraits à propos des travaux de J.-D. Bernal, J. Ménétrier, etc.

(Schwenk, Suisse) ... il s'agit d'étudier les vibrations se produisant dans une goutte d'eau. Des méthodes optiques délicates permettent de déceler des ondes à la fois transversales et longitudinales s'interférant entre elles et produisant des *tourbillons*.
Ces images varient avec la pureté de l'eau, avec les charges électriques

du milieu et notamment de l'air, et aussi, semble-t-il, sous l'effet des forces cosmiques qu'étudie Piccardi à Florence. On peut en tirer un grand nombre de conclusions. Il paraît établi, par exemple, que l'eau obtenue par l'écrasement d'une cellule est différente de l'eau de pluie ou de l'eau prédistillée...

(Bernal) ... quelques années plus tard, les austères membres de la Royal Academy, à Londres, s'étonnent un peu de voir leur éminent collègue arriver sur l'estrade avec un certain nombre de barils extrêmement lourds. Bernal leur explique que certains barils contiennent des objets en forme de trièdre, d'octaèdre, de tétraèdre, etc. ; et que le dernier est plein d'objets de même nature, mais pentaédriques (à cinq faces). Il ouvre ses barils, les incline. Les premiers gardent obstinément leur contenu, qui coule lentement du baril plein de pentaèdres.
— Ceci, dit en substance Bernal, explique en gros pourquoi l'eau coule. Les "groupements" découverts par Pauling sont établis sur une symétrie de l'ordre de 5, telle l'étoile à 5 branches dont les 5 axes de symétrie se coupent. Ces "groupements" réunissent 5 molécules en une *pyramide à base quadrandulaire*...

(Ménétrier, Bergier, etc.) ... notre sang, notre être, chaque animal, toutes les plantes de la terre, c'est d'abord de l'eau. Si, selon la date, les molécules de cette eau omniprésente se déforment, combien de problèmes nouveaux s'offrent aux chercheurs ?
Nouveaux ? Sans entrer dans l'hypothétique influence des configurations astrales, il faut bien reconnaître que les gens nés sous le signe du Scorpion — en automne — n'ont pas, au moment où ils ont été conçus et pendant leur vie intra-utérine, où l'organisme est si sensible, été touchés par les forces galactiques comme ceux qui sont nés sous le signe du Taureau — au printemps. Aux astrologues d'autrefois l'invisible avait déjà fait signe.
Plus concrètement, reconnaissons que toute la physique, toute la chimie, derrière elles toute la biologie et, plus loin encore, toute la connaissance de l'homme jusqu'à celle de ses sociétés et à la politique, doivent être repensées en tenant compte des découvertes de Pauling, Bernal, Piccardi et Giao, qui ont trouvé comment l'eau était faite, qu'elle servait d'intermédiaire entre les forces galactiques et tout ce qui vit sur terre, que ses groupements pentraédriques, sensibles à ces forces, arrivaient à emmagasiner leur énergie, à la transmettre.
Le docteur Ménétrier eut alors — en fait, les recherches se poursuivaient en même temps dans les diverses disciplines, comme cela arrive souvent — l'idée de diluer largement, dans de l'eau, de simples traces d'or, de cobalt ionisé. Il n'y restait plus que des parcelles en dessous de l'infinitésimal, indécelables.

Le docteur Ménétrier essaie d'utiliser cette eau comme médicament : elle guérit ! Craignant l'effet de placebo (on peut faire dormir un insomniaque en lui disant que l'eau pure[1] qu'il boit contient un somnifère), il recommence ses expériences. Les médicaments contenant si peu d'or, de cobalt ionisé que l'analyse la plus poussée n'arrivait plus à les découvrir agissaient effectivement ! Hahnemann, qui dut fuir l'Allemagne parce qu'il avait inventé l'homéopathie et gênait ses confrères allopathes, se voyait-il enfin rendre justice ? Restait à expliquer le phénomène. Boivin et notre ami Jacques Bergier l'entreprirent : "Ces pyramides pentaédriques de l'eau, supposèrent-ils, s'orientent peut-être autour de la substance diluée en quantités sub-infimes, la 'copient', l'"imitent" et agissent comme elle. D'où les incompréhensibles guérisons."

Jacques Bergier tente une expérience pour vérifier l'hypothèse : il dissout des substances fluorescentes dans de l'eau, les y re-dissout, recommence encore jusqu'à arriver au point où leur dose y est si faible qu'on peut la dire inexistante. Puis il éclaire cette eau aux rayons ultra-violets : elle devient plus fluorescente que l'eau du robinet ou l'eau distillée qui n'avaient jamais "vu" ces substances. Les recherches se poursuivent sur ce point là.

Bernal, que nous avons vu découvrir les pyramides pentaédriques de l'eau, vit un jour arriver dans son laboratoire Boris Deryagin, physicien soviétique dont les travaux, aux résultats ahurissants, étaient souvent contestés en Occident. L'homme apportait un simple tube à essais, plein d'un liquide inconnu. Bernal l'analyse : c'était là de l'eau, ou plutôt un liquide extrait de l'eau.

Mais elle avait une densité très supérieure (40 %) à celle de l'eau ordinaire, différente de la densité de l'eau lourde. Il lui fallait plus de 200° pour bouillir, sa vapeur, chauffable jusqu'à 800°, ne donnait pas d'eau ordinaire en se refroidissant, et elle ne se transformait jamais en glace ; à — 50°, simplement, elle devenait vitreuse. Bernal pousse ses analyses : le poids moléculaire de cette eau-là n'était pas de 18, mais de 72. Autrement dit, chacune de ses molécules était l'association de quatre molécules d'eau ordinaire...

——————————— • ———————————

(1) Ici, eau de source ou de robinet (note d'Atorène).

L'ÉCLAIRAGE PARABOLIQUE

... De bon matin, au printemps, on en trouve de volumineux (nostocs), gonflés de rosée nocturne. Gélatineux et tremblotants, — d'où leur nom de trémelles, — ils sont le plus souvent verdâtres et se dessèchent si rapidement sous l'action des rayons solaires, qu'il devient impossible d'en retrouver trace à l'endroit même où ils s'étalaient quelques heures auparavant. Tous ces caractères combinés, — apparition soudaine, absorption d'eau et gonflement, coloration verte, consistance molle et gluante, — ont permis aux Philosophes de prendre cette algue comme type hiéroglyphique de leur matière. Or, c'est très certainement un amas de ce genre, symbole de la Magnésie minérale des Sages, que l'on voit, dans les quatre-feuilles d'Amiens, absorber la rosée céleste. Nous passerons vite sur les noms multiples appliqués au nostoc et qui, dans l'esprit des Maîtres, ne désignaient que leur principe minéral : Archée céleste, Crachat de Lune, Beurre de terre, Graisse de rosée, Vitriol végétal, Flos Cœli, etc., selon qu'ils le regardaient comme réceptacle de l'Esprit universel, ou comme matière terrestre exhalée du centre à l'état de vapeur, puis coagulée par refroidissement au contact de l'air.

Ces termes étranges, qui ont cependant leur raison d'être, ont fait oublier la signification réelle et initiatique du Nostoc. Ce mot vient du grec *nux, nuxtos*, correspondant au latin *nox, noctis*, nuit. C'est donc une chose qui naît la nuit, a besoin de la nuit pour se développer et ne se peut travailler que la nuit. Aussi, notre sujet est-il admirablement dérobé aux regards profanes, quoiqu'il puisse être facilement distingué et ouvré par ceux qui ont une exacte connaissance des lois naturelles. Mais combien peu, hélas ! prennent la peine de réfléchir et demeurent simples dans leur raisonnement !

Voyons, dites-nous, vous qui avez déjà tant labouré, que prétendez-vous faire auprès de vos fourneaux allumés, de vos ustensiles nombreux, variés, inutiles ? Espérez-vous accomplir de toutes pièces une véritable création ? — Non, certes, puisque la faculté de créer n'appartient qu'à Dieu, l'unique Créateur. C'est donc une génération que vous désirez provoquer au sein de vos matériaux. Mais il vous faut, dans ce cas, l'aide de la nature, et vous pouvez croire que cette aide vous sera refusée si, par malheur ou par ignorance, vous ne mettez pas la nature en état d'appliquer ses lois. Quelle est donc la condition primordiale, essentielle,

Fulcanelli. *Le Mystère des Cathédrales,* Paris, 1926, J. Schemit.

pour qu'une génération quelconque puisse être manifestée ? Nous répondrons pour vous : l'absence totale de toute lumière solaire, même diffuse ou tamisée. Regardez autour de vous, interrogez votre propre nature. Ne voyez-vous pas que, chez l'homme et les animaux, la fécondation et la génération s'opèrent, grâce à certaine disposition des organes, dans une obscurité complète, maintenue jusqu'au jour de la naissance ? — Est-ce à la surface du sol, — en pleine lumière, — ou dans la terre même, — à l'obscurité, — que les graines végétales peuvent germer et se reproduire ? Est-ce le jour ou la nuit que tombe la rosée fécondante qui les alimente et les vitalise ?...

LA ROSÉE DU SPAGYRISTE

... je l'ai distillée au bain-marie non bouillant ; après la première distillation, j'ai trouvé un sédiment au fond de la cucurbite, insipide et limoneux, que j'ai jeté, comme inutile, espérant que le sel viendrait dans la suite. J'ai donc réitéré la distillation huit ou neuf fois ; à la quatrième ou cinquième, j'ai trouvé les chapiteaux de mes alambics, car j'en avais plusieurs, tout tapissés comme de toiles d'araignées, qui n'étaient rien autre chose que le sel volatil de la rosée, qui commençait à se manifester sous l'apparence de cette matière : j'ai confondu cela avec la liqueur ; et enfin aux dernières distillations, j'ai trouvé un sel au fond des cucurbites, salineux, crasseux, que j'ai filtré, l'ayant délayé dans une partie de la rosée : puis j'ai remis ce sel avec la liqueur, qui s'est chargée d'un nouveau sel et nouvelle crasse, et répété cet ouvrage tant qu'il n'est plus rien venu. J'ai donc retiré de tout cela deux onces[1] de sel cristallin très pur et très beau, comme le plus fin salpêtre, fondant à la bouche, et fulminant de même sur le charbon ardent ; mais il faut que la substance de ce sel soit beaucoup plus précieuse que celle du salpêtre ; car ayant mis mes deux onces dans une petite cornue sur un feu de sable, avec un récipient, j'y vis entrer une fumée blanche, ensuite rouge ; mais ayant poussé le feu un peu trop, la cornue a crevé, et j'ai retiré le sel à peu près de la quantité que je l'y avais mis...

●

Docteur Gosset. *Révélations cabalistiques d'une médecine universelle,* Amiens, 1735.

(1) Il disposait de 25 pots de rosée. *Putréfiée* certes, mais nous ne cautionnons pas pour autant l'extravagant docteur.

LA COURBE DU SEL

Les résultats de la distillation des pleurs d'Aurore varient, comme pour toute distillation, en fonction de la température et de la pression.

Nous n'avons pas la place de livrer les travaux variés que nous entreprîmes sur la rosée, lesquels d'ailleurs ne concernent qu'indirectement l'alchimie. La seule technique que nous n'ayons pas expérimentée sur elle reste la lyophilisation[1] ; mais nous allons restreindre le cadre de notre exposé à celui de la plus courante des distillations : pression atmosphérique et température d'ébullition, l'énergie fournie déterminant alors le débit.

Dans ces conditions, les courbes de résistivité du distillat sont caractérisées par deux inflexions, une au début de l'opération, une à la fin. La première montre qu'un électrolyte volatil s'échappe avec les 10-20 % initiaux ; la seconde indique qu'un autre électrolyte attend sagement dans la cucurbite que la concentration atteigne 70-80 % pour sortir à son tour[2].

Nous allons donner l'exemple d'une telle courbe, résultant de la distillation d'une rodée récoltée en plaine, à l'automne. Sa résistivité à 18°C est alors de 3,6 kΩ-cm.

Conditions d'expérience :

— pression atmosphérique,
— température 100°C,
— débit au bec du chapiteau : 8,5 millilitres/minute,
— chaque mesure est indépendante de la précédente : dès qu'un tube du résistivimètre est plein, il est amené à 18°C, mesuré, vidé, rincé deux fois avec de l'eau de pluie à 100 kΩ-cm, empli avec cette même eau pour vérifier que la résistivité marque bien 100 kΩ-cm, enfin il est vidé, prêt à resservir, et ainsi de suite. Naturellement, ce rinçage n'a pas lieu lorsque la résistivité du distillat dépasse 100 kΩ-cm.
— Les courbes d'autres rosées, traitées dans les mêmes conditions, présentent la même allure caractéristique ; nous n'avons jamais rien trouvé

(1) Sublimation de la glace (à très basse pression).
(2) Canseliet ne l'ignorait pas, car il écrit, dans ses commentaires du *Mutus Liber* : « ... quatre cinquièmes. Proportion rigoureuse... » (planche 5).

de semblable avec d'autres eaux, malgré l'addition de substances diverses (terres, pollens, sucs, etc.).

— Pour la présente expérience, la cucurbite contenait de quoi remplir 27 tubes du résistivimètre. Les 5 derniers tubes n'ont pas été distillés, à 18°C leur résistivité atteignait 0,7 kΩ-cm (valeur limite en congélation fractionnée). Voici les 22 mesures, en kΩ-cm :

1	:	2,3	9	:	83	17	:	315
2	:	6,3	10	:	114	18	:	329
3	:	11,4	11	:	143	19	:	358
4	:	20,0	12	:	172	20	:	315
5	:	28,6	13	:	217	21	:	266
6	:	37,2	14	:	240	22	:	243
7	:	54,3	15	:	266			
8	:	71,5	16	:	282			

— Une autre distillation de la même rosée — dans des conditions identiques, mais avec 54 tubes de résistivimètre dans la cucurbite — met davantage en évidence l'électrolyte initial. Il suffit de remarquer que

$$1/27^e \quad = \quad 2/54^e$$
$$2/27^e \quad = \quad 4/54^e, \text{ etc.}$$

pour comprendre qu'aux mesures nos 1, 2, et 3, ci-dessus, correspondent respectivement les mesures nos 2, 4, et 6, ci-dessous. (La n° 4 est légèrement différente.)

1	=	1,7	kΩ-cm
2	=	2,3	»
3	=	3,1	»
4	=	6,0	»
5	—	8,6	»
6	=	11,4	»

— Et maintenant, la fameuse courbe :

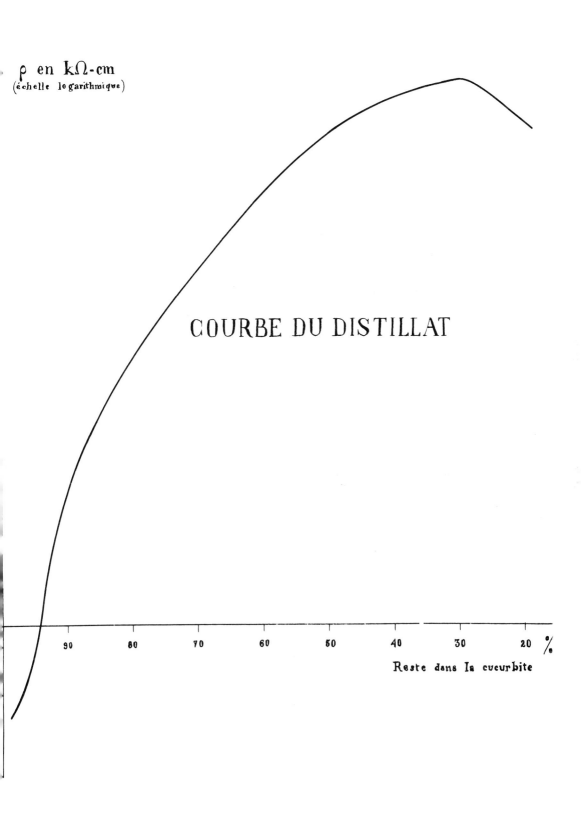

LE ROMAN DE LA ROSÉE

... De tous les ouvrages allégoriques écrits au Moyen Age, le plus célèbre est le *Roman de la Rose*, qui se compose de deux parties : la première est de 1230 environ, et elle a pour auteur Guillaume de Lorris. Celui-ci mourut, dit-on, fort jeune et n'eut pas le temps d'achever son roman, lequel fut continué, environ quarante ans plus tard, par Jean Clopinel, surnommé Jean de Meung, mort vers 1305. Ces deux parties sont très différentes, et par l'esprit qui les anime, et par le style. Aussi faut-il les analyser séparément.

Analyse de la première partie. — Guillaume de Lorris prétend nous raconter un songe qu'il fit "il y a plus de cinq ans, lorsqu'il était dans sa vingtième année".

Un matin du mois de mai, il va se promener dans la campagne, et il arrive à un verger entouré d'un mur ; sur ce mur sont peintes des figures hideuses, en particulier Envie, Avarice, Vieillesse. La porte du verger est ouverte au jeune homme par Oyseuse, qui le conduit à un pré où dansent Déduit, Plaisir, le dieu d'Amour, Beauté, Richesse, Courtoisie, etc. Parmi les merveilles du verger, Guillaume admire surtout un buisson de roses, et l'une de ces roses — qui représente la jeune fille aimée — lui paraît si fraîche et si belle qu'il ne peut en détacher ses yeux. Pendant ce temps, Amour le frappe de ses flèches, puis s'approche de lui, et lui expose tout un *art d'aimer*, en huit cents vers, imité d'Ovide. — A partir de ce moment, le système allégorique va fonctionner d'une façon assez ingénieuse. En effet, le poète excelle à faire agir et parler des allégories symbolisant les impressions contraires qui se partagent un jeune cœur. Il a décomposé l'âme de la jeune fille ; il en a extrait tous les sentiments, toutes les qualités et manières d'être, générales ou particulières ; il leur a donné une existence propre, indépendante, avec la faculté d'agir individuellement chacune selon son caractère. Il a ainsi établi autour de la rose tout un monde d'abstractions personnifiées, qui remplissent au service de la fleur les mêmes fonctions que les sentiments dans l'âme de la jeune fille...

Analyse de la deuxième partie. — G. de Lorris laissait donc son poème inachevé. Peut-être ne lui restait-il que deux épisodes à y ajouter : la délivrance de Bel-Accueil, et la conquête de la rose ; puis le *songe* aurait été fini. Pendant quarante ans environ, la société française se contenta

Charles-Marc des Granges. *Histoire de la Littérature Française* (Classes de Lettres). Paris, 1924, Hatier (pour la 9e édition).

du *Roman de la Rose* tel que l'avait laissé Guillaume. Puis, vers 1277, Jean de Meung en entreprit la continuation ; et, fait unique dans l'histoire des littératures modernes, cette suite fut désormais inséparable de l'original[1]...

Gravure sur bois illustrant un Roman de la Rose
imprimé à Paris en 1531

---

(1) • Guillaume de Lorris (v1210-v1240), Jehan de Meung (v1240-v1305).
    • Lorris et Meung, dans le même département, sont distants de 62 km.

LE FEU SECRET

... J'ai encore dit que le Soleil céleste a correspondance avec le Soleil centrique ; car le Soleil céleste et la Lune ont une force particulière et une vertu merveilleuse de distiller sur la Terre par leurs rayons : car la chaleur se joint facilement à la chaleur ; et le sel au sel. Et comme le Soleil centrique a sa mer et une eau crue perceptible, ainsi le Soleil céleste a aussi sa mer et une eau subtile et imperceptible. En la superficie de la Terre, les rayons se joignent aux rayons et produisent les fleurs et toutes choses. C'est pourquoi quand il pleut, la pluie prend de l'air une certaine force de vie et la conjoint avec le sel nitre de la Terre (parce que le sel nitre de la Terre, par sa siccité, attire l'air à soi, lequel air il résout en eau, ainsi que fait le tartre calciné : et ce sel nitre de la Terre a cette force d'attirer l'air, parce qu'il a été air lui-même et qu'il est joint avec la graisse de la Terre). Et plus les rayons du Soleil frappent abondamment, il se fait une plus grande quantité de sel nitre et, par conséquent, une plus grande abondance de froment vient à croître sur la Terre. Ce que l'expérience nous enseigne de jour en jour.

J'ai voulu déclarer (aux ignorants seulement) la correspondance que toutes les choses ont entre elles, et la vertu efficace du Soleil, de la Lune et des étoiles ; car les savants n'ont pas besoin de cette instruction. Notre matière paraît aux yeux de tout le monde, et elle n'est pas connue. Ô notre ciel ! ô notre eau ! ô notre mercure ! ô notre sel nitre, qui êtes dans la mer du monde ! ô notre végétable ! ô notre soufre fixe et volatil ! ô tête morte ou fèces de notre mer ! Eau qui ne mouille point, sans laquelle personne au monde ne peut vivre, et sans laquelle il ne naît et ne s'engendre rien en toute la Terre ! Voilà les épithètes de l'oiseau d'Hermès, qui ne repose jamais. Elle est de vil prix, personne ne s'en peut passer. Et ainsi tu as à découvert la chose la plus précieuse qui soit en tout monde, laquelle je te dis entièrement n'être autre chose que notre eau pontique, qui se congèle dans le Soleil et la Lune, et se tire néanmoins du Soleil et de la Lune, par le moyen de notre acier, avec un artifice philosophique et d'une manière surprenante, si elle est conduite par un sage fils de la science...

———————— • ————————

Cosmopolite. *Nouvelle Lumière de la Physique Naturelle.* Traduction du latin par Millet de Bosnay, Paris, 1609, J. Perier.

Chapitre cinquième

MÉTAUX ET MÉTALLOÏDES

Qu'est-ce qu'un métal ?

Lémery nous a déjà dit, au lexique, que de son temps, on différenciait le métal des autres minéraux, notamment par sa malléabilité, et que sept seulement avaient droit au titre. Quant aux vieux Philosophes, ils nous exposent que la matière est composée de deux principes[1] :

> ... Notez d'abord que les principes des métaux sont le mercure et le soufre. Ces deux principes ont donné naissance à tous les métaux et à tous les minéraux, dont il existe pourtant un grand nombre d'espèces différentes. Je dis, de plus, que la Nature a toujours eu pour but, et s'efforce sans cesse, d'arriver à la perfection, à l'or. Mais, par suite de divers accidents qui entravent sa marche, naissent les variétés métalliques, ainsi qu'il est clairement exposé dans plusieurs Philosophes. Selon la pureté ou l'impureté des deux principes composants, c'est-à-dire du soufre et du mercure, il se produit des métaux parfaits ou imparfaits : l'or, l'argent, l'étain, le plomb, le cuivre, le fer...

La chimie contemporaine — prenons notre respiration pour mettre quelques instants la tête dedans — considère métal les corps doués d'un éclat particulier (l'éclat métallique), et en toute rigueur, ceux capables de former au moins un oxyde basique avec l'oxygène.

Les autres corps simples sont appelés métalloïdes, ils n'entrent jamais dans la composition des bases : avec l'oxygène, ils forment soit des anhydrides (oxydes acides), soit des oxydes neutres. Ce sont donc les

---

[1] Roger Bacon (1214-1294). *Le Miroir d'Alquimie,* traduction par Nicolas Barnaud, Lyon, 1557, M. Bonhomme.

métalloïdes qui, mêlés à l'hydrogène, fournissent la grande famille des acides[1].

En travaillant à la lumière de l'ancien temps, on rencontre fatalement des corps qui n'étaient pas classés métaux, et qui maintenant le sont. Nous allons étudier quelques échantillons représentatifs du genre, métaux ou métalloïdes. Noblesse oblige, le Soleil et la Lune seront les premiers[2]. De plus, ces deux monarques nous amèneront à aborder diverses techniques de purification.

> ... nos corps, écrit Basile Valentin[3], doivent être lavés et purgés de toute impureté, afin que, dans notre génération, la perfection puisse être atteinte. Nos Maîtres recherchent un corps pur et sans tache qui ne soit altéré par nulle souillure ou mélange de tout autre. En effet, l'addition de choses étrangères est la lèpre de nos métaux...

L'opposition or-argent donne à l'or des attributs masculins, actifs, à l'argent des caractéristiques féminines, passives. Chacun d'eux, composé de soufre et de mercure à dose différente, représente donc les deux pôles de la perfection minérale, l'un plus riche en soufre, l'autre en mercure.

L'ARGENT   Honneur aux dames, Lémery fait la présentation[4].

> ... On l'appelle Lune, tant à cause de sa couleur qui a du rapport avec celle qui paraît en la Lune, qu'à cause des influences que les astrologues ont cru qu'il recevait de cette planète.
> On trouve de l'argent dans plusieurs mines en Europe, mais la plus grande quantité de celui qu'on nous apporte, naît au Pérou.
> On ne rencontre guère l'argent seul dans la mine, il est ordinairement mêlé avec du cuivre, ou avec du plomb, ou même avec de l'or ; celui qui est mélangé naturellement avec du plomb est en pierre noire ; mais celui qui est mêlé avec du cuivre est ordinairement entouré d'une pierre blanche fort dure en forme de cristal. Il se trouve pourtant quelquefois des morceaux d'argent pur dans les

---

(1) L'hydrogène, qui brûle sans donner d'acide ni d'oxyde basique, n'est ni un métalloïde, ni un métal. Personnellement, nous ignorons ce que c'est.
(2) Ceux qui se montreraient surpris par l'utilisation d'un nom de planète ne se sont probablement pas avisés qu'ils appellent couramment mercure l'*hydrargyre*.
(3) *Les Douze Clefs de la Philosophie*, opus citem.
(4) *Cours de Chymie*, opus citem.

mines ; on en rencontre même de si dur, qu'on ne peut pas le faire fondre, à moins qu'on ne le mêle avec beaucoup d'autre argent ; c'est pourquoi l'on n'en peut pas faire des épreuves, pour savoir à quel denier (titre) il est...

L'argent qui ne fond pas, dont Lémery a entendu parler, est probablement du platine, métal déjà présenté au chapitre deuxième. Attention à son raisonnement étroit et inversé : ''Si on ne peut le fondre, c'est qu'il est dur'' pense-t-il.

L'argent constitue 10^{-8} % de l'écorce terrestre. Outre l'étal natif, on le rencontre sous forme de chlorures, sulfo-arséniures, sulfo-antimoniures, etc., la production mondiale annuelle atteint environ une dizaine de milliers de tonnes. C'est, après l'or, le plus ductile et le plus malléable des métaux, le platine venant en troisième rang. Par battage, on peut le réduire en feuilles de 3 microns d'épaisseur, et au siècle dernier, on était parvenu à fabriquer un fil de 130 mètres de long ($\varnothing$ = 6,8 microns), rien qu'avec 5 centigrammes. Pour lui donner plus de dureté, on l'allie au cuivre. Voici quelques caractéristiques[1] :

dureté Mohs	:	2,5 à 3
densité	:	10,5
chaleur massique cal/g°C	:	0,06
température de fusion °C	:	960
température d'ébullition °C	:	2 000

Fondu, il peut absorber jusqu'à vingt-deux fois son volume d'oxygène ; au-delà de sa température de fusion, il émet des vapeurs verdâtres. Comme il est inoxydable, l'oxygène absorbé lors de l'état liquide se dégagera brutalement au moment précis de sa solidification, entraînant des parcelles d'argent, nous y reviendrons plus loin.

Si l'argent noircit à l'air, c'est à cause d'une variété allotropique d'oxygène : l'ozone, qui l'attaque. Il résiste bien au salpêtre et aux alcalis, ainsi qu'à l'acide sulfurique, mais craint les vapeurs des acides chlorydrique et sulfhydrique ; son véritable *menstrue*, comme disaient les Anciens, c'est l'acide nitrique.

On peut le purifier par coupellation : l'argent à purger, préalablement réduit en fines lamelles, est introduit dans une coupelle[2] contenant du plomb fondu, en proportion variable suivant la dose de métal allié, cela

---

(1) Ajoutons le prix. En 1980, pour un fil d'argent de 10 g : 70 francs.
(2) La fabrication des coupelles est décrite au chapitre trois.

Four d'essayeur, avec deux petites coupelles dans le moufle vu en coupe. La Grande Encyclopédie, *fin du XIXᵉ siècle*

D'après une figure coloriée de Beschreibung aller... Ertz *1573* Lazarus Ercker

s'estime, c'est un art. On peut éventuellement ajouter du salpêtre, Isaïe[1] aussi utilisait un sel : ''Ton argent s'est changé en scories... comme avec de la potasse je fondrai tes scories, et j'enlèverai toutes tes parcelles de plomb.''

Dans le four à moufle, le plomb fondu va dissoudre les lamelles. Les métaux vulgaires s'oxyderont, puis se laisseront attaquer par l'oxyde de plomb qui se forme[2], et qui va passer à travers les pores de la coupelle. Lorsque les dernières traces de plomb se séparent, un petit galet d'argent pur, présentant quelques excroissances, apparaît dans un éclair ; le phénomène est dû à l'oxygène libéré lors de cette solidification dont on a du mal à maîtriser la brutalité.

Le procédé resta, jusqu'au début du siècle, en usage pour déterminer le titre exact d'un bijou. L'essayeur appréciait d'abord, d'après l'aspect de l'alliage, la quantité minimale de plomb nécessaire. Dès la fusion, il jetait dedans le petit morceau d'argent enveloppé d'une feuille de papier.

Par la porte du four, il surveillait l'opération : le noyau, terne, se forme dès qu'il n'y a presque plus de plomb. Après qu'il soit passé par les couleurs de l'arc-en-ciel, il redevient terne : l'éclair est imminent. Pour éviter de *rocher* le bouton d'argent, on doit tout de suite augmenter la température, en fermant la porte et en poussant le feu.

Un bon essayeur faisait apparaître, au fond de sa coupelle, un bouton de retour bien lisse au-dessus, en forme de sphère aplatie.

Mais pour fabriquer des médicaments, les spagyristes ne se souciaient point de la beauté du bouton[3] :

... Prenez une coupelle faite avec des cendres d'os ou de cornes ; couvrez-la, et la faites chauffer peu à peu entre les charbons, jusqu'à

---

(1) *La Bible.* Isaïe, 1 - 22 et 25.
(2) L'oxyde de plomb, comme la potasse et le salpêtre, sont de vigoureux fondants, nous en avons déjà parlé.
(3) N. Lémery, *Cours de Chymie,* opus citem.

ce qu'elle soit rouge : mettez-y dedans quatre ou cinq fois autant de plomb que vous aurez d'argent à purifier : laissez fondre
ce plomb, afin qu'il remplisse les pores de la coupelle, ce qui se
fait en peu de temps ; puis jetez votre argent au milieu, et il se
fondra aussitôt ; mettez du bois autour de la coupelle, et soufflez,
afin que la flamme réverbère sur la matière : les impuretés se mêle-
ront avec le plomb, et l'argent demeurera pur et net au milieu de
la coupelle. Le plomb étant rempli de ces scories d'argent restera
aux côtés en forme d'écume : on peut le ramasser avec une cuillère
et le laisser refroidir, c'est ce qu'on appelle litharge : selon le degré
de calcination que cette matière a reçue, elle prend diverses couleurs, et on la nomme, tantôt litharge d'or, et tantôt litharge
d'argent. Si on la laisse dans la coupelle, elle passe par les pores ;
car il faut remarquer que la coupelle étant faite exprès avec des
cendres privées de sel, elle est fort poreuse ; il faut continuer le feu
jusqu'à ce qu'il ne s'élève plus de fumée.
Cette préparation nettoie l'argent de tous les autres métaux, excepté
de l'or, qui résiste à la coupelle. Il faut pour séparer ces deux
métaux, avoir recours au départ...

Pour vérifier s'il y a de l'or dans l'alliage, on dissout l'argent dans
l'acide nitrique, et l'or, insoluble, se précipite. Ayant ramassé la poudre,
on récupère l'argent en plongeant une lame de cuivre dans la solution :
l'acide lâche l'argent et s'attaque au cuivre.

Dans les ateliers d'essai, ainsi que nous l'avons vu dans une annexe au
chapitre deux, l'argent est maintenant uniquement éprouvé par *voie
humide*. Plutôt que de vous la décrire, nous vous proposons Lémery dis-
sertant sur l'acide nitrique[1] :

... Quelques-uns prétendent expliquer ces précipitations, en disant
que comme ces mixtes ont des pores plus accommodés les uns que
les autres à la figure des pointes de l'eau-forte, elle est en état
d'abandonner le premier, pour dissoudre le dernier. Mais il semble
que par ce raisonnement ils voudraient donner de l'intelligence aux
pointes de l'eau-forte ; car pourquoi ces pointes, qui dans la dissolution de l'argent s'étaient embarrassées dans les particules de ce
métal, et qui les tenaient suspendues, quittent-elles ces petits corps,
pour s'aller introduire dans le cuivre ? C'est ce qu'on ne peut
expliquer par cela seul, à moins qu'on ne suppose que l'eau-forte
soit douée de raison.
Je crois qu'on ne peut mieux éclaircir cette difficulté, qu'en disant
que le phlegme de la dissolution détache du cuivre des petits

(1) *Cours de Chymie,* opus citem.

corps ; lesquels nagent dedans la liqueur ; et comme ces petits corps rencontrent les pointes de l'eau-forte chargées des particules d'argent, ils les choquent et les ébranlent, en sorte qu'ils les rompent, d'où vient la précipitation de l'argent...

L'OR   L'or apparaît le plus souvent à l'état natif, allié à divers métaux, notamment fer, cuivre, et argent. Lorsque l'alliage naturel or-argent atteint 15 à 85 %, c'est (paraît-il) l'électrum.

La Nature, qui disposait probablement d'un grand sac de poudre d'argent et d'or, en a aspergé tout notre globe : l'écorce terrestre contient en moyenne 1 centigramme d'or par tonne, l'eau de mer 1 à 10 milligrammes. Dans les gisements, il se montre souvent associé à la pyrite, chalcopyrite, galène, stibine, cinabre, etc., c'est-à-dire aux sulfures naturels, respectivement de fer, cuivre, plomb, antimoine, mercure. La production mondiale annuelle est de l'ordre de quelques milliers de tonnes.

C'est le plus ductile de tous les métaux, au siècle dernier, avec 5 centigrammes, on avait obtenu un fil long de 162 mètres ($\varnothing$ = 4,5 microns). A cette époque, l'argent était encore battu, tout comme l'or, mais aujourd'hui, l'or seul le demeure.

En 1980, il ne reste en France que deux batteurs d'or, dont l'un vient récemment d'être rattaché à un groupe industriel qui désirait diversifier ses activités[1]. L'autre établissement, installé avec ses quarante-neuf employés à Excevenex, en Haute-Savoie, demeure exploité de manière artisanale depuis 1764. Le marteau mécanique n'est utilisé qu'au stade initial de la fabrication, le véritable battage, qui réduit l'or en feuilles jusqu'à 0,1 micron, reste toujours effectué à la main[2].

On pourrait même pousser la finesse jusqu'à 0,01 micron. A travers ces impalpables pellicules passe une lumière verte.

Quelques rares produits parviennent à altérer l'or : le chlore, le brome, le cyanure de potassium, et surtout l'eau régale. A la fusion, il subit un changement de volume considérable, et paraît bleu-vert ; lorsqu'il bout, ses vapeurs jaune-verdâtres se condensent en poussières violettes. Voyons les constantes physiques :

(1) La Cellophane Française.
(2) En juillet 1980, 10 g d'or en feuilles de 8 cm de côté, dans la qualité ordinaire, coûtent environ 1 800 francs.

dureté Mohs	:	2,5 à 3
densité	:	19,3
chaleur massique cal/g°C	:	0,03
température de fusion °C	:	1 063[1]
température d'ébullition °C	:	2 550

Laissons maintenant la parole à Glaser, qui aurait aujourd'hui 350 ans s'il avait étudié l'alchimie au lieu de la spagyrie[2] :

> ... (l'or) est le plus pur, le plus fixe, le plus compact, et le plus pesant de tous les métaux, rendu tel par l'union du sel, soufre, et mercure, également digérés et purifiés au plus haut point, qui est cause qu'à bon droit on l'a appelé le roi des métaux, comme étant le plus parfait de tous ; on l'a aussi appelé Soleil, tant pour le rapport qu'il a avec le Soleil du grand monde, qui est celui qui nous éclaire, qu'avec le cœur de l'homme, que l'on nomme le Soleil du petit monde, sa couleur est jaune tirant sur le rouge. Il ne m'arrêterait point à rechercher quel lieu natal doit être préféré aux autres pour l'élection de l'or, puisque l'artiste doit le savoir séparer et débarrasser des autres métaux qui se trouvent mêlés à lui, soit dans les mines, soit même par la malice des hommes, et que tout or sera bon dès qu'il sera seul, et séparé des autres métaux...

On le purge à la coupelle, de la même manière que l'argent. Le rochage ici n'est pas à craindre, même si l'alliage contient notablement d'argent. A ce propos, il faut préciser que si la proportion d'argent reste faible, l'acide nitrique refusera de l'attaquer lors de la phase humide de séparation ; c'est pourquoi on augmente artificiellement la teneur en argent, l'amenant à trois parties pour une d'or, d'où le nom : *inquartation*. Glaser nous expose la méthode[3].

> ... Prenez une partie d'or, et trois ou quatre parties d'argent de coupelle, faites-les fondre ensemble dans un creuset, puis versez-les dans un vaisseau de cuivre, qui soit profond et rempli d'eau, et vous y trouverez l'or et l'argent mêlés, en forme de grenaille — qui est ce qu'on appelle granulation. Séchez les grenailles, mettez-les dans un matras, et versez dessus le triple de bonne eau-forte faite de salpêtre et de vitriol, placez le matras au fourneau de

---

(1) Point d'étalonnage de l'échelle dite *Celsius internationale*. On a conservé le nom du créateur de l'échelle centésimale : Anders Celsius (1701-1744).
(2) • *Traité de la Chymie*, opus citem.
    • Naturellement, nous plaisantons !
(3) *Traité de la Chymie*, opus citem.

sable, jusqu'à ce que l'eau-forte ait dissout tout l'argent ; ce qui se connaît quand la matière ne jette plus de fumées rouges, et que l'or est au fond du matras en poudre noire. Alors il faut verser la liqueur qui contient en soi tout l'argent dans une terrine pleine d'eau commune, puis remettez encore un peu d'eau-forte sur la poudre noire d'or, et remettez le matras sur le sable chaud, afin que s'il y restait quelque peu d'argent, il soit dissout, et séparé cette seconde fois ; versez et mêlez cette seconde dissolution avec la première, et les gardez ; cependant édulcorez la chaux d'or avec de l'eau, puis la séchez, et la faites rougir doucement dans un creuset, vous aurez une poudre très haute en couleur, laquelle vous pouvez réduire en lingot par la fusion avec un peu de borax. L'argent dissout dans l'eau-forte, et que vous avez versé dans une terrine pleine d'eau. se précipite et se sépare de son dissolvant, par le moyen d'une plaque de cuivre que l'on y met...

Cette lance, visible au Kunsthistorisches Museum (Vienne, Autriche), appartint aux grands souverains d'Occident. D'après la tradition, ce serait l'arme avec laquelle Longinus perça le flanc du Christ

LE FER   Sautons du plus noble au plus roturier : le fer[1], qui est aussi le plus utile de tous les métaux. La lithosphère en contient 4,5 %, le plus abondant étant l'aluminium. La production mondiale annuelle est de l'ordre du milliard de tonnes ; allié au carbone, il donne la fonte, l'acier.

> ... Le fer, nous dit Lémery[2], est appelé Mars à cause de la planète du même nom, de laquelle on veut qu'il tire des influences : c'est un métal fort poreux, composé de sel vitriolique, de soufre, et de terre, mal liés et digérés ensemble ; c'est pourquoi la dissolution de ses parties se fait assez facilement. On le retire de plusieurs mines de l'Europe en une pierre ou marcassite qui ressemble assez à la pierre d'aimant ; mais cette dernière est plus pesante et plus cassante que le fer. L'aimant se trouve aussi dans les mines de fer, et on le pourrait réduire en ce métal par un grand feu. Le fer de son côté acquiert facilement la vertu de l'aimant, comme on le voit tous les jours, de sorte que ces deux matières semblent ne différer qu'en quelques figures de pores, comme l'ont fort bien remarqué les philosophes modernes...

Il est dur (60-65 à l'essai Brinell qui attribue 33 à l'or)[3], mais ductile et malléable, caractérisé par une curieuse et rare propriété : au-delà de 769°C, il devient paramagnétique ; mais voyons les autres constantes.

densité	:	7,9
chaleur massique cal/g°C	:	0,11
température de fusion °C	:	1 536
température d'ébullition °C	:	3 100

Il est donc particulièrement difficile à liquéfier. Les feux de forge n'y suffisaient pas, mais au rouge, il ramollit et prend sous le marteau toutes les formes désirées ; il se soude alors à lui-même, sans intervention d'un autre métal.

Exposé à l'air humide, le fer s'oxyde lentement, de la rouille se forme : $Fe_2O_3.xH_2O$. Dans le chlore, il brûle ; l'acide nitrique en solution très concentrée ne l'attaque pas, mais le rend passif devant le même acide

---

(1) • Poli, il n'est pas différent du platine.
      • Prix d'un kg de fer en poudre, en 1980 : 40 francs.
(2) • *Cours de Chymie,* opus citem.
      • Comme pour Glaser à propos de l'or, Lémery fait intervenir un troisième principe : le *sel.*
(3) Ceci vaut pour le fer pur, la dureté Brinell du fer industriel va de 95 à 120. (Dureté Mohs 4 à 5.)

dilué, lequel d'ordinaire se montre envers lui particulièrement agressif ; si l'on frappe alors le récipient, ou si l'on touche le fer, la violente attaque de l'acide se déclenche aussitôt.

Au Groenland, on découvrit en 1870 du fer natif, sous forme de gros blocs dans les basaltes. L'industrie le retire de divers sulfures (pyrite FeS_2), carbonates (sidérose $FeCO_3$), chaque minerai faisant l'objet d'un traitement approprié. Par exemple la pyrite est chauffée et touillée en atmosphère oxydante, le gaz sulfureux qui se forme (SO_2) s'échappe, et il reste l'oxyde ferrique (Fe_2O_3). Parmi les oxydes naturels du fer, le plus répandu est d'ailleurs ce sesquioxyde, nommé suivant les régions : limonite, fer oligiste, hématite, colcothar, sanguine, etc.

> ... Il n'y a point de mines de fer plus riche en métal, que celle qui est connue sous le nom de sanguine, ou de pierre hématite ; elle n'est presque que du fer tout pur, ce qu'on reconnaît aisément, parce qu'en la torréfiant à un feu médiocre, elle se réduit toute entière en écailles, qui se trouvent être de véritable fer lorsqu'on les examine, soit avec l'aimant, soit avec tous les dissolvants humides : au reste, cette mine est de très difficile fusion, et ce n'est que par la violence du feu qu'on en fait couler un régule de fer, blanc et fragile...

L'hématite en effet, comme vient de le remarquer Baron en commentant Lémery[1], fond difficilement (1 565°C). Ajoutons qu'il faut de l'acide chlorydrique bouillant pour la dissoudre et que c'est elle *l'émeri* dont on polit le verre. Densité 5,3, coloris rouge, sans éclat, on l'utilise en polissage pour sa dureté qui, dans l'échelle de Friedrich Mohs, va de 5,5 à 6,5[2].

Le fer est un constituant essentiel de l'hémoglobine ; le corps humain en contient 3 à 4 g, il en élimine quelques milligrammes par jour, que l'alimentation lui restitue.

Les anciens spagyristes tiraient de ce métal toutes sortes de médicaments, mais curieusement, ce qu'ils auraient aimé isoler, c'est son soufre. La question les tenait en haleine. Baron n'est plus de ce temps-là : "les preuves que l'on donne de l'existence d'un soufre dans le fer sont des plus défectueuses" ; il développe un long commentaire là-dessus, et n'hésite pas à s'écarter de la théorie paracelsienne[1] :

(1) Lémery. *Cours de Chymie*, revu par Baron, opus citem.
(2) Agathe 6,5 ; corindon 9.

... le fer ne contient aucun sel vitriolique ni aucun soufre ; tout semble prouver au contraire que ce métal est un composé d'une terre métallique particulière unie avec une grande quantité de phlogistique, duquel lui vient sa ductilité et sa malléabilité...

De Lapide Philosophico Tractacus, *par Lambsprinck*

n 1599, Nicolas Barnaud inséra la traduction latine (texte seul) de ce traité en vers germaniques dans son recueil riga Chemica. Puis il le réédita, avec les illustrations, en 1625 à Francfort, et le joignit aussi au Musæum ermeticum qu'il publia en 1677. Nous avons pris nos gravures sur la réédition de 1749 du Musée, à Francfort et Leipzig

L'ANTIMOINE   L'antimoine est l'exemple d'un de ces corps qui n'étaient pas considérés métal autrefois, bien qu'on le connaissait depuis fort longtemps : un vase chaldéen, datant de 40 siècles avant J.-C., est de pur antimoine (Sb).

Les chimistes actuels sont bien obligés d'admettre l'antimoine dans les métaux, à cause de l'oxyde basique, mais ils n'ignorent pas qu'il se comporte plutôt comme un métalloïde. Son voisin l'arsenic, qui lui ressemble beaucoup, est d'ailleurs un métalloïde.

Avant d'aller au-delà, accordons tout de suite la terminologie de maintenant avec celle de jadis, car pour homogénéiser avec les citations, nous utiliserons exclusivement l'ancienne appellation.

> — l'antimoine (Sb), c'était le régule (en latin *régulus*),
> — la stibine, sulfure naturel d'antimoine (Sb_2S_3), c'était l'antimoine, ou l'antimoine cru. (En grec *stibi ; stibia* = chemin).

Le symbole de l'antimoine correspondait autrefois au losange, ou à une boule crucifère. Les Grecs le représentaient par un *gamma*, qui signifie également le Bélier.

Nous avions appris qu'il servait de fard, il s'avère aussi un purgeur de l'or, particulièrement efficace, comme nous le verrons en annexe. Saint Jean, disciple bien-aimé de Jésus, n'en ignorait rien[1] :

> ... Je te conseille d'acheter de moi de l'or éprouvé par le feu, afin que tu deviennes riche, et des vêtements blancs, afin que tu sois vêtu et que la honte de ta nudité ne paraisse pas, et un collyre pour oindre tes yeux, afin que tu voies...

Il entre encore dans quantité de domaines de l'industrie actuelle, dont les plus connus sont sans doute la peinture, les batteries électriques, et les alliages antifriction[2]. On l'utilisa quelque temps, voici une dizaine d'années, pour ignifuger les matières plastiques : lorsque survinrent les incendies, le plastique certes ne brûlait plus, mais les pompiers ne pouvaient s'approcher, ses vapeurs sont extrêmement toxiques !

Le régule n'est ni malléable ni ductile, mais au contraire très cassant, et facile à pulvériser (l'antimoine aussi). Voyons les autres caractéristiques.

---

(1) *La Bible.* Apocalypse 3-18.
(2) En fait, malgré leur nom de « régule », celui-ci n'y entre que pour 4 à 10 %.

dureté Mohs	:	2 à 3
densité	:	6,7
chaleur massique cal/g°C	:	0,05
température de fusion °C	:	631[1]
température d'ébullition °C	:	1 400

Nous allons parler de ce métal beaucoup plus que des autres, car il n'est guère connu que des spécialistes.

Très brillant, doué d'un éclat argentin, légèrement bleuâtre, il dégage au frottement une odeur d'ail, mais moins que l'arsenic. L'air humide le ternit ; chauffé en atmosphère oxydante, il émet d'épaisses fumées blanches. Tous les métalloïdes se combinent avec lui, à l'exception du carbone, du bore, et du silicium.

L'acide nitrique se contente de l'oxyder, l'acide chlorydrique et l'eau régale (à cause du chlore) le dissolvent. Dans le chlore, même à froid, il s'enflamme. Avec le salpêtre, il forme un mélange explosif à haute température !

Voici, en 1977, la production mondiale de minerai, en milliers de tonnes de régule contenu :

Bolivie	:	15,1	Yougoslavie	:	2,5
Afrique du Sud	:	12,5	Thaïlande	:	2,4
Chine	:	11,0	Turquie	:	2,0
U.R.S.S.	:	7,7	Australie	:	1,5
Canada	:	3,7	Maroc	:	1,2
Mexique	:	2,6	Divers	:	6,9

Il n'y en a pas en France, remarquez-vous, et pourtant en 1977 notre pays était le deuxième traiteur mondial de régule : 4,5 milliers de tonnes, derrière l'U.R.S.S. : 5, tandis que le niveau du troisième tombe à 2,3 (Canada). C'est que la France fut un pays riche en mines d'antimoine, lesquelles sont épuisées depuis plusieurs années. Cependant, à la suite d'une récente découverte, une nouvelle mine sera exploitée en Bretagne, en 1981, la stibine s'y montre d'une qualité remarquable.

Actuellement, le trisulfure d'antimoine est détaillé dans le commerce au prix de 80 F/kg ; il faut doubler la somme pour son régule. Autrefois, les plus consciencieux des praticiens ne travaillaient sur ces noires pierres

---

(1) • Point de repère dans l'échelle *Celsius internationale*. (630,5°C pour être précis.)
   • Auparavant, on admettait dans les 500°, par extrapolation de l'échelle centigrade.

que si elle étaient *vierges*, "la médecine des hommes, nous dit l'un d'eux, ne se fait point de cet antimoine commun cru et fondu tel que les droguistes ou apothicaires vendent. Mais il le faut avoir tel qu'il sort de la mine".

Au Moyen Age, les médicaments qu'on en tirait devinrent si populaires que cela entraîna des abus : en 1566, la Faculté de Médecine de Paris décida d'en interdire l'emploi, et ce n'est qu'un siècle plus tard que l'arrêté fut levé.

Nos deux apothicaires, réunis pour l'occasion, vont nous présenter la bête :

... L'antimoine, déclare Glaser[1], est un corps minéral, fort approchant de la nature métallique, composé de deux sortes de soufre, l'un très pur et fixe, est peu éloigné des qualités du soufre solaire, l'autre, combustible, comme le soufre commun. Il est aussi composé de beaucoup de mercure métallique, fuligineux, et indigeste, mais plus cuit et plus solide que le mercure commun, et de fort peu de terre, crasse et saline...

Lémery enchaîne sur son ex-professeur[2] : ... c'est un minéral pesant, cassant, noir, brillant, disposé en grandes aiguilles plates, ou lames larges, composé d'un soufre semblable au commun, et d'une substance fort approchante du métal : il est appelé stibium chez les Latins. On en trouve en plusieurs endroits dans la Transylvannie, dans la Hongrie, dans la France, et dans l'Allemagne. On en rencontre quelquefois de minéral chez les marchands, c'est-à-dire, comme il est sorti de la mine ; mais celui qu'on apporte ordinairement a été fondu, purifié de sa gangue ou roche, et mis en pains de forme pyramidale... Ils (les Anciens) l'ont nommé tantôt lion rouge, tantôt le loup, parce qu'étant ouvert il devient rouge, et qu'il dévore tous les métaux, excepté l'or. Ils l'ont nommé la racine des métaux, à cause qu'on en trouve dans les mines métalliques ; d'autres fois Prothée, parce qu'il reçoit diverses formes et couleurs...

Dans la nature, on trouve du régule à l'état natif, mais le fait reste peu fréquent, il est plutôt sous forme d'oxyde, et surtout de sulfure ; voici quelques exemples :

(1) *Traité de la Chymie,* opus citem.
(2) *Cours de Chymie,* opus citem.

miargyrite	:	$Ag\, Sb\, S_2$
pyrargyrite	:	$Ag_3\, Sb\, S_3$
zinckénite	:	$Pb\, S.\, Sb_2\, S_3$
berthiérite	:	$Fe\, S.\, Sb_2\, S_3$
tétraédrite	:	$Cu_2\, Sb\, S_{2,25}$
kermésite	:	$Sb_2\, S_2O$
stibine	:	$Sb_2\, S_3$
valentinite	:	$Sb_2\, O_3$

Il est donc associé là au cuivre, au fer, au plomb, et à l'argent. A La Lucette (10 km à l'ouest de Laval), mine épuisée depuis 1925, on tira un énorme tonnage de régule, conjoint à une forte proportion d'or natif[1].

Le minerai principal est la stibine ; probablement l'avions-nous compris, puisqu'elle portait jadis le nom même d'antimoine. A l'état pur, elle renferme 71,7 % de son poids en régule. Celle que l'on peut admirer dans les collections de minéraux, hérissement de cristaux décimétriques, en fines aiguilles noires, parfois flexibles, demeure une exception rarissime : n'allez pas imaginer que c'est elle qui deviendra coussinet d'une bielle.

Au sortir de la mine, l'antimoine ressemble à un vulgaire caillou. Cassé, il présente l'aspect d'un inextricable et compact enchevêtrement d'aiguilles ou de lamelles grises, à l'éclat métallique. La présence d'arsenic entraîne quelquefois des colorations rouges, ou jaunes, mais rarement dans les minerais français.

Ajoutons encore qu'il fond à 550°C, que sa dureté est de l'ordre de 2, et que sa densité, sans gangue, va de 4,6 à 4,7.

A propos de sa gangue, généralement constituée de quartz, elle n'est guère visible à la cassure, et un échantillon peut parfois ressembler à du métal massif, alors même qu'il ne contiendrait que 10 % de stibine. Avec un aussi faible dosage, la liquation serait impossible : on ne peut comprimer la gangue comme une éponge mouillée. La seule méthode de récupération par voie

D'après une figure du manuscrit
Splendor Solis
1532, Salomon Trismosin

---

(1) • Ainsi que de la blende (ZnS), pyrite (FeS_2), mispickel (FeAsS).
  • Il ne reste maintenant pratiquement plus de haldes, elles ont empierré les chemins.

sèche resterait alors de griller les cailloux broyés, jusqu'à oxydation totale, et recueillir l'oxyde qui s'envole, pour le réduire ; ou même de sublimer la stibine en atmosphère neutre[1].

Ces procédés n'intéressent guère que l'industrie, mais il faut cependant savoir que le minerai n'est jamais pur : sa teneur maximale en Sb_2S_3 dépassant rarement 80 %.

Pauvre ou riche, il s'avère impossible de trouver du minerai dans le commerce en France — quoique durant les prochaines années, ce ne sera plus exact, avec cette mine dont nous parlions plus haut.

Pour ceux qui se découvriraient une passion pour la métallurgie, nous allons indiquer deux méthodes permettant de contrôler la teneur minimale des échantillons.

1) en chauffant les parties minéralisées avec une lampe à souder : le sulfure va fondre, mais faut-il encore qu'il coule. Si ce n'était pas le cas, l'imbition est insuffisante. A rejeter.

2) en mesurant la densité. En effet, calcaires, granits, quartz ou grès, présentent une densité moyenne de 2,65 ; tandis que celle de la stibine s'élève à 4,65. Un caillou de densité 2,65 contiendrait donc théoriquement 100 % de gangue, et 0 % de Sb_2S_3 ; un caillou de densité 4,65 : 0 % de gangue et 100 % de Sb_2S_3. Entre les deux extrêmes toutes les combinaisons sont possibles, c'est l'un des procédés utilisé pour estimer rapidement le titre d'un alliage aurifère. Mettons les chiffres en équation ; soit G le poids de gangue, S, celui de Sb_2S_3, et D, la densité de l'échantillon. Nous aboutissons, pour 1 kg de minerai, à :

$$G = 6,17/D — 1,33$$
$$S = 2,33 — 6,17/D$$

Par exemple, chaque kilo de minerai de densité 3,0 comprendra

$$6,17/3,0 — 1,33 = 0,73 \text{ kg de gangue} \quad (73 \%)$$
$$2,33 — 6,17/3,0 = 0,27 \text{ kg de } Sb_2S_3 \quad (27 \%)$$

Trois correspond au seul acceptable, car certaines gangues, très spongieuses, retiennent jusqu'à 20 % de stibine.

---

(1) Pour les formations pauvres, on peut éventuellement recourir au traitement mécanique : le minerai, finement broyé, est soumis à un courant d'eau ; la gangue, plus légère, part d'abord.

Bermannus, sive de re metallica
1530, Agricola (Georg Bauer)

LE PLOMB PHILOSOPHIQUE   Maintenant, nous allons aborder *l'Art Sacré,* et donner un écho un peu plus hermétique à notre vocabulaire. Toutefois, rassurez-vous, nous retrouverons bientôt Saint-Glaser, Saint-Lémery, et Saint-Baron. Ils répondront aux prières des égarés, et, aux carrefours, leurs bras en croix indiqueront quelle est la bonne direction.

S.ATVRNVS

D'après une figure de Nicola d'Antonio degli Agli, 1480. Les éditions du Seuil ont publié quelques fragments de ce beau manuscrit (Alchimie, florilège de l'art secret)

Le plomb du Philosophe, débarrassé de sa gangue par liquation, doit être broyé. C'est un travail de patience : pour un artiste à l'avant-bras bien souple, on peut estimer cent grammes de poudre impalpable à l'heure.

L'opération peut avoir lieu à sec, ce sera alors proprement le temps des cendres, car on est vite couvert de la tête aux pieds de cette poudre couleur de cendre. La matière est écrasée à coups de marteau, sur une table de pierre dure ou de fer. Pour éviter d'être complètement abruti par le bruit, un très épais plateau s'impose, ou encore, travailler à même le sol. Les concasseurs, qui automatiseraient cette corvée, existent depuis bien longtemps, mais, à ce que nous sachions, jamais les Anciens ne les utilisèrent. C'est par sa poigne vigoureuse que le gladiateur de la poussière lui communique son magnétisme.

Lévigation est le nom de cette phase préparatoire, laquelle doit être assortie d'un fin tamisage. Mais une excellente technique, pour s'assurer de l'impalpabilité, consiste à délayer la poudre dans l'eau, laquelle on décantera ensuite.

On pulvérise alors directement dans un mortier — d'agathe si l'on y tient, mais la fonte est bien suffisante — en ajoutant de l'eau. Il faut broyer en imbibant, puis délayer la bouillie, et la transvider pour qu'elle décante. Au bout de deux heures, toute la poudre s'est déposée, on peut la mettre à part et recycler l'eau, il suffit de s'organiser.

Flamel a utilisé malicieusement ce travail pour décrire le second œuvre : "vous l'abreuverez (la terre) en manière de rosée, puis la broierez bien fort, et l'abreuverez autre fois, de plus en plus, comme si vous vouliez faire sauce". Il n'est d'ailleurs pas le seul. La lévigation se prête à merveille pour faire patauger les naïfs :

... je commençai, explique Cyliani[1], par l'imbiber de l'Esprit astral peu à peu, afin de réveiller les deux feux intérieurs qui étaient comme éteints, en desséchant légèrement et broyant circulairement le tout à une chaleur de soleil ; puis réitérant ainsi et fréquemment en humectant de plus en plus, desséchant et broyant jusqu'à ce que la manière ait pris l'aspect d'une bouillie légèrement épaisse. Alors je versai dessus une nouvelle quantité d'esprit astral de manière à surnager la matière et laissai le tout ainsi pendant cinq jours au bout desquels je décantai adroitement le liquide ou la dissolution...

Comme pour un alcool nouveau, il faut un traitement propice à l'éclosion de la personnalité, de l'esprit, du caractère : une chaleur douce, de la silice dans le vaisseau — à la manière des vignerons qui mettent de la sciure de bois dans leur eau-de-vie —, et une longue patience.

Un premier jour mérite d'être fêté. Pourquoi pas la fête des cendres[2] ? Et, puisque prochainement elles livreront leur mercure, nous serions mercredi *(Mercurii dies),* d'ici une Lune et demie seront coupés les rameaux.

S'il aime les déesses, l'artiste pourra invoquer Cybèle, dont voici vingt-deux siècles les Romains allèrent à Pessinonte, en Asie Mineure, quérir la pierre noire, tombée du ciel selon la tradition phrygienne. Ils l'installèrent en grande pompe à Rome, sur leur mont Palatin. Plus tard, Cybèle inspira à l'empereur Julien (331-363) une belle prière dont voici un fragment :

D'après un détail du manuscrit Norton's Ordinall, *XVe siècle.* "Broie, broie, broie et recommence sans te lasser", *indique le phylactère*

. . . .

Déesse créatrice de vie,
Sagesse, Providence, créatrice de nos âmes,
Ô amante du grand Dionysos,
Toi qui a recueilli Attis en péril

. . . .

(1) *Hermès dévoilé,* opus citem.
(2) Attention de ne pas confondre avec les cendres — au sens propre — dont on tirera le soufre.

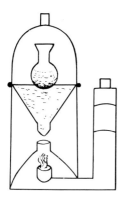

Une bonne méthode, pour mener à bien notre entreprise, consiste à utiliser un sable silicieux, soigneusement lavé et calibré. (Par exemple 1 à 2 mm.) Le volume des vides est mesuré avec de l'eau ; après séchage du sable, la terre y prendra place. Pour un litre de sable roulé, dans la granulométrie citée, on peut compter 1 kg de poudre. Ultérieurement, le tamis refusera la silice.

Autrefois, pour maintenir la bonne température, c'est ici précisément qu'intervenait la lampe à huile[1]. L'artiste d'aujourd'hui pourra utiliser le gaz. Avec de l'argile, il fabriquera un fourneau spécialement conçu pour dispenser une faible chaleur, muni d'une vanne sélective, et d'un dispositif de sécurité afin d'éliminer tout risque d'explosion. Le brûleur sera du type d'un gros briquet.

Parmi les Philosophes qui parlent de cette cohobation, nommée *digestion,* — ou avec plus de justesse *assation*[2] — aucun n'est plus clair que Canseliet :

… L'opération elle-même reste non moins élémentaire, bien que très délicate et réclamant beaucoup de soin et d'attention. C'est avec elle, nous l'avons dit, que l'alchimiste entre déjà dans le Grand Œuvre, en une sorte d'assation qui demande le degré, assez bas, de la chaleur dite du fumier ou de la poule couvant ses œufs[3].

… Fulcanelli, dans ses deux livres, n'en évoquera la plus petite idée, lorsque nous nous devons de témoigner, qu'il apportait, à cette coction douce et lente, un soin particulièrement méticuleux. Il y faut, en effet, maintenir l'harmonie avec la montée de la lune, dans le ciel astrologique du Grand Œuvre physique. Principalement, de bien régler la température, de la renforcer ou de l'affaiblir, selon l'activité de l'astre, suivant qu'il croît, qu'il est au plein, ou diminue ; qu'il est apparent ou caché au firmament nocturne. De celui-ci, on observera, avec la même attention, s'il est couvert ou dégagé ; comme, à l'endroit de l'atmosphère, si elle est calme ou perturbée par les averses ou le vent[4]…

---

(1) *Cf. Lexique spagyrique,* au chapitre I.
(2) *Assation :* « Coction des aliments ou des médicaments dans leur propre suc, sans addition d'aucun liquide. » (Définition du *Petit Larousse,* du temps où elle y figurait.)
(3) • *L'Alchimie expliquée sur ses textes classiques,* opus citem.
  • A prendre au pied de la lettre (plutôt trois fois qu'une).
(4) • *Deux Logis Alchimiques.* Nouvelle édition augmentée, Paris, 1979, J.-J. Pauvert.
  • Ajoutons, pour réjouir l'artiste s'il s'est brûlé les doigts, que la couleur brune caractérise l'assation convenablement menée.

LE RÉGULE   Après cet intermède philosophique, revenons à la spagyrie. Un traitement traditionnel de la stibine consiste à y introduire du fer. Lors de la fusion, le soufre délaisse le régule, avec un fondant, la dissociation est excellente. Jusqu'au début du siècle, l'industrie métallurgique opérait de cette manière ; maintenant elle préfère le *grillage*, suivi d'une réduction de l'oxyde au moyen du charbon. La réduction n'est d'ailleurs pas systématique, puisqu'en France 50 % du régule est consommé directement sous forme d'oxyde.

> ... On peut encore employer avec avantage, indique la *Grande Encyclopédie*[1], le fer pour éliminer le soufre du sulfure d'antimoine ; mais il ne doit pas être employé seul, la séparation du sulfure de fer et du sulfure d'antimoine ne pouvant être effectuée qu'avec beaucoup de difficulté, à cause du peu de différence qui existe entre les poids spécifiques de ces deux corps. Dans le but de diminuer la densité de la combinaison sulfurée et aussi pour augmenter la fusibilité, on ajoute avec le fer un carbonate ou un sulfate alcalin. Les proportions suivantes sont les plus convenables : 100 parties de sulfure d'antimoine, 42 parties de fer, 10 parties de sulfate de soude calciné et 3 parties 1/2 de charbon. L'opération se fait dans un four de réverbère, dont la sole concave est formée d'argile tassée fortement...

Notons que si les densités de la stibine et du sulfure de fer (FeS) sont en effet voisines, le raisonnement reste absurde : il ne s'agit nullement de séparer deux sulfures l'un de l'autre, mais le soufre d'un métal.

L'opération est réalisable sans sel, il suffit de chauffer davantage, 1 200°C minimum. Mais dans ce cas les scories ne sont plus délitescentes — ce qui, si on les jette, importe peu.

Les recettes des spagyristes joignent la précision au charme de l'ancien temps, retrouvons Glaser dans une longue description[2] :

> ... Prenez une demi-livre de pointes de clous à ferrer les chevaux, mettez-les dans un bon creuset, au fourneau à vent, et couvrez le creuset d'un couvercle. Donnez feu de fusion, et sitôt que les pointes des clous seront bien rougies, ajoutez-y une livre de bon antimoine en poudre grossière, couvrez le creuset de son couvercle, et par-dessus de charbon, afin que le feu soit fort violent, que la fusion de l'antimoine se fasse promptement, et qu'il puisse agir sur

---

(1) Opus citem. (1895, H. Lamirault éditeur, pour le tome concerné.)
(2) *Traité de la Chymie,* opus citem.

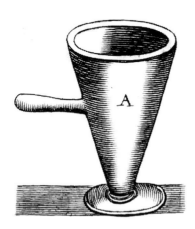

Cornet à régule
La description
des nouveaux fourneaux
1659, J.-R. Glauber

le fer, et le réduire en scories, avec lesquelles la partie sulfureuse impure de l'antimoine se joint en même temps, mais la partie mercurielle, et pure se met à part. Il faut avoir le cornet de fer (moule) au feu pour le tenir chaud, et le frotter avec de la cire et de l'huile. Lorsque vous verrez la matière en fonte bien claire jetez-y peu à peu trois ou quatre onces de salpêtre, je dis peu à peu, afin que l'action du nitre ne fasse trop bouillir la matière, et qu'elle ne sorte du creuset. Et alors vous verrez que la matière jettera quantité d'étincelles, lesquelles proviennent du nitre, et du soufre de l'antimoine, et lorsqu'elles seront passées, jetez la matière dans le cornet échauffé et huilé, comme nous avons dit, et frappez sur le cornet avec des princettes pour faire descendre en bas le régule, lequel étant froid, vous le tirerez du cornet, et le séparerez des scories avec un coup de marteau. Ces scories ne sont autre chose que la partie sulfureuse et terrestre de l'antimoine, mêlée avec le nitre, et une partie de Mars, faisant avec eux une masse, laquelle à l'abord est fort compacte, mais elle se raréfie en peu de jours en poudre assez légère, laquelle ressemble à la scorie de fer. Or le régule ne sera pas assez pur dans la première fusion, c'est pourquoi il le faut faire fondre dans un nouveau creuset, et étant fondu, jetez trois onces d'antimoine cru en poudre, faites fluer ensemble à un feu vif ; cette addition d'antimoine consumera ce qui pourrait rester des impressions de Mars, que le soufre de ce nouvel antimoine achève de consumer. La matière étant bien en fusion, jetez dedans peu à peu deux ou trois onces du nitre, et l'ébullition étant cessée, jetez le tout dans le cornet chaud et huilé, et procédez comme auparavant, vous trouverez le régule bien plus pur que la première fois. Refondez encore une fois ce même régule, et jetez-y encore un peu de salpêtre, et l'ébutillition étant passée, jetez-le dans le cornet, y procédant comme dessus, alors les scories seront grisâtres. Réitérez la fusion pour la quatrième fois, y ajoutant encore du salpêtre, et vous verrez que ledit salpêtre ne trouvant aucune impureté dans le régule, les scories qui surnagent en seront blanches ou jaunâtres...

Voyons la proportion des matériaux utilisés par Glaser :

antimoine	1 livre
acier	1/2 livre
sel	3 ou 4 onces (env. 1/5 de livre).

Si notre professeur emploie, pour 1 livre 1/2 de matière, 1/5 de livre de sel, soit 2/15 du reste, l'industrie semble plus avare : 10 parties sur 145 1/2. Nous voyons cependant qu'en l'espace de deux siècles et demi, l'écart n'est pas bien grand ; les habitués prennent 1/15.

Un débutant qui voudrait tâter du creuset n'y introduira pas plus de quatre ou cinq onces de matière à la fois. S'il compte fabriquer par exemple un beau vase, six livres au total — outre le sel —, paraissent une quantité idéale. Lémery moulait ses vases dans du simple sable humide, procédé classique des métallurgistes, mais la technique de la *cire perdue* permet de bien plus élégantes réalisations. Ensuite, dit Lémery, "on polit ce vase avec une peau de chien de mer, et il est alors en état de perfection. Les vases de régule d'antimoine sont employés seulement pour faire du vin émétique".

Naturellement, les spagyristes ne s'intéressaient qu'au côté pratique, et non artistique, comme on l'avait déjà remarqué à propos des boutons d'argent.

A notre époque où tout est en plastique, posséder un vase de pur régule, comme celui des Chaldéens, constitue un remarquable privilège ; c'est bien pourquoi nous allons continuer, puisque nous sommes lancés, à analyser les détails de l'ancienne technique.

Pour six livres, une vingtaine de coulées seront donc nécessaires. Chacune sera maintenue au four assez longtemps pour que la liquation soit complète — la densité du premier régule ne doit pas être inférieure à 6,7. Il faut, pour cela, veiller durant une heure environ à ce que la température soit suffisante pour maintenir les scories en fusion.

Il convient de mélanger les ingrédients avant de les introduire dans le creuset, y compris la majeure partie du fondant, judicieusement choisi. Et durant la cuisson, le reste du sel ne doit être ajouté que peu à peu, sinon le vase se fissure, surtout s'il n'est pas trempé.

Les fèces sont détachées par un coup de marteau, sec. Cette séparation du régule blanc et brillant d'avec les noires scories peut être comparée, si l'on est poète, à la séparation de la lumière et des ténèbres. Dans le

Grand Œuvre, une certaine phase de séparation, plus intime, fut semblablement symbolisée par les alchimistes. Curieusement, Jacques Bergier
avait compris "préparation des ténèbres", amalgamant probablement
avec la couleur noire du troisième œuvre[1] :

> ... la dissociation (de la matière) porte dans la tradition le nom de
> "préparation des Ténèbres". C'est en l'étudiant qu'on découvrit,
> en Chine, la poudre à canon. Des livres assurent certes que cette
> invention est due à un certain moine nommé Berthold Schwartz.
> C'est une plaisanterie. "Schwartz" veut dire "noir" en allemand et
> c'est assurément le symbole de la "préparation des Ténèbres". Noir

Gravure de 1663 par Abraham Bosse (1602-1676), intitulée
La calcination Solaire de l'antimoine

aussi (ou bleu-noir) est encore la couleur du gaz électronique, structure presque immatérielle qui est à la base même des métaux et leur confère leurs propriétés. On peut l'observer en dissolvant un métal dans l'ammoniac liquide à très basse température. On voit une couleur bleu-noir qui est commune à tous les métaux et n'importe qui peut donc aujourd'hui assister à la "préparation des Ténèbres"...

Au lieu de contempler l'infiniment petit du gaz électronique, on peut rêver à la création du Monde. Pourquoi pas après tout, puisque la structure cristalline du régule — d'abord en lamelles concentriques, puis en aiguilles plates — dessine, si l'on maîtrise bien le feu, une étoile au niveau de la jonction du régule et des scories. Dieu, lit-on dans la *Bible*[2] "plaça les étoiles dans l'étendue du ciel pour éclairer la terre, pour présider au jour et à la nuit, et pour séparer la lumière d'avec les ténèbres. Dieu vit que cela était bon".

Et si l'on développait le parallélisme biblique, trois purifications ne sembleraient-elles pas s'imposer ? : "C'était un grand dragon, sa queue entraînait le tiers des étoiles du ciel, et les jetait sur la terre[3]."

Revenons-y sur la Terre, pour une dernière purification : il ne doit plus surgir de scories en surface, mais une huile de verre *(vitri oléum)*. Voici quelques pourcentages — pratiques donc variables — en poids.

— conjonction
     sulfure : 67 %
     métal : 33 %
— séparation
     régule : 50 % du total, soit 75 % du sulfure
     scories : 47 %
— 1re purification
     régule : 93 % du précédent, soit 70 % du sulfure
— 2e purification
     régule : 93 % du précédent, soit 65 % du sulfure
— etc., jusqu'à la perfection.

(1) • *L'alchimie à visage découvert* dans *Planète* n° 39. Paris, 1968.
    • Nous aimions bien Jacques Bergier. Paix à son âme.
(2) Moïse. *La Genèse*, 1 - 17 et 18.
(3) *Apocalypse* de saint Jean, 12-4.

LE SOUFRE PHILOSOPHIQUE   La matière qui intéresse le Philosophe est en vérité bien cachée. Serait-ce par hasard dans les scories ?

Généralement, les spagyristes rejetaient ces amas d'impuretés, mais quelques-uns, comme Stahl, n'hésitèrent pas à les utiliser :

> ... si l'on pousse le feu à la dernière violence, pour procurer aux scories une fluidité pareille à celle de l'eau, ces scories acquièrent à la seconde ou troisième fusion une transparence et une couleur citrine-jaune, semblable à celle du succin (ambre jaune), ce qui les a fait nommer par M. Stahl, scories succinées, desquelles il tirait, par le moyen de l'esprit-de-vin bien rectifié, une teinture rouge des plus caustiques, qu'il recommande comme un puissant diurétique convenable dans plusieurs maladies chroniques[1]...

En fait, il ne s'agit là que du résidu des dernières purifications, lequel s'avère donc présentable. Notons que les ultimes scories sont essentiellement constituées de sel. En tant que fondant, il n'a rien perdu de sa force — au contraire — et peut encore servir.

Mais Stahl travaillait aussi sur le premier *caput mortuum,* il en tira un célèbre safran apéritif :

> ... concassez grossièrement les scories, et les exposez ensuite à l'ombre dans un lieu humide, par exemple dans une cave ; elles y tomberont bientôt d'elles-même en poussière ; jetez cette poudre dans de l'eau froide ou tiède, et l'y agitez fortement. Laissez ensuite reposer la liqueur pour donner lieu aux parties les plus grossières de tomber au fond : cela fait, versez par inclination l'eau trouble qui surnage ; reversez de nouvelle eau sur le marc, et répétez cette manœuvre jusqu'à ce que l'eau ressorte aussi claire qu'on l'a employée. Rassemblez ensemble toutes ces lotions, et les laissez s'éclaircir d'elles-même, ce qui arrive à la longue par le dépôt qui se forme d'un sédiment très fin et très subtil : pour abréger, on peu filtrer la liqueur ; faites sécher votre sédiment ou ce qui sera ...é sur le filtre, c'est une poudre rougeâtre de couleur de brique pilée ; vous n'en aurez qu'une très petite quantité, comparaison faite avec ce qui restera de la partie grossière des scories, après qu'elles auront été épuisées de tout ce qu'elles peuvent fournir par le lavage. Faites sécher cette poudre, et la mettez ensuite à détonner dans un creuset avec le triple de son poids de salpêtre ; édulcorez avec de l'eau la masse rouge qui vous restera après la détona-

---

(1) Rapporté par Baron dans ses commentaires du *Cours de Chymie* de Lémery, opus citem.

tion. Décantez ou filtrez la liqueur, vous aurez un sédiment d'un rouge pâle, qui étant desséché se réduira en une poudre très fine et très subtile ; ce sera le safran de Mars antimonié apéritif de Stahl, qui, rapporte Baron[1], en recommande l'usage depuis trois ou quatre grains jusqu'à six ou plus dans les pertes de sang des femmes, etc. ...

Fin limier, Stahl — rappelez-vous qu'il inventa la phlogistique — n'arrive pas loin du soufre des Sages, dont la couleur rappelle l'hématite. Mais il complique beaucoup trop.

Voici le traitement canonique : après avoir abandonné la terre à l'eau, le feu, aidé de l'air, accomplira son office. Tout est dit malgré l'aspect de sentence.

Si l'artiste a convenablement opéré, il obtient "un terreau pulvérulent et parfumé, à la fois vivant et fécond, qui est prêt, maintenant, à livrer son soufre au mercure".

L'IODE PHILOSOPHIQUE Les Philosophes connaissaient-ils déjà ce corps noir, à l'éclat métallique, qu'en 1811 Courtois tira indirectement de la mer ? C'est ce que nous allons voir.

Lorsque l'on chauffe l'iode, ses vapeurs violettes s'élèvent, si épaisses qu'elles se condensent à l'état solide, comme dans une sublimation. Or, dans la science d'Hermès, on parle beaucoup des sublimations, symbolisées par l'envol des aigles.

Le *roi des oiseaux* traverse les nuages pour aller fixer le Soleil. Et voici déjà quelques rêveurs planant à côté de lui...

Par-dessous nos noires lunettes, jetons de là-haut les yeux vers la Terre. — Tiens, une cérémonie ! Posons-nous, pour voir. Nous sommes chez les Grecs, ils célèbrent en ce moment les amours d'Aphrodite et d'Hermès. C'est tout de même plus intéressant que de calciner du varech.

De leur union naîtra Hermaphrodite. On lui donne aussi le nom, plus imperméable, de *Rebis*, mais nous préférons celui de *rémore*, qu'après Savinien de Cyrano, Fulcanelli et Canseliet imposèrent.

L'artiste organise son bestiaire. D'abord, il fractionne le stock (mercure,

(1) Rapporté par Baron dans ses commentaires du *Cours de Chymie* de Lémery, opus citem.

vitriol, et soufre) de manière à remplir consécutivement une dizaine de vases. Ensuite, il fait voler les aigles. Au bout du compte, il obtiendra un *dauphin*, mais s'il a le goût du mystère, il préférera peut-être mettre un œuf de coq à couver par un crapaud. Le résultat sera le même : *basiliskos,* le petit roi. Petit et léger, car il n'excède guère quelques dragmes.

Le principe consiste à disposer dans le creuset trois couches distinctes, c'est-à-dire, en partant du fond :

— 1 partie de soufre amalgamé à 1 partie de mercure
— 1 partie de mercure
— 1/15e de vitriol.

(tous trois philosophiques)

*D'après une figure
reproduite dans*
Aus pharmazeutischer Vorzeit
1886, Hermann Peters

Dès qu'il sera fondu, le mercure, dont la densité est supérieure à celle du soufre, voudra descendre, tout va-t-il se mélanger ? C'est en tous cas ce que nous voulons : l'union du soufre et du mercure, mais ce n'est pas aussi simple.

Inutile de frapper du pied, chaque apprenti passe ce bourbier :

... il ne put de prime abord, quelque moyen ou industrie qu'il apportât, faire en sorte que les soufres se mêlassent ensemble et fissent coït, parce que le Soleil nageait toujours au-dessus de la Lune. Ce qui lui donna un grand déplaisir[1]...

Dans les couches que nous avons constituées, l'esprit du soufre doit pénétrer tout doucement l'intimité du mercure, dans un mouvement ascendant.

C'est ainsi qu'apparaît, sur la mer des Sages, l'île flottante de Délos. Peu à peu, elle s'étend et couvre entièrement la surface, en même temps qu'elle s'épaissit[2].

Au préalable, lorsque l'artiste a traité toute sa provision, ce qui requiert une durée, variable suivant les conditions météorologiques, mais d'au

(1) *Les Œuvres du Cosmopolite* (Traité du Sel), opus citem.
(2) Dans la tradition moïsiaque, c'est la fin du déluge.

moins plusieurs nuits — disons une semaine —, il rassemble la *crême.*

Sur sa table, il dispose alors des ingrédients de la véritable galette des rois (*gala* = lait), celle dont on prépare la pâte *feuilletée* avec le lait de la Vierge.

La fève (*faba, fabos* = colombe) est cachée quelque part dans le gâteau au *beurre,* tel l'argent dissous dans le plomb : Saturne, broyé avant la phase du retour, ne montrerait pas la Lune.

D'après une gravure sur bois
Les Douze Clefs
de la Philosophie
de Basile Valentin
(édition de P. Moët en 1660)

... Or sus mon fils, estu content de moy, en veux-tu davantage ?
— Vrayment, Madame, si je n'estois satisfaict d'un si beau, si clair et ample discours, je serois sans doubte insatiable, il me contrainct de confesser que je n'ay plus à souhaiter en cette vie qu'une sainte retraitte, où je puisse remercier et loüer à loisir celuy qui m'a daigné favoriser par tant de graces[1]...

Puisque vous nous remerciez déjà, nous n'en dirons pas plus sur la technique des aigles. Quant à la symbolique, il faut connaître sa grande richesse. Que croyez-vous qu'entreprît Hercule en détournant, dans ses neuvièmes travaux, les eaux du fleuve Alphée pour nettoyer les écuries d'Augias ?

Et pour les gourmands, revenons à cette galette des rois. Nous venions d'expliquer sa pâte feuilletée et sa fève. Quant aux losanges de la surface, ils évoquent plusieurs choses, par exemple le filet qui pêchera le poisson *(ichthus)*, ou l'osier tressé de la corbeille où naquit l'enfant Jésus[2], etc.

Dans la langue *verte,* ou argotique (art gothique), langue des Argonautes[3], que signifie donc la galette ?

Fulcanelli, qui mit si magistralement l'art goth en lumière, nous décrit minutieusement le poisson hermétique[4] :

(1) Dom Jean Albert Belin. *Les Aventures du Philosophe inconnu,* Paris, 1646, Danguy.
(2) *Iêsous CHristos THeou Uios Sôtêr* (Jésus-Christ, Fils de Dieu, Sauveur).
(3) Les cinquante Argonautes : Jason, Orphée, Castor, Pollux, Augias, etc., s'embarquèrent sur leur navire Argo pour conquérir en Colchide la toison (d'or) du *bélier* volant.
(4) *Les Demeures Philosophales,* opus citem.

... C'est un corps minuscule, — eu égard au volume de la masse d'où il provient, — ayant l'apparence extérieure d'une lentille bi-convexe, souvent circulaire, parfois elliptique. D'aspect terreux plu-tôt que métallique, ce bouton léger, infusible mais très soluble, dur, cassant, friable, noir sur une face, blanchâtre sur l'autre, vio-let dans sa cassure, a reçu des noms divers...

*La licorne, ou ''lumière naissante du mercure'' comme l'a exposé Canseliet. (*Lyké : *aube.* Ornis : *oiseau, évocation du mercure volatil.)* De Lapide Philosophico, *Lambsprinck, dans* Musæum Hermeticum, *édition de 1749*

En annexe à ce chapitre :

Les métaux	Basile Valentin
Le soufre de Lune	Pierre Dujols
L'attaque du loup gris	Christophle Glaser
Spagyro-méli	Jöns Berzélius
Docimasie du fer	Fulcanelli
Les mines d'antimoine	Atorène
Le régule étoilé	Nicolas Lémery
Les aigles de ciel bleu	Eugène Canseliet
Les aigles de brume	Eyrénée Philalèthe
Les aigles d'apocalypse	Saint Jean

LES MÉTAUX

... Il faut donc noter et bien observer que les minéraux et les métaux ne sont autre chose qu'une vapeur ou fumée qui est attirée par quelque astre prédominant de l'élément de la terre, comme par une distillation du monde universel. Laquelle influence céleste opère jusqu'au centre de la terre par sa propriété aérienne et ses qualités chaudes ; de sorte que telle constellation opère spirituellement et donne de ses qualités à telle vapeur qu'elle élève, laquelle se résout en une liqueur dont tous les métaux et minéraux prennent leur origine ; et il s'en forme un tel ou un autre, selon la prédomination des trois principes (selon qu'il y a plus de mercure, de soufre ou de sel) [1] ; ou moins de l'un ou de l'autre, ou qu'ils se trouvent égaux, de manière que quelques métaux sont fluides, d'autres fixés. Les fixés sont communément l'or, l'argent, le cuivre, le fer, l'étain et le plomb. Outre ces métaux, il se forme aussi des mêmes trois principes, selon la proportion inégale de leur mélange, des autres minéraux comme le vitriol, l'antimoine, la marcassite, l'ambre, et plusieurs autres qu'il n'est pas nécessaire de produire ici...

Basile Valentin. *Le Char Triomphal de l'Antimoine,* opus citem.

(1) Attention au sens que leur attribue le moine d'Erfurt. Cf. début de notre chapitre VI.

LE SOUFRE DE LUNE

... Nous n'apprendrons rien de nouveau au lecteur sensé en lui disant qu'un homme bourré de formules chimiques et apte à résoudre sur le papier tous les problèmes d'école n'a aucun titre à se dire chimiste. Il faut donc que la pratique accompagne la théorie, l'une est la conséquence de l'autre. La pratique du laboratoire seule donne la maîtrise, car qu'est-ce que la pratique, sinon le contrôle de la théorie. La rigueur de la première redresse les errements de la seconde...

On désirera savoir, sans doute, quel est ce soufre mystérieux dont parlent toujours les philosophes, sans autrement le désigner. C'est le soufre des métaux. Le secret de l'art consiste à l'extraire des corps mâles pour l'unir aux corps femelles, ce qui suppose leur décomposition préalable. La science actuelle semble considérer ce fait comme une impossibilité absolue. De grands chimistes du XVIIIᵉ siècle ont démontré, dans des communications adressées aux corps académiques, que l'opération est réalisable et qu'ils l'avaient réalisée. Nous avons en mains un magnifique soufre d'argent obtenu par un moyen analogue et qui se rapproche beaucoup de la teinture des Sages. Mais, pour arriver à ce résultat, il faut une certaine pratique et une connaissance approfondie du règne minéral...

———————— ■ ————————

Magophon. *Hypotypose du Mutus Liber,* opus citem.

L'ATTAQUE DU LOUP GRIS

L'épreuve classique consiste à fondre l'or impur avec environ sept fois son poids de trisulfure d'antimoine ; l'opération a lieu dans un têt à rôtir.

L'atmosphère est rendue oxydante par soufflage d'air. Dans une première phase, les métaux vulgaires forment des sulfures volatils qui s'échappent, et il reste un alliage d'or et d'antimoine. Dans une seconde phase, l'antimoine se transforme en oxyde, poudre blanche et fine que le souffle disperse. Enfin, apparaît dans le têt un bouton d'or pur. Pour disposer d'un or *absolument* pur, il faudrait réitérer au moins trois fois l'opération.

Ici, Glaser commence par nous décrire une variante [1] :

... La meilleure purification de l'or, est celle qui se fait par l'antimoine car le plomb n'emporte que les métaux imparfaits, et laisse l'argent joint avec l'or : le ciment [2] laisse souvent l'or impur, et en mange quelque portion : l'inquart n'est pas toujours une preuve certaine de la pureté de l'or : car quelquefois il arrive que l'or ayant été mêlé avec quelques matières sulfureuses, leur odeur enveloppe quelque portion de l'argent, lequel on avait ajouté à l'or pour l'inquarter : laquelle portion tombe et se précipite avec l'or par le départ, et donne des étonnements et courtes joies aux demi-savants, auxquels cela arrive, croyant avoir trouvé le moyen d'augmenter l'or ; mais lorsque l'on examine le tout à fond, ils se trouvent bien loin de leur attente. On peut être assuré que l'or qui a passé par l'antimoine, est parfaitement purgé et délivré de tout mélange ; car il n'y a que l'or qui puisse résister à ce loup dévorant. Prenez donc 1 once d'or, tel que les orfèvres emploient, mettez-le dans un creuset entre les charbons ardents, dans un fourneau à vent, et lorsqu'il sera bien rouge, il y faut mettre peu à peu 4 onces de bon antimoine en poudre, lequel se fondra tout aussitôt, et dévorera en même temps l'or, lequel est d'une très difficile fusion, à cause de sa composition très parfaite : lorsque le tout sera fondu comme de l'eau, et que la matière jette des étincelles, c'est une marque de l'action que l'antimoine a faite pour

(1) *Traité de la Chymie,* opus citem.
(2) Voir à *cémenter* (Lexique annexé au chapitre I).

détruire les impuretés de l'or, c'est pourquoi il le faut laisser encore un
peu sur le feu, puis le jeter promptement dans un cornet de fer, qui ait
été à cette fin auparavant chauffé et graissé avec un peu d'huile ; et
lorsque la matière sera versée dedans, il faut en même temps frapper
avec les pincettes sur le cornet pour faire descendre au fond le régule :
et après que la matière sera un peu refroidie, il faut séparer le régule
des scories, et le peser ensuite, le mettre à fondre dans un assez grand
creuset, et y mettre peu à peu le double de son poids de salpêtre, puis
couvrez le creuset, en sorte que le charbon n'y puisse entrer, et en donnant un feu vif, le salpêtre consume tout ce qui peut être resté de l'antimoine avec l'or, et l'or se met au fond en culot très beau et pur, et on
le peut jeter tout chaud dans un cornet, ou le laisser refroidir dans le
creuset, lequel il faut rompre après pour séparer le culot des sels. Cette
façon de purifier le régule d'or, n'est pas commune et ordinaire, mais
elle est préférable, parce qu'elle se fait plus promptement, mais elle se
pratique seulement en petite quantité. La commune façon se fait en mettant un creuset plat au feu de fusion, et dans ledit creuset le régule d'or,
et soufflant continuellement, jusqu'à ce que la partie antimoniale soit
exhalée, il faut à cela non seulement du temps, mais être exposé aux
exhalaisons nuisibles de l'antimoine, lesquelles il est toujours bon d'éviter...

SPAGYRO-MÉLI

Dans le tome huitième du *Traité de chimie* rédigé par le célèbre chimiste et baron suédois Jöns Jakob Berzélius (1779-1848), on trouve ce passage concernant une transmutation, et notamment sa préparation, effectuée par son compatriote, le lieutenant général Otto-Arnold Payküll, prisonnier politique, condamné à mort en 1705 par Charles XII.

En échange de sa vie, l'officier avait proposé au Roi de fabriquer de l'or. L'offre fut semble-t-il acceptée, puisqu'en 1706 à Stockholm, du plomb, apporté de l'extérieur par les personnes chargées de le surveiller, se transforma en une masse d'or équivalent à cent quarante-sept ducats, plus une médaille commémorative que le Roi fit frapper.

Malgré cela, Payküll paraît tout de même avoir été décapité ; l'histoire s'avère confuse, mais ce n'est pas d'elle que nous désirons parler.

L'un des surveillants dévoués à Charles XII était un général, nommé Hamilton. Chemin faisant, Payküll lui révéla quelques points de science, et Hamilton les coucha sur papier. Un siècle plus tard, le comte Gustave Hamilton, descendant du général, autorisa Berzélius à les lire.

Le fils de la Doctrine est maintenant capable de comprendre que plusieurs secrets alchimiques sont frôlés dans ce galimatias spagyrique[1] :

> ... L'opération se divise en trois portions, dont chacune exige beaucoup de temps. L'art se réduit à obtenir du sulfure d'antimoine à l'état fondu par des voies détournées, et par des moyens dont plusieurs sont dépourvus de bon sens. Il reste ensuite l'agent secret proprement dit, qui ne consiste pas en une teinture, mais en deux poudres, dont l'une est du cinabre qu'on fait bouillir trois fois avec de l'esprit-de-vin jusqu'à volatilisation de ce liquide, et l'autre de l'oxyde ferrique, appelé safran de mars, dont on indique également la préparation faite d'une manière très désavantageuse avec de la limaille de fer et de l'acide nitrique. Ces poudres sont

---

(1) *Traité de chimie.* Traduction en français par A.J.L. Jourdan, Paris, 1833 (pour le tome VIII), Firmin Didot frères.

mêlées avec le sulfure d'antimoine obtenu en premier lieu. L'écrit porte qu'on met le tout en digestion pendant quarante jours dans un vaisseau clos, et qu'ensuite on fait fondre un gros de ce mélange avec une livre d'antimoine cru et une once de nitre purifié. La masse fondue est versée dans une lingotière, au fond de laquelle elle dépose un culot métallique blanc et rayonné, qu'on brûle dans un creuset ouvert jusqu'à ce qu'il cesse de fumer ; après quoi il reste de l'or.

Pour peu qu'on ait des notions en chimie, on voit tout de suite en quoi consiste ici la supercherie. Le safran de mars ou l'oxyde ferrique et le cinabre peuvent, en effet, être mêlés tous deux d'une grande quantité de pourpre d'or sans que le mélange soit aperçu, du moins par un œil non exercé. Lorsqu'on fait fondre du pourpre d'or, qui contient beaucoup d'étain, avec du sulfure d'antimoine, l'or se sépare de l'étain, absolument comme je l'ai dit ailleurs en traitant de la coupellation de l'or avec l'antimoine, et, après la volatilisation de l'antimoine, l'or reste, mais pesant beaucoup moins que la poudre rouge dont on s'est servi...

DOCIMASIE DU FER

... Nous avons dit, et le répétons, que l'objet de la dissolution philosophique est l'obtention du soufre qui, dans le Magistère, joue le rôle de formateur en coagulant le mercure qui lui est adjoint, propriété qu'il tient de sa nature ardente, ignée et desséchante. "Toute chose sèche boit avidement son humide", dit un vieil axiome alchimique. Mais ce soufre, lors de sa première extraction, n'est jamais dépouillé du mercure métallique avec lequel il constitue le noyau central du métal, appelé essence ou semence. D'où il résulte que le soufre, conservant les qualités spécifiques du corps dissous, n'est en réalité que la portion la plus pure et la plus subtile de ce corps même. En conséquence, nous sommes en droit de considérer, avec la pluralité des maîtres, que la dissolution philosophique réalise la purification absolue des métaux imparfaits. Or, il n'est pas d'exemple, spagyrique ou chimique, d'une opération susceptible de donner un tel résultat. Toutes les purifications de métaux traités par les méthodes modernes ne servent qu'à les débarrasser des impuretés superficielles les moins tenaces. Et celles-ci, apportées de la mine ou entraînées à la réduction du minerai, sont généralement peu importantes. Au contraire, le procédé alchimique, dissociant et détruisant la masse de matières hétérogènes fixées sur le noyau, constitué de soufre et de mercure très purs, ruine la majeure partie du corps et la rend réfractaire à toute réduction ultérieure. C'est ainsi, par exemple, qu'un kilogramme d'excellent fer de Suède, ou de fer électrolytique, fournit une proportion de métal radical, d'homogénéité et de pureté parfaites, variant entre 7 grammes 24 et 7 grammes 32. Ce corps, très brillant, est doué d'une magnifique coloration violette, — qui est la couleur du fer pur —, analogue, pour l'éclat et l'intensité, à celle des vapeurs d'iode. On remarquera que le soufre du fer, isolé, étant rouge incarnat, et son mercure coloré en bleu clair, le violet provenant de leur combinaison révèle le métal dans son intégrité...

Fulcanelli. *Les Demeures philosophales,* opus citem.

────────────────

LES MINES D'ANTIMOINE

On peut trouver de la stibine un peu partout en France, et notamment dans les départements suivants (liste non limitative).

Ardèche	Ille-et-Vilaine	Pyrénées-Orientales
Aveyron	Loire	Haut-Rhin
Cantal	Lozère	Rhône
Corrèze	Mayenne	Var
Corse	Morbihan	Vendée
Finistère	Puy-de-Dôme	Haute-Vienne
Gard	Pyrénées-Atlantiques	(Luxembourg belge)

Généralement, chaque département comprend plusieurs gîtes, d'importance très inégale, de la mine épuisée au filon inconnu, en passant par les simples indices [1].

A vrai dire, on ne trouve pas de panneaux indiquant "ici, gisement de stibine". Le meilleur moyen d'en ramasser, pour celui qui n'est pas géologue, consiste donc à fouiller les haldes (déblais) des anciens travaux miniers. S'il casse les blocs avec un marteau, l'amateur découvrira, à coup sûr, suffisamment d'échantillons minéralisés pour faire son bonheur ; cependant au fil des années, les haldes disparaissent.

En nous limitant à un seul exemple, il paraît logique de le situer à peu près au centre. Nous allons donc localiser Ouche, village du Cantal, trente kilomètres au nord de Saint-Flour. La région est très belle, et faute d'y trouver de la stibine, l'artiste pourra toujours ramener un fromage.

— Route nationale n° 9, entre Massiac et Grenier-Montgon, distants de 4 km.
— Entre ces deux localités, à mi-distance, bifurquer à angle droit vers l'ouest,

─────────────────

(1) Naturellement, nous n'avons pas la place pour les localiser. Quant à la nouvelle mine dont nous avons parlé, nous la connaissons bien elle aussi, mais n'est-ce pas déjà beau que nous ayons révélé : 1°) qu'elle existe, 2°) qu'elle est bretonne ?

— Prendre la petite route goudronnée, elle franchit l'Alagnon pour aussitôt s'incurver vers le nord,

— Traverser Ouche, qui ne comprend que quelques vieilles maisons,

— Au bout du village, le chemin bifurque vers l'Ouest, il n'est plus goudronné,

— En le suivant, 500 mètres après le coude, on rencontre les anciens bâtiments de la mine,

— En dépassant ces constructions, on aperçoit les entrées des galeries, et surtout les haldes, sur le flanc du ravin où coule le ruisseau de Bussac,

— Le chemin se poursuit encore sur 1 km environ, il est d'ailleurs empierré avec du minerai.

Les mines d'Ouche furent exploitées depuis de nombreux siècles, et pourtant, le site a conservé toute sa fraîcheur.

Les derniers travaux d'exploitation ont cessé en 1967, mais durant un an — jusqu'en fin avril 1969 — les géologues, avec vingt-cinq ouvriers, ont repris d'importantes recherches. L'exploitation du filon qu'ils ont trouvé dans la zone "Père Lachaise"[1] ne serait pas rentable, car le pendage s'avère trop important. Leur galerie descend jusqu'au niveau moins trente mètres par rapport à la plate-forme accessible en voiture.

Dans sa gangue quartzeuze, la stibine d'Ouche se présente massive, mais la teneur n'apparaît pas exceptionnelle. Il convient de trier les échantillons.

Pour l'artiste ingénieux, habile, qui se sent particulièrement à l'aise sur le terrain, et qui aime les difficultés, voici maintenant la matière d'un exploit à sa mesure. Aux environs du Cap Corse, près de Méria, en pleine montagne, sans voie d'accès, il pourra découvrir un filon de magnifique stibine. Elle affleure la roche et s'y enfonce, mais les Anciens ne l'avaient pas dénichée. D'ailleurs, nous sommes probablement le premier à le publier, ce gîte est toujours vierge. Nous n'en dirons pas plus sur elle, cette vierge-là, il faut la mériter.

——————— • ———————

(1) Coordonnées : X = 6 655 ; Y = 3 306 ; Z = 700.

LE RÉGULE ÉTOILÉ

... L'étoile qui paraît sur le régule d'antimoine martial, quand il est bien purifié, a donné matière de raisonner à beaucoup de chimistes ; et comme la plupart de ces messieurs sont fort entêtés des influences planétaires et d'une prétendue correspondance entre chacune de ces planètes et le métal qui porte son nom, ils n'ont pas manqué de dire, que cette étoile procédait de l'impression que les petits corps qui sortent de la planète de Mars, avaient fait sur l'antimoine à cause d'un reste de fer qui y était mêlé ; et pour cette raison, ils ont recommandé de faire ce régule le mardi entre sept ou huit heures du matin, ou entre deux et trois heures après-midi, pourvu que le temps soit clair et serein, croyant que ce jour qui tient son nom de la planète, soit celui auquel elle verse le plus d'influences. Ils se sont encore imaginé mille choses semblables qu'il serait trop long de rapporter ici.

Mais ces opinions n'ont aucune probabilité, car il n'y a point d'expérience qui soit capable de montrer que les métaux aient des correspondances avec les planètes, comme nous avons dit ailleurs, et moins encore que les influences de ces planètes fassent telles et telles figures sur ces métaux, comme ces messieurs veulent déterminer. Il ne me serait pas bien difficile de faire connaître ici le peu de solidité qu'il y a à raisonner de la sorte, et combien les principes de l'astrologie judiciaire sont peu stables et incertains ; mais ce serait faire une trop longue digression, et grossir ce volume de choses qu'on peut trouver ailleurs assez au long, et entre autres dans l'abrégé de Gassendi fait par Monsieur Bernier.

Mon imagination sera donc moins exaltée que celle de ces messieurs ; et quand je devrais paraître grossier dans leur esprit, je n'irai point rechercher dans les corps célestes l'explication de l'étoile dont il est question, puisque je la peux trouver dans des causes plus prochaines. Tel s'applique souvent avec trop d'ardeur à contempler les astres, qui ne prend pas garde qu'il y a à ses pieds une pierre qui le va faire choir.

Je dis donc que l'étoile qui paraît sur le régule d'antimoine martial vient de l'antimoine même, car ce minéral est tout en aiguilles ; mais comme avant que d'être bien purifié il est chargé de parties sulfureuses et impures qui le rendent molasse, ces aiguilles paraissent en confusion. Or, quand on le purifie avec le Mars, non seulement on enlève beaucoup de parties les plus sulfureuses de l'antimoine, et les plus capables d'empêcher sa cristallisation, mais aussi il reste une portion du fer la plus dure et la plus compacte, qui rend l'antimoine plus ferme qu'il n'était : de sorte que la purification développe les cristaux naturels de l'antimoine disposé en forme d'étoiles, et le fer tient ces cristaux tendus par sa

N. Lémery. *Cours de Chymie,* opus citem.

dureté ; c'est pourquoi le régule d'antimoine martial est bien plus dur que l'autre.

Les cristaux paraissent donc en forme d'étoile dans le régule d'antimoine martial, parce qu'ils sont en cette même forme dans l'antimoine, et principalement dans le minéral ; car si l'on considère bien ses lames ou cristaux on verra qu'ils sont de la même figure et de la même largeur que les rayons de l'étoile du régule, excepté que comme ils sont souvent entrecoupés par de la gangue, ou autre matière terrestre ou sulfureuse, ils ne commencent ni ne finissent pas toujours en pointes. Mais on peut ajouter à cela que le feu, qui tend toujours à pousser du centre à la circonférence, ayant mis la matière en une fusion exacte, écarte de son milieu et de la superficie les cristaux de tous les côtés du creuset, en sorte qu'ils doivent former une étoile. On trouve quelquefois sur le pain de régule d'antimoine, au lieu de la figure d'une étoile, une figure irrégulière comme celle d'une étoile à demi formée, et couverte d'un côté de la matière même du régule ; sur un autre, une représentation d'arbre ; sur un autre, des raies ou des sillons sans ordre ; sur un autre on ne voit que de légères traces de l'étoile vers les bords. La cause de ces irrégularités vient de ce que le mortier, ou le culot, dans lequel on a versé le régule fondu, n'a pas été tenu droit ni en repos pendant qu'il s'est refroidi, car pour peu qu'il ait été penché ou remué, la matière a été brouillée, la superficie confondue, et les rayons qui devaient former l'étoile ont perdu leur arrangement naturel...

L'étoile qui paraît sur quelque espèce de régule d'antimoine que ce soit, n'est que superficielle, ce que l'on reconnaît en limant doucement le régule...

LES AIGLES DE CIEL BLEU

... L'ensemble du dispositif externe et le trio des acteurs internes se superposent, en leurs parties, au centre du foyer.

Le fromage, dit aussi tourte, sur la grille, et le creuset posé dessus, coiffé de son couvercle. Dans ce vase de terre, au fond, le sable rouge, dont Fulcanelli veut qu'il soit le premier Adam, ensuite le mercure, enfin le vitriol philosophique. La totalité, il va sans dire, au sein du combustible en ignition.

La température doit être vive, non point trop cependant, et nous y insistons, afin que la nappe mercurielle ne passe pas dans la terre inférieure, que nous avons précédemment calcinée et qui doit être rester, médiocrement saturée, en une sorte de fonte spongieuse et résistante à toute nouvelle absorption. Tout cela est possible, à condition de maintenir le triple artifice que nous préciserons et qui consiste dans les proportions, l'ordre d'intervention et le palier maximum de chaleur.

Dans son état de fermeté pâteuse, la terre se refuse à la liquéfaction dans laquelle entre notre mercure, vers la limite de 500 degrés. Appréciation calorique dont nous avons tellement l'habitude, que nous n'en demandons plus la vérification à notre bien désuet pyromètre à canne.

Donc, pour ce deuxième œuvre, le "tour de main" est nécessaire ; il faut connaître le procédé secret, le trinc, comme l'appelait François Rabelais, c'est-à-dire le truc argotique. Jusqu'à ce que l'artiste l'ait acquit, le temps est long des efforts sans cesse renouvelés, des essais répétés que nous avons connus nous-même et qui, le plus souvent, ne conduisent qu'au désarroi, qu'à l'inexprimable gâchis d'un décevant bourbier, apparemment inévitable. Que l'opérateur se rappelle que la terre aride, ou plutôt assoiffée, absorbe l'eau jusqu'à la satiété ; qu'il se souvienne de l'axiome des auteurs, selon lequel le sec boit avidement son humide. Heureusement, s'il s'est appliqué, comme il convenait, à l'étude des deux Fulcanelli, il sait déjà, quant à la proportion de l'eau vis-à-vis de la terre, que la première doit être, en poids, le double de la seconde.

Nous ajouterons que, quelle que soit l'importance de l'eau, elle ne devra pas être versée, en une seule fois, sur la terre qui est trop dans l'attente de s'en inonder.

Il importe à l'artiste, qui en est averti, qu'il découvre l'artifice grâce auquel la terre se satisfasse de son propre poids en eau, de telle manière

Eugène Canseliet. *L'Alchimie expliquée sur ses textes classiques,* opus citem.

aussi que l'excédent ne puisse plus la pénétrer et se maintenir désormais, dans son intégrité, à la superficie.

Entre les deux parties, saline et mercurielle, en parfaite fusion, l'une au-dessus de l'autre, la transmission spirituelle est assurée. La terre suffisamment pénétrée, libère son soufre ou, si l'on veut, son esprit qui passe dans le bain de mercure sus-jacent, en conséquence de cette propriété, que possède le dissolvant philosophique, d'attirer à soi, tel un aimant, tout ce qui est spirituel.

Le phénomène d'attraction est admirable, comme d'ailleurs tous ceux que l'alchimiste provoque, au cours de son Grand Œuvre, et dont il ne peut percevoir la cause ni le mécanisme profond. Le mystère est bien grand, du soufre ou esprit de la terre métallique, qui recherche ardemment celui de l'univers.

Dans cette même fraction du quinzième que mentionna Fulcanelli, sur la brillante nappe de mercure, vient s'étendre, à son tour, la couche plus légère du vitriol philosophique. Non point alors la couperose ou sulfate de fer, mais le bel et vert émail recueilli, après que les clous eurent été enfoncés dans les mains et les pieds du Sauveur crucifié...

LES AIGLES DE BRUME

... Chaque préparation du Mercure avec son arsenic est une aigle ; lorsque les plumes de l'aigle ont été purgées de la noirceur du corbeau, faites en sorte que l'aigle vole jusqu'à sept fois, c'est-à-dire que la sublimation se fasse autant de fois ; alors l'aigle ou la sublimation est bien préparée et disposée pour s'élever jusqu'à la dixième fois naturellement.

... en douze heures je peux préparer une aigle, ou sublimation.

1°) J'ai fait voler une aigle. Diane est restée au fond de l'œuf philosophique avec un peu de cuivre.

2°) J'ai entrepris de faire voler une autre aigle, et après avoir jeté les superfluités, j'ai encore fait une sublimation, et de nouveau les colombes de Diane sont restées avec une teinture de cuivre.

3°) J'ai marié l'aigle, en faisant joindre la sublimation avec le compôt, et j'ai encore purgé en écartant les superfluités jusqu'à ce qu'il parut quelque blancheur ; alors j'ai fait voler une autre aigle ou sublimation, et une grande partie de cuivre est restée avec les colombes de Diane, puis j'ai fait voler l'aigle deux fois séparément pour opérer toute l'extraction du corps total.

4°) J'ai marié l'aigle en faisant retomber la sublimation sur la confection, et y ajoutant de plus en plus et par degrés de son humeur ou humidité radicale ; et par là la consistance a été faite en fort bon régime ; l'hydropisie qui avait régné dans chacune des trois premières aigles ou sublimations a cessé entièrement.

Telle a été la bonne voie que j'ai trouvée pour préparer le Mercure des Sages.

Ensuite, je mets dans un creuset, et au fourneau en place, la masse amalgamée et mariée selon l'Art ; je fais en sorte cependant qu'il n'y ait point de sublimation pendant une demi-heure ; alors, je la retire du creuset et la triture habilement ; puis je la remets dans le creuset et au fourneau, et après un quart d'heure ou environ je la retire encore et la triture, et alors je me sers d'un mortier échauffé...

Expériences sur la pénétration du Mercure des Sages, attribué à Eyrénée Philalèthe. Traduction par Salmon dans sa *Bibliothèque des Philosophes chimiques,* opus citem.

LES AIGLES D'APOCALYPSE

... Quand le dragon vit qu'il avait été précipité sur la terre, il poursuivit la femme qui avait enfanté l'enfant mâle.

Et les deux ailes du grand aigle furent données à la femme, afin qu'elle s'envolât au désert, vers son lieu, où elle est nourrie un temps, des temps, et la moitié d'un temps, loin de la face du serpent.

Et, de sa bouche, le serpent lança de l'eau comme une fleuve derrière la femme, afin de l'entraîner par le fleuve.

Et la terre secourut la femme, et la terre ouvrit sa bouche et engloutit le fleuve que le dragon avait lancé de sa bouche.

Et le dragon fut irrité contre la femme, et il s'en alla faire la guerre aux restes de sa postérité, à ceux qui gardent les commandements de Dieu et qui ont le témoignage de Jésus.

Et il se tint sur le sable de la mer...

L'*Apocalypse* de saint Jean,
12 - 13 à 17, dans la *Bible*.

Gravure sur bois d'une Bible
publiée à Lyon en 1575
chez Barthélemi Honorati

Chapitre sixième

LE CIEL T'AIDERA

Les paramètres de l'alchimie sont agricoles : saisons, météores, sites géographiques, etc.

Leur trait d'union avec l'Art, c'est la vibration. Nous allons donc tracer l'esquisse de quelques ondes, juste ce qui sera nécessaire pour notre éclairage.

Il faut concevoir, comme nous l'avons probablement compris, deux pôles de signes opposés, entre lesquels un concept se balance, tantôt chargé dans un sens, et tantôt dans un autre. Nous avons là une vibration fondamentale.

L'assemblage des vibrations fondamentales engendrera un tissu de plus en plus complexe, dont la corporification n'est qu'un aspect transitoire, ainsi notre univers sensible. C'est d'une certaine manière ce que pressent Einstein avec sa relation d'équivalence.

LES POLARITÉS   Il est nécessaire de bien saisir la notion de polarité, clef des sciences occultes ; en effet, les attributions des principes sont relatives, et nullement fondamentales. Sans cette parfaite distinction, on aboutit vite à une inextricable confusion. Stanislas de Guaita nous en dit quelques mots [1].

> ... Absolument parlant, il n'y a qu'un principe mâle, qui est Dieu ;
> qu'un principe féminin, qui est la nature. — Dans le monde subjectif, il n'y a qu'un principe mâle, qui est l'Esprit universel, et
> qu'un principe féminin, qui est l'Âme vivante ; dans le monde

---

(1) *Le Serpent de la Genèse,* opus citem.

objectif, enfin, qu'un principe mâle, qui est la Force, et qu'un principe féminin, qui est la Matière. Mais, sur ces divers plans, il est loisible de qualifier de masculines ou de féminines, les diverses modifications, facultés, énergies, etc., qui ressortissent à l'un ou à l'autre de ces principes...

La vie et la mort sont des pôles relatifs, comme l'espace et le temps, l'expansion et la compression, la lumière et les ténèbres. Chez le poète, ce seront la colombe et le corbeau, le nord et le sud pour le navigateur, le *Yang* et *Yin* chez le taoïste, l'*Aôd* et l'*Aôb* chez le kabbaliste, et bien sûr, le *soufre* et le *mercure* chez l'alchimiste. Notre énumération correspond à l'ordre positif-négatif, mais le chassé-croisé commencerait en cherchant l'association mâle-femelle.

Le neutre, en tant que principe, n'existe pas, de même qu'en alchimie le mercure-absolu ou le soufre-absolu. Dans le symbole du Tao, la vibration blanche contient un point noir, et la vibration noire un point blanc : il y a toujours un peu de Yin dans le Yang, et vice versa.

Et le sel ? Il représente effectivement un concept spagyrique, mais ne saurait nullement être assimilé à un troisième pôle philosophique.

Basile Valentin peut être considéré comme le fondateur de cette théorie des trois principes, laquelle, un siècle plus tard, fut développée par Paracelse, puis reprise par l'école spagyrique.

Hermès avait bien noté dans le *Pimandre*[1] que la trinité constituait une perfection, — lui-même n'était-il pas Trismégiste — mais il n'admettait que deux pôles, qu'il réunissait, en ce qui concerne l'alchimie, par un médiateur. Si la trinité représente la perfection, c'est que la polarisation des *Deux* principes se manifeste dans le *Trois* ! La triade exprime donc la manifestation achevée, sans que Trois ne devienne principe.

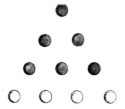

La tetraktys
(Quatre représente
la multiplicité
de l'univers matériel)

Basile Valentin dénomme symboliquement l'âme des minéraux *soufre,* le corps *sel,* et l'esprit *mercure,* mais pour éviter toute ambiguïté, précisons que lorsque nous utilisons la terminologie traditionnelle, nous entendons, comme les Anciens, par *soufre* un principe mâle, sec, igné, fixe, etc., et par *mercure* un principe femelle, humide, froid, volatil, etc., principes personnifiés par leurs homonymes chimiques. Nous étendons également l'appellation aux corps caractérisés par quelques-unes de ces vertus.

Pour don Juan, un vieux sorcier yaqui en plein désert de l'Arizona, présenté comme ignorant les grandes doctrines qui ont cours aux sanctuaires de l'ésotérisme, les pôles sont le *Tonal* et le *Nagual.* Écoutez son élève, Carlos Castaneda, résumer un saut dans un précipice, achèvement de l'initiation[2] :

> ... nous avions sauté ensemble, Pablito et moi, depuis le haut de la montagne dans un précipice.
> Avant ce saut, don Juan avait énoncé le principe de base de tout ce qui allait m'arriver. D'après lui, en sautant dans l'abîme, j'allais devenir perception pure et j'allais me déplacer entre les deux royaumes inhérents à toute création — le tonal et le nagual —, rebondissant de l'un à l'autre.
> Au cours de mon saut, ma perception était passée par dix-sept rebonds élastiques entre le tonal et le nagual. Pendant mes déplacements au sein du nagual, je percevais mon corps en état de désagrégation. Je ne pouvais ni penser ni ressentir de façon cohérente, univoque, comme je le fais normalement, et pourtant, en quelque autre manière, je pensais et je ressentais. Au cours de mes déplacements dans le tonal, j'explosais dans l'unité. J'étais un tout. Ma perception avait une certaine cohérence. J'avais des visions d'un certain ordre. Leur force contraignante était si intense, elles avaient l'air tellement réelles, et elles étaient si complexes que je n'avais pas été capable de les expliquer de façon satisfaisante...

QUELQUES VIBRATIONS   Les ondes répertoriées par notre physique vont de 0 à 10^{22} hertz (1 hertz = 1 vibration par seconde), mais il faut bien admettre que le clavier de l'Univers s'étend à l'infini.

(1) Ouvrage qui lui est attribué.
(2) • *The second ring of power,* 1977. Traduction française par G. Casaril, *Le second anneau de pouvoir,* Paris, 1979, Gallimard.
   • C. Castaneda est docteur en socio-anthropologie de l'Université de Californie.

Nos cinq sens, qui constituent cinq capteurs de vibrations, nous transmettent une certaine image du monde, que nous appelons la réalité sensible. Nos yeux perçoivent les fréquences de l'ordre de 10^{15} Hz, et nos oreilles entre 20 et 20 000 Hz ; mais les oreilles des chiens réagissent à 80 000 Hz, sans parler d'un capteur olfactif bien plus sensible que notre nez. On trouve banal que le chat puisse voir sans lumière, et ses moustaches, que captent-elles ?

N'ajoutons rien sur les insectes et leurs antennes (les abeilles n'ont pas de nez), quant aux végétaux, qui ne possèdent guère de capteur au sens ordinaire du mot, personne n'ignore plus, depuis les premiers tests de Clive Backster, en 1968 aux U.S.A., qu'ils perçoivent le contenu affectif de nos pensées. Les sentiments des végétaux étant corrélatifs à des impulsions électriques basse fréquence de l'ordre du microvolt, on peut, par l'intermédiaire d'un bon amplificateur différentiel, établir un surprenant dialogue avec eux[1].

Nous atteignons ici la notion de sixième sens, que tout le monde connaît, mais que la science se doit se rejeter puisqu'il n'y a pas d'organe correspondant. Ainsi à Lourdes, voilà quelques dizaines d'années, un aveugle qui se mit à voir sans rétine ne fut-il pas reconnu miraculé par l'Église. Eh oui, il faut une reconstitution d'organe pour qu'il y ait miracle, tout est question de concept.

Il va sans dire que notre perception du monde ne nous entraîne pas très loin dans l'Univers. Et le renfort de machines, lesquelles nous rendent perceptibles des ondes qui ne le sont pas, telles les ondes radios (10^5 à 10^{10} hertz), n'écarte guère nos limites.

Dans les sciences ésotériques, nous retrouvons d'autres sortes de vibrations, déterminant par là une divergence fondamentale avec l'Université : d'un côté des vibrations connues (par nos sens ordinaire ou par des machines) et de l'autre l'immense gamme des vibrations inconnues.

Toutefois, depuis 1939, l'électronicien russe Semyon Kirlian et son épouse Valentina ont jeté un premier pont entre l'occultisme et l'Université, en rendant lumineux des corps qui ne le sont pas à nos yeux. Rien à voir avec les travaux du physicien allemand Georg Christoph Lichtenberg, qui décrivait en 1777 les traces laissées par des étincelles sur la poussière d'une plaque isolante. Le principe de l'effet Kirlian repose sur la transformation, sous l'action des courants hautes fréquences, de pro-

(1) Lorsque nous étions plus jeune, nous ne dédaignions pas l'exploration marginale de la biologie, à l'aide d'excellents appareillages. C'est ainsi que nous pouvons présenter au lecteur bien autre chose que des élucubrations.

priétés non électriques en propriétés électriques. Des hiéroglyphes de lumière apparaissent, que les chercheurs s'emploient actuellement à déchiffrer[1].

L'appareil est facilement réalisable pour quelques centaines de francs, il suffit de produire des tensions de 20 à 60 kilovolts — très brèves lorsqu'il s'agit d'impressionner une simple pellicule photographique — sous une fréquence de 3 à 80 kilohertz, avec une intensité de l'ordre du microampère. Naturellement, il s'agit de flux d'ions et d'électrons, mais limiter là la conclusion renviendrait à ne voir dans un livre que l'encre sur du papier.

L'observation a lieu entre les deux plaques d'un condensateur branché en parallèle sur l'oscillateur. Le corps à étudier fait, selon le cas, office de diélectrique ou de plaque.

La haute fréquence a aussi des utilisations thérapeutiques bien connues, mais tombées en désuétude avec l'avènement de la chimiothérapie. Toutefois, à l'Université de Bordeaux, le professeur Potrisel et son équipe ont repris les travaux de l'ingénieur italien Prioré, qui conçut et réalisa, en 1960, à Floirac près de Bordeaux, une fantastique machine.

La méthode consiste à associer l'hyperfréquence, la haute fréquence, et le magnétisme, en dosant la puissance de chacun des trois facteurs (par exemple, en hyperfréquence, 9,5 gigahertz sous un microwatt pour 10 cm^2). Le prix de revient de la machine dépasse dix millions de francs (en 1980) car il faut construire un bâtiment spécial.

Sur les petits animaux, à peu près toutes les maladies sont alors guéries par action directe, comme en homéopathie ou acupuncture, c'est-à-dire au niveau du terrain et non des microbes, et plus précisément, mais ce n'est probablement pas Potrisel qui l'avouera, au niveau du *bioplasma*.

S'interroge-t-on parfois sur ce que deviennent les ondes ? Elles cumulent leurs puissances, celles des seules stations de radio officielles, comprises entre 2 000 kilowatts (Radio-Moscou) et 0,5 kW, déversent à chaque instant plus d'un mégawatt dans notre atmosphère. Ces ondes se heurtent à la paroi ionosphérique et rebondissent, mais dans les fréquences plus élevées, générées quotidiennement par les TV et radars militaires ou civils,

(1) Au début de notre siècle, le docteur Kilner, de l'hôpital Saint-Thomas à Londres annonça avoir mis au point un procédé permettant de distinguer l'aura : il l'observait au travers d'écrans chimiques.

une bonne partie perce les couches ionisées et va se perdre dans l'infini.

Un extra-terrestre observerait donc que la Terre est le siège d'une activité radio intense, de plus en plus intense chaque année ; et peut-être même — ne soyons pas pessimiste — la verra-t-il brutalement remplacée par une radio-activité tout aussi intense[1]...

D'après un tableau
de William Blake
(1757-1827)

(1) Rendons la boutade à son savant auteur : Charles-Noël Martin.

ÉMISSIONS DE FORMES   Toutes les vibrations dont font état les occultistes ne sont pas décelables par l'effet Kirlian, loin de là.

Certains graphismes, de par leur seule conception, engendrent des "ondes" ; on en trouve une application dans l'alphabet des vieilles langues sacrées (sanscrit, hébreu, etc.) et dans les pantacles. A fortiori, les dispositions géométriques dans l'espace, engendrent-elles aussi ce type de force.

Agissant à tous les niveaux de l'existence humaine, les ondes de formes, comme les baptisèrent Léon Chaumery et André de Bélizal, sont bien plus fondamentales que l'électromagnétisme ; un important groupe de recherches, animé par Jacques Ravatin, de l'Université d'Amiens, s'est constitué depuis quelques années pour étudier ces phénomènes, et plus généralement, tenter une approche globale de l'homme[1].

Les émissions de forme tiennent une place toute particulière dans l'architecture, et la pyramide à base carrée attribuée à Khoufou (Kéops) en constitue le plus célèbre exemple.

Même en modèle réduit, elle demeure efficace, du moment qu'elle ne comporte pas de parties métalliques, et que le rapport du périmètre de la base sur la hauteur équivale celui de la grande pyramide de Gizèh, c'est-à-dire 2π. (En la considérant pointue, car un pyramidion fictif de 4,88 m de côté la termine.)

Ces pyramides ont une action momifiante facilement vérifiable, les corps les plus périssables se dessèchent sans putréfaction. Elles ont encore — outre une influence sur le psychisme — une action sur les structures cristallines exactement à l'opposé du rayonnement lunaire : une lame de rasoir, qui s'émousse sous la Lune, s'aiguisera si on la place au niveau du tiers inférieur de la hauteur, tranchant parallèle à l'axe nord-sud et à un côté de la base.

Nul doute que certains lieux, bénéfiques ou maléfiques, ne tiennent leur influence que des configurations locales, naturelles ou artificielles.

Depuis le début du siècle, des pionniers ont patiemment défriché cette science : de Bélizal et Chaumery, Enel, Turenne, Morel, Bardet, etc.

---

(1) Fondation Ark'all à Villebon-sur-Yvette. (Inutile de nous chercher là-bas, nous n'appartenons à aucun groupement.)

Voici, prélevé dans le traité d'un autre investigateur[1], quelques mots sur une onde assez mystérieuse. En sa présence, les récepteurs classiques ne discernent pas de polarité (comme si un champ magnétique attirait indifféremment le nord ou le sud d'un barreau aimanté).

> ... un exemple célèbre de formes non polarisées est celui des statues de l'île de Pâques que nous verrons dans un chapitre sur les formes. L'expérience nous a appris à nous méfier. Nous nous souvenons en particulier d'une forme pyrogravée sur un petit contreplaqué sans puissance propre qui donnait l'impression d'étouffer dans un rayon de 40 mètres. Même cassée, cette forme émettait encore. Il a fallu la brûler...

Art d'Extrême-Orient
Musée de Toulouse

LA LUNE   La Lune n'est pas seulement l'évocation de la beauté et la lumière dans l'immensité ténébreuse, elle constitue aussi un émetteur d'ondes. De même que les rayons cathodiques deviennent les rayons X en se réfléchissant sur une plaque de métal, les puissants rayons solaires ont des propriétés fort différentes réfléchis par notre satellite.

D'ailleurs, tout le monde connaît l'influence de la Lune sur les marées et les plantes : les semis de légumes-racines en Lune ascendante fleurissent avant complet développement, et le rendement s'avère moindre, parfois même il n'y a rien à manger. C'est ainsi que la Lune croissante convient plus particulièrement aux semis de fleurs, la Lune descendante aux semis de racines. Ceux qui prétendent le contraire n'ont pas de jardin, les esprits obtus ne manquent pas, comme ce célèbre critique dramatique réputé pour son solide bon sens au point de devenir l'*oncle* et l'oracle du public moyen : "les paysans bretons sont tellement crédules qu'ils croient à une influence de la Lune sur les marées[2]".

---

(1) Jean de La Foye. *Ondes de vie, ondes de mort*, Paris, 1975, R. Laffont.
(2) • Francisque Sarcey (1827-1899), qui collabora au *Temps* de 1867 à sa mort.
   • *Le Temps,* Paris, 1829 à 1942. Journal républicain qui tirait à près de 23 000 exemplaires en 1880.

Des chercheurs, comme le professeur Franck Brown, de la Northwestern University, dans l'Illinois, ont obtenu des résultats prouvant indiscutablement l'influence de la Lune sur les êtres vivants.

Par exemple des rats, enfermés plusieurs mois dans des conditions absolument constantes (lumière, pression, température, etc.), n'avaient plus aucun point de repère pour savoir où se trouvaient le Soleil et la Lune. Brown mesura leur activité, elle se révéla nettement en parallèle avec la position de notre satellite, faible ou très forte selon le cas, et plus précisément six fois plus forte aux premières heures du jour lunaire qu'à la onzième. Nous n'allons pas multiplier les exemples, passons aux règles pratiques avec Papus (1865-1916)[1].

> ... La Lune reproduit analogiquement dans ses phases la loi universelle d'involution et d'évolution en quatre périodes. Pendant la première moitié de son cours (NL à PL), la Lune croît, d'après les apparences. C'est le moment et le seul que doit utiliser le magiste pour ses opérations de lumière ; c'est également le moment où les influences lunaires sont vraiment dynamiques...

Les opérations importantes auront donc lieu en Lune ascendante, au plus près de sa plénitude, sous un ciel calme de préférence.

Si le Soleil et la Lune dominent le monde terrestre, le fond du ciel et les planètes sont loin d'être négligeables, notamment pour la troisième phase. Respectueux de la règle ancestrale, l'alchimiste commencera son premier œuvre avec le premier mois zodiacal, lorsque le Soleil passe dans le signe d'Ariès, le Bélier.

Il pousuivra son travail chaque nuit, dans un cycle naturel jusqu'à la fin de la saison. Alors, dans son parterre, des violettes auront remplacé les primevères.

Et si ses violettes hermaphrodites sont stériles, comme on l'observe souvent dans la campagne au printemps, l'artiste, dédaignant les fleurs d'été, attendra le prochain renouveau. Il aura ainsi tout loisir d'étudier quelque peu l'astronomie.

---

(1) • *Traité méthodique de magie pratique*, Paris, 1924, Chacornac.
   • Gérard Encausse, docteur en médecine, particulièrement actif puisqu'il publia 160 titres sans compter les traductions, dénicha le pseudonyme Papus dans le Nucteméron d'Apollonius de Thyane, Philosophe qui retrouva, disent certains, la momie de Nefer-Kâ-Ptah serrant dans ses bandelettes le fameux *Livre de Thot*.

Gravure réalisée par C. Mettais
*pour l'*Astronomie populaire *de C. Flammarion, 1881*

LA VOÛTE CÉLESTE   Pour le raisonnement, assimilons comme les Anciens le ciel à une sphère géante, aux parois constellées, dont la Terre serait le centre. A l'intérieur, le Soleil semble parcourir chaque année un grand cercle, c'est l'*écliptique,* ainsi nommé parce que fatalement, des éclipses s'y produisent.

Les autres planètes paraissent suivre le même chemin que le Soleil : toutes circulent dans une zone de l'ordre de 8° de part et d'autre de l'écliptique. Cette bande circulaire de 16°, où planètes et Soleil font la ronde, c'est le *Zodiaque.*

> ... Dans tous les pays et à toutes les époques explorés par la science historique, nous dit Marcelle Senard[1], on le retrouve à peu près identique... La Babylonie, l'Égypte, la Judée, la Perse, l'Inde, le Tibet, la Chine, l'Amérique du Nord et du Sud, les pays scandinaves, les pays musulmans, et beaucoup d'autres encore ont connu le Zodiaque et pratiqué l'astrologie. Partout il est associé aux monuments humains les plus importants : stèles, temples, lieux où se célébraient les mystères et les initiations...

Sur ce ruban de 360° semblent imprimés des amas d'étoiles. Pour l'instant, simplifions et disons qu'après en avoir défini douze, le ruban fut découpé en autant de tranches rectangulaires de 30° chacune : les fameux *signes du Zodiaque.*

Dans ces conditions, chaque fois que le Soleil entre dans une nouvelle tranche du Zodiaque, nous nous trouvons sous ce signe ; ainsi, naître sous le signe du Scorpion signifie que le Soleil, sur son écliptique, était dans le rectangle du Scorpion lors de la naissance.

Sur la ceinture zodiacale, la Lune, Mercure, Vénus, le Soleil, Mars, Jupiter, et Saturne, se déplacent à des vitesses différentes. Leurs positions, respectives et par rapport au Zodiaque, dessinent diverses configurations ou *aspects.* Ainsi, une combinaison quelconque des trois planètes supérieures (Mars, Jupiter et Saturne), avec leurs constellations, se reproduit-elle environ tous les 118 ans.

Figure du traité d'un Philosophe anonyme dans le
Musæum Hermeticum

(1) *Le Zodiaque, clef de l'ontologie,* Lausanne, 1948, Roth.

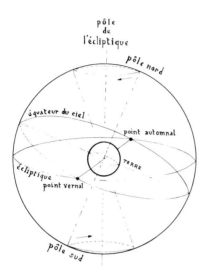

Revenons à notre voûte céleste, et tra-
çons-y un grand cercle perpendiculaire
à l'axe de la Terre : ce sera l'*équateur
céleste,* il partage la voûte en deux hé-
misphères. Naturellement, l'équateur
céleste et l'équateur terrestre sont dans
le même plan, lequel coupe le plan de
l'écliptique avec un angle de 23° 1/2[1].

Donc, lorsque le Soleil parcourt le Zodiaque, il rencontre à deux reprises
l'équateur, passant là d'un hémisphère
à l'autre : au début du printemps et à
l'automne ; on appelle ces intersections
point vernal, et *point automnal,* ou
équinoxes.

Le point vernal marque aussi le début
de l'année zodiacale, et celui des travaux philosophiques.

PRÉCESSION DES ÉQUINOXES   Personne n'ignore que l'année
zodiacale commence avec le Bélier. Donc, découlant de ce qui précède, le
point vernal correspondrait au premier degré de la constellation du
Bélier ? Eh bien pas du tout, c'était exact 1 800 ans J.-C., et ce le sera
de nouveau — sauf cataclysme — d'ici 220 siècles, mais actuellement, le
point vernal est dans la constellation des Poissons.

En effet, l'axe de la Terre éprouve un lent balancement conique, ainsi
qu'une toupie. Chaque oscillation dure 25 920 ans selon les anciennes
traditions ; c'est ce que l'on appelle la *grande année,* ou l'*année platoni-
cienne* à cause d'un très complexe passage dans le livre huitième de la
République de Platon[2].

---

(1) Variable sur plusieurs milliers d'années, comme nous le comprendrons plus loin, entre
    22,0° et 24,6°.
(2) • Nous ne le citons pas, car avec la nécessaire démonstration mathématique, cela prendrait
    quatre pages.
    • *La grande année* était connue chez les anciens Égyptiens, bien avant Platon (-428
    à -347).

Ainsi, tout doucement, l'axe de la Terre ne désignera-t-il plus la queue de la Petite Ourse comme étoile polaire, mais Véga de la Lyre dans 11 000 ans environ ; à ce moment le point vernal entrera dans la Vierge[1].

L'écliptique, dont un Dragon garde le pôle boréal, n'est pas concerné par l'oscillation, laquelle dévie seulement le plan de l'équateur ; il en résulte bien que les deux points de jonction se déplacent sur l'écliptique. Le décalage s'opère à reculons, d'un signe complet en moyenne tous les

$$25\ 920\ /\ 12 \quad = \quad 2\ 160 \text{ ans.}$$

Un degré de variation donne donc

$$2\ 160\ /\ 30 \quad = \quad 72 \text{ ans.}$$

C'est la valeur admise par Claude Ptolémée (90-168), tandis qu'Hipparque de Nicée (- 190 à - 125) estimait le degré moyen à 100 ans.

D'après l'histoire des civilisations, le début d'une *ère zodiacale* commence lorsque le point vernal passe vers le milieu de la constellation, et non au début. A chaque fois, il y eut des époques de transition. Par exemple, la civilisation romaine prit fin avec la mort du Christ, *pasteur* et *pêcheur d'hommes*. Mais en vertu d'une certaine inertie, le courant spirituel romain continua sur sa lancée jusqu'à l'aube du XVe siècle, malgré la propagation du christianisme.

Ainsi le point vernal entre-t-il[2]

— dans le Taureau	vers	4300 avant J.-C.
pour en sortir	vers	1800 avant J.-C.
— dans le Bélier	vers	1800 avant J.-C.
pour en sortir	vers	30 après J.-C.

(1) • Le même calcul montre qu'en 1980 le décalage, depuis le pontificat de Grégoire XIII, atteint 5 jours et 1/2.
  • Si l'on avait conservé le calendrier julien, dans lequel en 1582 le printemps tombait le dimanche 11 mars, l'équinoxe de 1980 serait décalée au 8 mars (l'année julienne étant légèrement différente de l'année solaire : 365,25 j. pour env. 365,242 j.).

(2) Dans la réalité, les constellations ne mesurent pas 30° d'arc, de plus leurs contours ne sont nullement rectangulaires.

— dans les Poissons   vers   30 après J.-C.
   pour en sortir   vers   2100 après J.-C.

L'ère zodiacale, définie entre le milieu de deux constellations, s'étend donc approximativement :

— Taureau   de   2907 après J.-C.   à   747 après J.-C.
— Bélier   de   747 avant J.-C.   à   1413 après J.-C.
— Poissons   de   1413 après J.-C.   à   3573 après J.-C.

Notons que dans la Sagesse hindoue, la durée des *Yuga* correspond à des cycles intégrant le mouvement des apsides et allant jusqu'à des dizaines d'années platoniciennes...

D'aucuns se gaussent lorsqu'ils ont entendu parler de la précession des équinoxes : le calendrier zodiacal est complètement faux, on appelle Lion le Cancer, Balance la Vierge, etc.

Quelle stupidité, l'astronomie est à l'astrologie ce que la chimie est à l'alchimie ; quant à l'art d'Hermès, il s'appuie sur l'*astrosophie.* Eh oui !

Nous devons distinguer deux ensembles :

les signes,   qui sont le découpage géométrique, en douze rectangles de 30°, du ruban où les sept astres paraissent défiler en éternelle procession.

Bien que circulaire, ce ruban a un début et une fin, comme le fameux serpent dévorant sa queue. Le *Bélier,* enfonceur de murailles, est une excellente représentation de la tête, il serait ridicule de le remplacer par un *Poisson,* parfaitement à sa place en queue. Il existe donc une légitimité dans la symbolique ; lorsque le Soleil franchit l'équinoxe d'automne, n'est-ce pas l'évocation d'une *Balance* ?

les constellations,   qui sont des amas d'étoiles, aux contours plus ou moins nets. Dans le Zodiaque, leur taille varie de 21 à 43°, et il faut reconnaître que les figures traditionnelles, le Lion par exemple, évoquent bien leurs homologues terrestres.

Elles portent le même nom que les signes, ceci peut paraître déroutant ; pas plus au demeurant que la graduation du réglet dans une règle à calcul.

Le point vernal, ou point *gamma* puisque la lettre gamma symbolise le Bélier, se déplace donc dans les constellations, mais non dans les signes qu'il entraîne avec lui.

Ptolémée savait parfaitement ce qu'il faisait en conservant, dans son *Tetrabyblos,* le premier degré du Bélier comme point initial du Zodiaque. Par ailleurs, dans son *Almageste,* purement astronomique, il indiquait que le point vernal se trouvait dans les Poissons, et fièrement augmentait toutes les longitudes d'étoiles du catalogue d'Hipparque.

L'alchimie, le lecteur l'a compris, reste donc "soumise aux symboles antiques, nés au plus lointain des âges, avec la science même".

D'après une gravure sur pierre (andésite noire) photographiée par R. Charroux en 1973 à Ica (Pérou). Dans L'énigme des Andes *(Laffont, 1974), Charroux se montre convaincu de l'authenticité de ces glyphes, évaluant leur âge à plus de 10 000 ans*

LES ÉCLIPSES   Le plan orbital de la Lune est incliné de 5° sur celui de l'écliptique. Les deux orbites se coupent donc en deux points que l'on appelle *nœuds lunaires,* c'est là évidemment que se produisent les éclipses.

Le Soleil et la Lune s'éclipsent à merveille, du fait — particulièrement surprenant — de leur diamètre apparemment identique :

— Soleil   32' 00''   ±   30''
— Lune   31' 24''   ±   02' 06''

Sachons aussi que par un mouvement analogue à celui des points vernal et automnal, les nœuds se déplacent sur l'écliptique dans un mouvement rétrograde qui dure 18 ans 7 mois et quelques jours. La connaissance des nœuds permet de se représenter le chemin suivi par la Lune durant le mois considéré, et Rudolf Steiner (1861-1925) ajoute[1] :

> ... chaque fois que ces points reviennent à l'endroit où ils se trouvaient lors de la naissance, autrement dit, quand l'être humain atteint l'âge de 18 ans et 7 mois, puis 37 ans et 2 mois, etc. il devient particulièrement réceptif au monde astral, dans son subconscient, ce qui peut se manifester par des rêves singuliers et d'autres phénomènes. Les nuits qui coïncident avec ces périodes sont les plus importantes de toute notre vie. Seulement, faute d'en être instruit, on n'y prête généralement pas attention...

Par suite des trois cycles : année solaire, année lunaire et nœuds lunaires, les éclipses se reproduisent à intervalles réguliers : 18 ans et 11 jours. A l'intérieur de cette période, baptisée *Saros* par les Chaldéens, se succèdent 86 éclipses : deux fois plus du Soleil que de la Lune.

Mais nous ne pouvons aborder tous les rythmes ; nous nous limiterons donc à l'activité solaire, sous un angle purement exotérique précisons-le.

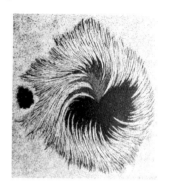

Tache solaire
(filets lumineux s'écoulant
vers le centre)
Astronomie populaire
1881, C. Flammarion

PERTURBATIONS SOLAIRES   Le Soleil semble respirer : sa peau monte et descend de 8 kilomètres toutes les 160 minutes, rythme conforme à sa taille gigantesque. A la surface apparaissent, entre autres phénomènes, des groupes de taches sombres, fortement magnétisées, et presque toujours bipolaires, c'est-à-dire comportant un pôle sud et un pôle nord. Il n'y a jamais de taches au niveau de l'équateur, et dans chaque hémisphère, leur polarité est inversée.

Galilée (1564-1642) les prenait pour des nuages de l'atmosphère solaire. A notre époque, on émet d'autres hypothèses, sans être sûr d'aucune ; toutefois, la rotation différentielle du Soleil n'y est probablement pas étrangère, masse fluide, il fait un tour en ≈ 25 jours à l'équateur, et ≈ 34 jours près des pôles.

La durée de vie des taches est variable, 2 semaines en moyenne : de très petites ne durent parfois qu'une journée, le record atteint 5 mois.

Si elles sont assez étendues, on les distingue très bien à l'œil nu, des chroniques grecques datant de quelques siècles avant J.-C. en font d'ailleurs état. C'est en observant régulièrement les taches que l'astronome allemand Christoph Scheiner (1573-1650) détermina la durée de rotation du Soleil. Sur les taches, il laissa plus de 2 000 observations, toutes fort précises. Divers observateurs moins connus se succédèrent, jusqu'à un autre Allemand, H.F. Schwabe, astronome amateur, qui prit fortuitement la relève au XIXᵉ siècle, suivi de R. Wolf, un Suisse. Naturellement, à notre époque, les astronomes les surveillent plus que jamais.

Parfois, les zones tachées sont le siège d'éruptions ; les émissions solaires, qui restent invariables dans le visible, sont alors décuplées dans l'ultra-violet capté par la Terre, et multipliées par un million dans la bande radio. Les astronomes sont en effet à l'écoute du Soleil[2], sur toute la gamme des ondes connues ou décelables, c'est-à-dire jusqu'aux rayons gamma. Une composante assez stable est filtrée sur 2 800 mégahertz, elle sert d'indicateur d'activité. Une cinquantaine d'observatoires sont en état d'alerte permanent, car lorsque les signes apparaissent, on dispose de quelques heures sur Terre pour prévenir les perturbations qui vont suivre.

---

(1) *Mathematish-astronomische Blätter,* avril-mai 1920. Traduit par G. Claretie dans *Le Ciel des Dieux*, livre cité en annexe.

(2) • On écoute tout ce qui peut l'être, le 1ᵉʳ catalogue des radiosources, publié en 1950, en recensait déjà une cinquantaine.

• Jupiter est l'astre le plus bruyant après le Soleil. Signalons aussi les énigmatiques *quasars,* qui, bien que matériellement minuscules pour ne pas dire inexistants, rayonnent une gigantesque énergie.

Généralement, elles ne deviennent pas catastrophiques, par exemple lorsqu'une grande quantité de rayons X atteint l'ionosphère, les communications téléphoniques sont troublées. Voici d'autres exemples où des "augmentations" se montrent en étroite corrélation avec les éruptions solaires, ainsi que l'ont déterminé les spécialistes.

— **Faure** 1935 (**Poumailloux** et **Viart** en 1959)
Augmentation du nombre d'infarctus

— **Bach** et **Schluck** 1942
Augmentation de dangereux spasmes convulsifs chez les femmes qui accouchent (éclampsies)

— **Reiter** 1953
Augmentation des naissances

— **Berg** 1960 (d'après travaux de **G. et B. Düll** dans les années trente)
Augmentation des suicides
Augmentation des décès par tuberculose

— **Becker** 1963
Augmentation des accidents psychiatriques

— **Malin** 1978
Aggravation des maladies cardiaques.

LE CYCLE DES TACHES   S'il ne se dégage pas de rythme pour les éruptions solaires, il en va différemment pour les taches.

En effet, une périodicité se dessine, et en 1843 le pharmacien Heinrich Schwabe (1789-1875), passionné d'astronomie, avait annoncé, après 18 années d'observations assidues, l'existence d'un cycle de 10 ans pour les taches. Naturellement, on ne moqua de lui, mais en 1851, son compatriote Johann von Lamont (1805-1879), directeur de l'Observatoire de Munich depuis 1835, découvrit que les courbes du champ magnétique terrestre variaient elles aussi tous les 10 ans. Presque en même temps, l'astronome Rudolf Wolf (1816-1893), directeur de l'Observatoire de Zurich depuis 1850, calcula le cycle avec une précision qui s'avéra excellente, puisqu'il trouva 11,1 ans, alors que maintenant, disposant de don-

---

(1) Notons aussi qu'en cette année 1980, la pointe du cycle est la plus élevée depuis au moins trois siècles.

nées bien plus nombreuses, on admet en moyenne 11,14 ans. La période peut cependant s'allonger ou se raccourcir de plusieurs années. En outre, la polarité des taches s'inverse tous les deux cycles (22 ans), et la montée de chaque alternance, qui dure 4 ans 1/2, est nettement plus rapide que sa descente : 6 ans 1/2[1].

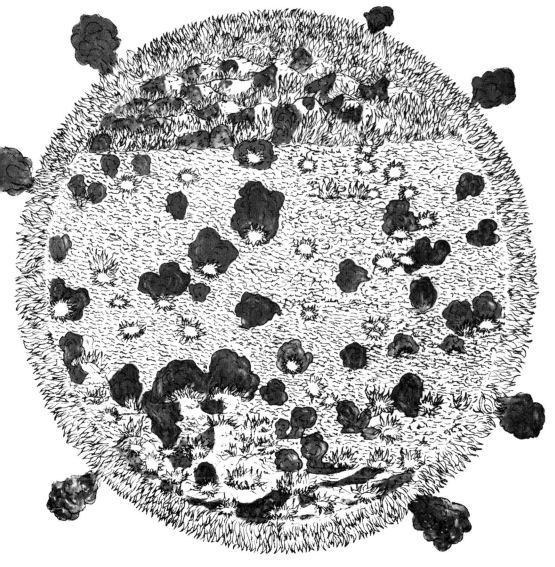

Schéma du soleil, d'après les observations de Kircher et de Scheiner, l'an 1639 à Rome
Planche extraite du Mundus subterraneus, *publié à Amsterdam en 1664 et 1665*
Athanasius Kircher (1601-1680)

Bien des savants ont étudié les taches, nous ne pouvons les citer tous. Certains ont vu l'influence de Jupiter, qui met 11,86 années pour parcourir son orbite ; dans ce cas, l'écart pourrait en toute logique être dû à l'action combinée des autres planètes.

Wolf proposa, en 1862, l'existence d'un sypercycle couvrant environ 7 cycles de onze ans, soit 80 à 90 ans, dont les maxima se situeraient en 1778, 1860 et 1947. Au dire des spécialistes, il semble bien qu'il ait raison.

Plus récemment, le Tchécoslvaque F. Link, en étudiant la fréquence des aurores polaires d'après les chroniques anciennes, proposa un supercycle de 4 à 6 siècles.

L'Anglais William Maunder (1851-1928) avait mis en évidence, en consultant les vieilles observations, une absence quasi totale de taches durant la période 1645 à 1715 ; les astronomes pensent qu'il s'agirait peut-être de la coïncidence d'une zone d'activité minimale de deux supercycles. On constata avec étonnement que ces trois quarts de siècle correspondaient à une période météorologique froide nettement marquée[1], nous y reviendrons en annexe, avec le docteur Pierre Kohler.

Les taches solaires sont effectivement corrélatives à nombre de phénomènes terrestres, phénomènes renforcés lorsque Vénus est en conjonction avec le Soleil, remarqua Link.

Voici les constatations effectuées depuis le début du siècle par quelques-uns des chercheurs qui se sont intéressés à la question. (Nous indiquons ce qui correspond aux maxima.)

Flammarion   (Observatoire de Juvisy, directeur)
Date de floraison de certains arbres (lilas, marroniers, etc.) et retour d'oiseaux migrateurs (hirondelles, coucous, etc.)

Abbé Moreux   (Observatoire de Bourges, directeur)
Fonte des glaces polaires. Etc.

Tchijewski   (Université de Moscou, professeur)
Agitation humaine (guerres, révolutions, migrations, etc.)

Nelson   (R.C.A. Communications, directeur technique)
Perturbations des réceptions radiophoniques (certaines ondes sont affaiblies, d'autres renforcées)

---

(1) Il y eut l'équivalent de 1400 à 1515 (minimum de Spörer).

En outre les perturbations s'accroissent lors de certaines configurations avec le Soleil : conjonction, quadrature, et opposition (soit respectivement 0°, 90°, et 180°)

Bidault de Lisle (astronome indépendant. Observatoire personnel à l'Isle-sur-Serein, dans l'Yonne)
Qualité des vins de Bourgogne (les grands crus correspondent aux maxima).

A la vague des défricheurs succéda une vague d'expérimentateurs méticuleux, lesquels mirent au point des dispositifs impeccables.

Voici quelques célébrités qui dégagèrent des lois sur l'influence du cycle des taches, et firent s'écrouler les postulats de la vieille science. Leurs quantités de mesures sont impressionnantes, 120 000 pour Schulz par exemple.

Maki Takata (Japon)   communication en 1951
Parallélisme mois par mois avec la floculation des albumines (colloïde organique) dans le sang humain.
Travaux commencés en 1939

Giorgio Piccardi (Italie) communication en 1959
Parallélisme mois par mois avec la vitesse de précipitation d'un colloïde inorganique (oxychlorure de bismuth)
Tests commencés en 1951

N. Schulz (URSS)   communication en 1960
Parallélisme mois par mois avec le nombre de leucocytes dans le sang des sujets bien portants.
Travaux commencés en 1954.

L'existence du cycle remonte à plusieurs milliards d'années, ainsi que le démontra Piccardi en étudiant les variations d'épaisseur des sédiments fossiles : précambrien 11,3 années ; dévonien supérieur 11,4 ; carbonifère inférieur 11,4 ; écocène 12 ; oligocène 11,5.

LES MOUVEMENTS DE LA TERRE   Les lois dégagées par les savants à l'intérieur des sujets d'expérimentation seraient naturellement intéressantes à étudier, par exemple l'influence des écrans, mais nous avons déjà largement débordé notre cadre.

Nous allons tout de même présenter un point important, sans relation avec les taches.

Le professeur Piccardi avait observé que de nettes variations de résultat se reproduisaient chaque année vers la même époque. Le caractère des courbes, trochoïdales au lieu de sinusoïdales, l'incita à chercher dans l'espace un mouvement analogue. Il en trouva un, qui l'entraîna dans une surprenante hypothèse ; il vérifia en multipliant les mesures sur toute la Terre, l'explication s'avérait bien exacte : influence des *champs galactiques*.

Ceci, qui n'a l'air de rien si l'on ne possède pas quelques notions d'astrophysique, plongea dans la perplexité nombre de spécialistes. "On a supposé jusqu'à maintenant, déclare Piccardi, que les champs existants dans l'espace sont faibles, mais la variation annuelle du test D est si importante qu'il est difficile de pouvoir l'interpréter par l'interaction de champs faibles. Une cause bien plus générale et profonde doit entrer en jeu." Effectivement, le professeur Antonio Giao, réunissant les conclusions de Piccardi et les équations d'Einstein, prouva l'existence des champs de forces galactiques. La cosmologie relativiste rendait l'hypothèse admissible du point de vue scientifique.

Pour conclure, voici le mouvement de la Terre[1] dans la Galaxie, responsable du fameux cycle annuel indépendant des saison[2].

> ... On sait que le Soleil se transporte, avec tous les corps qu'il entraîne avec lui, vers la constellation d'Hercule... que la Terre tourne autour du Soleil... il résulte que la Terre parcourt dans la Galaxie une trajectoire hélicoïdale.
> Un calcul élémentaire ou un simple graphique montrent que de ce fait :
> 1) pendant le mois de mars, la translation de la Terre par rapport à la Galaxie se fait sensiblement dans le plan de l'équateur terrestre ;
> 2) pendant le mois de septembre, la translation de la Terre se fait sinon le long de son axe, dans une direction pas trop écartée de celle du pôle N (l'écart est de 28°30') ;
> 3) la vitesse de déplacement de la Terre dans la Galaxie varie pendant l'année et passe d'un maximum en mars (45 km/sec.) à un minimum en septembre (24 km/sec.) ;

---

(1) Un jour sidéral de la Terre dure actuellement 23 h 56 mn 4 s.
(2) Conférence du Pr Piccardi au Palais de la Découverte, Paris, 1959.

4) la Terre se déplace avec l'hémisphère N en avant, sauf pendant une petite partie du mois de mars.

. . . .

En résumé, pendant le mois de mars, et seulement pendant ce mois, la Terre se dirige à peu près, à la vitesse maxima, vers le centre galactique, c'est-à-dire le long des lignes de forces d'un champ radial et perpendiculairement aux lignes de forces d'un champ dipolaire galactique. Cette double condition ne se reproduira plus au long de l'année. Les conditions de mars sont donc tout à fait particulières.

Les caractéristiques de l'orbite hélicoïdale de la Terre ont été calcultées récemment par le Dr Quilghini, de l'Institut de Mécanique Rationnelle de l'Université de Florence...

De Lapide Philosophico *(Lambsprinck), aans le Musæum Hermeticum*

LA LOI DU SYNCHRONISME   Dans l'immensité du domaine des vibrations, la musique tient une place de choix. Nous en parlerons dans le prochain chapitre, car pour terminer celui-ci, nous allons aborder les résonances et phénomènes similaires.

Chacun sait qu'une femme élégante trouve d'instinct les matières, couleurs, et formes, qui s'harmonisent à ses propres vibrations ; ce qui va à l'une ne va pas à l'autre, la sélection est opérée par résonance.

Rappelons que tout corps capable de vibrer possède une fréquence propre[1] : si on lui transmet — même faiblement — une énergie ondulant à un multiple de cette période, les vibrations acquièrent une grande amplitude ; il résonne. A part la destruction du système, il n'y a pas de limite à cette amplification, le cas est resté célèbre du ténor brisant le cristal lorsqu'il lançait son ut, ou du pont qui s'effondra sous le pas cadencé des soldats ; depuis, c'est d'ailleurs au "pas de promenade" que les militaires traversent les ponts.

Ce principe fait l'objet d'applications fort nombreuses, par exemple pour capter une station sur un poste radio-récepteur, on tourne le bouton (du résonateur variable) jusqu'à ce que la fréquence soit identique à celle de l'émetteur. Quand il y a résonance, la vibration devient puissante, elle se détache alors du bruit de fond et peut être nettement perçue. Sans résonateur, les vibrations du violon seraient inaudibles, mais Antonio Stradivarius mettait aussi une parcelle de son âme dans ceux qu'il fabriquait.

Nous appellerons *loi du synchronisme,* — ou si l'on préfère, loi de synchronicité — les phénomènes, biologiques et autres, d'approche par résonance. Le synchronisme, ou "la jubilation des hasards" selon Claudel, est donc la relation qui s'établit entre une pensée, — la pensée n'est-elle pas vibration ? — et un résonateur inconnu.

En pratique, si une pensée que l'on émet rencontre un résonateur dans sa sphère d'influence, elle resurgit dans notre champ de perception, amplifiée, accompagnée des éléments de réponse que livre le résonateur, ce qui nous laisse parfois quelque peu abasourdi.

C'est probablement pourquoi en alchimie, les vieux Maîtres classiques se

---

(1) La fréquence de vibration des corpuscules sub-atomiques est donnée dans n'importe quel traité de mécanique ondulatoire.

montrèrent si avares de précisions ; ils savaient que le chercheur sincère, intelligent, intuitif, trouverait des résonateurs pour éclaircir les points obscurs[1] : "je vous avertis, déclare Morien à Calid, que ce magistère, que vous avez tant cherché, ne se découvre ni par violence ni par menaces ; que ce n'est point en se fâchant que l'on en vient à bout, et qu'il n'y a que ceux qui sont patients et humbles, et qui aiment Dieu sincèrement et parfaitement, qui puissent prétendre l'acquérir"[2].

Il peut cependant s'établir des résonances parasites, humainement difficiles à filtrer. Ainsi Fulcanelli buta-t-il plus de vingt-cinq ans sur l'identification de l'*or des Sages* — ou terre dont Dieu fit Adam, nous exposera-t-il plus tard — alors que les auteurs sont assez nombreux à en parler, même Figuier, en toute innocence : "(Glauber) a le premier posé le précepte de ne point rejeter comme inutile, comme *caput mortuum,* le résidu des opérations chimiques"[3].

Fulcanelli, qui tenait le Cosmopolite en grande estime, ne pouvait ignorer par exemple le passage suivant "la séparation de la vapeur aqueuse et liquide d'avec les noires fèces"[4] :

... prenez donc la terre ("en la partie supérieure... réside la vie de la terre morte"), et la calcinez dans le fumier de cheval, tiède et humide, jusqu'à ce qu'elle devienne blanche et qu'elle apparaisse grasse. C'est ce Soufre incombustible qui, par une grande digestion, peut être fait un Soufre rouge...

Ainsi excisées, les explications paraissent à peu près claires, mais replacées dans leur contexte, avec les pièges du Cosmopolite, elles sont loin de sauter aux yeux.

Carl Gustav Jung (1875-1961) cite souvent un événement authentique qui l'a marqué : une femme qu'il psychanalyse souffre de graves troubles nerveux. Sur le divan, elle refuse obstinément de se laisser aller, il faut lui arracher les mots, Jung ne parvient pas à lui faire raconter ses rêves. Il la supplie, enfin elle murmure entre les dents "J'ai rêvé d'un scarabée".

---

(1) Selon nous, à l'époque où le matérialisme étouffe la Tradition, il fallait quelques nouveaux encouragements.
(2) • *Entretien du Roy Calid,* dans la *Bibliothèque* de Salmon, opus citem.
(3) • *L'Alchimie et les Alchimistes,* Paris, 1860, Hachette.
    • Johann Rudolf Glauber (1604-1668), spagyriste (voir notre index).
(4) *Les œuvres du Cosmopolite,* opus citem.

A ce moment, Jung entend des petits coups frappés contre la vitre, il ouvre la fenêtre, et dans un vol ronflant, un beau scarabée doré entre dans la pièce. Bouleversée, la patiente se livre enfin, elle guérira rapidement.

Dans l'écriture égyptienne, la figure du scarabée aux pattes tendues signifie approximativement "apparaître sous une forme donnée" ! Quelle profondeur dans cette séance, de portée véritablement initiatique : dans les temples d'Egypte, le nouvel Initié recevait une petite boîte recouverte d'un scarabée ; le couvercle, mû par un ressort secret, découvrait un œuf d'or sur lequel étaient représentés les "Douze" (grands dieux). En tous cas, cela n'empêcha pas Jung de se fourvoyer en situant l'alchimie au niveau du dérangement cérébral[1].

Si l'on se met en état de réceptivité, on peut traiter quantité de problèmes par synchronicité, et cela n'a rien de magique. Il suffit d'oublier la logique habituelle, et vaincre la répugnance que l'on éprouve presque toujours à accorder quelque attention à divers détails insignifiants. Naturellement, il n'est pas question de se laisser submerger par les détails, on apprend vite à tomber juste.

La fréquente présence du détail s'avère particulièrement remarquable, elle n'est d'ailleurs pas sans une certaine analogie avec les signatures, marques de la Nature que l'on observe aux trois règnes.

Le lecteur saisira peut-être mieux cette notion de détail négligeable et stupide, qu'ordinairement on ne pense qu'à balayer, s'il se souvient comment, pour le mettre dans l'ambiance, nous avons associé l'alchimiste à l'alcool. Le détail consistait en la promiscuité des mots ; dans l'exemple de Jung, c'était les tapotements d'un quelconque insecte sur une vitre.

S'il importe peu que le détail venant s'offrir constitue une véritable donnée du problème à traiter, — ou s'y révèle totalement étranger, quoiqu'on le sache rarement à l'avance — conséquemment il importe peu que le sous-raisonnement soit juste ou faux ! du moment que la réponse se montre efficace.

Il se trouve que l'alcool représente effectivement une donnée alchimique, mais le scarabée de Jung ne correspond nullement à un élément psychiatrique. Un exemple type de problème solutionné grâce à un détail totale-

---

(1) *Psychologie und Alchemie.* En français chez Buchet-Chastel, Paris, 1970. (1ʳᵉ édition allemande en 1944 à Zurich.)

ment étranger au contexte, c'est l'image de Newton découvrant les lois de la gravitation universelle grâce à une pomme.

D'après Typus Mundi, *publié en 1627*
par dix rhéteurs du Collège Jésuite d'Anvers

En arrière-plan symbolique, on aperçoit l'arbre de la connaissance, dont elle est le fruit. Tous ces liens subtils tissent la synchronicité.

Ainsi le timbre délicat des clochettes[1] du Monde vient-il caresser les oreilles du rêveur.

Ne vous y trompez pas, c'est la plus grande Clef que nous venons de vous proposer, applicable à tous les domaines, une autre conception de la vie. D'ailleurs, comment ce livre vous est-il venu entre les mains ?

Si vous n'êtes pas "synchronisé", notre traité ne vous apportera pas plus que n'importe quel autre ; et ceci rassurera les Sages. Nous avons personnellement rencontré des passionnés, à la culture alchimique impressionnante, malheureusement ils tournent désespérement en rond, incapables de saisir le moindre synchronisme ; s'imaginant qu'ils n'ont pas encore étudié assez pour que surgisse la lumière, ils ne peuvent plus discerner la sincérité de l'envieuse finesse, et sont tout juste dignes de figurer dans le catalogue de Jung. D'autres par contre, ridicules qui n'ont rien étudié, expliquent qu'ils ont tout découvert.

QUI EST-CE ?   Dans le domaine des coïncidences significatives, nous pouvons poursuivre sur un autre terrain. Si celui-ci ne s'avère pas très alchimique, il n'en contribuera pas moins, par un autre coup sec, à décaler l'étudiant de la réalité ordinaire.

Commençons par donner l'ambiance.

Murat

Le 7 thermidor de l'an 7 (25 juillet 1799), le général Joachim Murat, qui s'était levé à deux heures du matin, s'assura la fameuse victoire d'Aboukir. Toujours en pleine action vers la fin de la bataille, le chef Turc, qui résistait encore, lui décocha à bout portant une balle en pleine figure. Murat n'en fut pas affecté, car de son sabre, il riposta instantanément par un coup spectaculaire qui trancha net deux doigts à son adversaire.

Trois jours plus tard, de l'hôpital d'Alexandrie, Murat écrivait à son père, dans le Lot natal :

---

(1) Comme tintent parfois celles de Pâques, pour l'alchimiste près de son œuf.

... Vous savez qu'un Turq, et les Turqs ne sont pas ordinairement très galants, m'a fait la gentillesse de me traverser la mâchoire d'un coup de pistolet. C'est un coup unique et extrêmement heureux, car la balle qui est entrée par un côté, à côté de l'oreille, est sortie   directement à côté de l'autre, n'a offensé ni mâchoire ni langue, ni cassé aucune dent... dites donc à ces belles, s'il en existe, que Murat, pour ne plus être aussi beau, n'en sera pas moins brave en amour...

Murat

En 1916, le samedi 28 octobre exactement, un jeune Français qui combattait à Monastir, l'un des points les plus chauds du front de Salonique, reçut une balle dans la tête. Elle pénétra à côté de l'oreille gauche, pour ressortir à côté de l'oreille droite : il n'en garda qu'une légère surdité. Ce soldat[1], natif du Périgord, s'appelait Joachim Murat.

Après cette entrée en matière, déroutante à souhait, poursuivons sans commentaires.

---

(1) D'après George Langelaan.

Lincoln

Abraham Lincoln, né à Harvin en 1809, mourut assassiné en 1865. Voici quelques repères sur la tragédie.

— élu président des États-Unis en 1860
— son secrétaire se nommait Kennedy
— assassiné un vendredi en présence de sa femme
— la balle entra derrière la tête
— son assassin, John Wilkes Booth, naquit en 1839
— Booth fut assassiné à son tour avant d'être jugé
— Booth tira sur Lincoln dans un théâtre, et courut à un entrepôt
— le successeur du Président se nommait Johnson
— Andrew Johnson, mort 10 ans plus tard, démocrate du Sud, membre du Sénat, était né en 1808.

Kennedy

John Fitzgerald Kennedy, né à Brookline en 1917, mourut assassiné en 1963.

— élu président des États-Unis en 1960
— son secrétaire se nommait Lincoln
— assassiné un vendredi, en présence de sa femme
— la balle entra derrière la tête
— son assassin, Lee Harvey Oswald, naquit en 1939
— Oswald fut assassiné avant d'être jugé
— Oswald tira sur Kennedy depuis un entrepôt, et courut à un théâtre
— Le successeur du Président se nommait Johnson
— Lyndon Johnson, mort 10 ans plus tard, démocrate du Sud, membre du Sénat, était né en 1908.

Mezzofanti

Giuseppe Gasparo Mezzofanti naquit à Bologne le 19 septembre 1771, et mourut à Naples le 14 mars 1849. Il fut nommé cardinal le 13 février 1838. Ce fut l'un des plus grands génies linguistiques de tous les temps, il connaissait 114 langues, et 72 dialectes. Dans une cinquantaine de langues, il s'exprimait dit-on avec une telle perfection qu'il aurait pu passer pour un autochtone. A l'époque, son nom était connu dans toute l'Europe, on venait le voir comme une curiosité.

Trombetti

Dix-sept ans après sa mort, en 1866, naquit à Bologne Alfredo Trombetti, qui mourra à Venise en 1929. A côté de lui, Mezzofanti n'était qu'un enfant de chœur : autodidacte, Trombetti affirmait l'origine unique des langues, il en connaissait près de 500.

Cancellieri

Francesco Girolamo Cancellieri naquit à Rome le dimanche 10 octobre 1751, d'une famille honorable mais pauvre. Il y mourra le vendredi 29 décembre 1826, recevant, par faveur exceptionnelle du pape Léon XII, la sépulture réservée aux cardinaux.

Ses parents firent l'effort de lui payer des cours, ils n'eurent pas à le regretter car François-Jérôme se révéla particulièrement doué. A peine avait-il terminé ses études, que le professeur Cordara, montrant là une profonde sagesse, le prit pour secrétaire.

Julius-Caesar Cordara (1704-v1784) avait été lui aussi très brillant dès sa jeunesse. Professeur à l'âge de 20 ans, il s'était rendu célèbre à 23 par un élégant discours public dédié à la mémoire du 233e Pape, Grégoire XIII. Littérateur, poète, et historien érudit, il écrivit de nombreux ouvrages en latin, toujours chaudement appréciés pour leur style pur et élégant. Voilà le premier ami et maître de Cancellieri.

Il approfondit chez lui l'étude de la langue latine, dans laquelle il excella bientôt. Cordara sentit l'envergure de son élève, et à 18 ans, il le plaça sous la protection des Albani. Cancellieri continua d'étudier dans leur palais, et devint abbé ; probablement jugea-t-il que le milieu ecclésiastique lui permettrait de donner sa pleine mesure.

Il ne se trompait pas. A 22 ans, un ami lui offrit, pour qu'il le publie lui-même, un fragment inconnu du 41e livre de Tite-Live qu'il venait de découvrir à la Bibliothèque du Vatican. La *préface* qu'il composa le fit connaître aussitôt. Quelques temps après, il devint bibliothécaire du cardinal Antonelli.

Léonardo Antonelli naquit en 1730 à Sinigaglia, dans le duché d'Urbin ; il y mourut le 23 janvier 1811, presque subitement[1]. Cardinal en 1775, et Doyen du Sacré Collège en 1797, il accompagna Pie VII en France, au fameux sacre de Napoléon. C'était un homme vigoureusement trempé, qui devint, dès qu'il reçut la pourpre, l'un des personnages les plus influents dans la société de l'époque.

---

(1) En 1808, il avait été expulsé de Rome, comme d'autres hauts-dignitaires, par l'invraisemblable Murat qui désirait s'attribuer la souveraineté de Rome (Murat alla même jusqu'à séquestrer le Pape).

Pour certains lecteurs, qui se disent en fronçant les sourcils qu'Anton était le fils d'Hercule, voici quelques précisions sous la plume de l'historien français Weiss, vers 1835[1].

> ... pour achever de faire connaître cet illustre prélat, on doit ajouter que malgré ses fonctions, il ne cessa jamais de cultiver les lettres. Sa réputation d'habile archéologue était si bien établie en France qu'en 1785, il fut élu membre de l'Académie des Inscriptions, dans la classe des associés étrangers, où il remplaça le Pr. Pacciaudi. Possesseur d'une précieuse bibliothèque qu'il avait formée lui-même, il en confia la direction au savant abbé Cancellieri, dont la touchante reconnaissance atteste qu'Antonelli joignait aux dons de l'esprit les qualités les plus propres à se faire aimer...

Cancellieri, qui accompagna Antonelli à Paris en 1804, s'empressa de visiter les savants de la capitale. Il se lia notamment avec Aubin Louis Millin (1759-1818), naturaliste célèbre, passionné d'archéologie.

En 1812, Millin viendra voir son ami à Rome, et curieusement, il découvrira par un portrait l'existence d'un certain cardinal Savo Melleni (1643-1701). Aucun lien de sang, mais Millin ne cachera pas son trouble à ses contemporains.

Cancellieri, directeur de l'Imprimerie de la Propagande à Rome depuis 1802, était particulièrement bien placé pour les investigations dans l'histoire. Par exemple, vers 1805, il enquêta sur une vieille villa romaine, achetée fin 1620 au duc Alessandro Sforza par Oddone Palombara, contre 7 000 écus. Palombara la transmit en héritage au marquis Maximilien de Pierre Forte, son fils ou son neveu.

Avec un nom pareil, Pierre Forte ne pouvait que réussir une carrière hermétique ; c'est sans doute pourquoi, en 1680, il fera graver de généreuses sentences dans les pierres de sa demeure. Massimiliano réussit, en effet, le Grand Œuvre alchimique.

Cancellieri releva et commenta toutes les inscriptions qui subsistaient encore[2], il réalisa soigneusement à l'échelle le dessin d'une porte murée dans la clôture, "sur la route vis-à-vis de Saint-Eusèbe". Le grand portail ne contenait pas d'inscription, mais l'encadrement en travertin de cette porte secondaire en était particulièrement riche.

---

(1) *Biographie universelle,* ouvrage cité en annexe.
(2) *Dissertazioni... con le bizarre iscrizioni della villa Palombara,* Rome, 1806, presso A. Fulgoni.

Il était passionné en tant qu'archéologue, mais nullement en tant qu'amateur d'alchimie, bien au contraire : il considérait l'alchimie comme un signe de débilité mentale !

Canseliet

Soixante-treize ans après la mort de Cancellieri, Canseliet naît à Sarcelles.

Son père, honorable mais pauvre (il est maçon), lui paye néanmoins des études ; Eugène apprend le grec et le latin, c'est un élève brillant. Ses parents tenant aussi à ce qu'il fasse du dessin, il passe un petit concours à Paris en 1913, dans un atelier d'art qui voulait recruter un élève :

> ... au bout d'une heure — je vois, j'entends encore cet homme barbu : "Mes enfants, c'est terminé." Déjà, des gosses qui se trémoussaient, qui avaient fini. "J'ai vu vos efforts. Il y a un dessinateur parmi vous, un seul. C'est lui." Il me montrait du doigt. "Mais, Monsieur, je n'ai pas fini." — "C'est bien, ça me suffit." Ensuite, je suis parti pour Marseille[1]...

A quinze ans il y rencontra le grand alchimiste Fulcanelli. Tout ce que l'on connaît de ce personnage énigmatique, c'est qu'il naquit peut-être en 1839, et que c'était un homme considérable. Sous sa véritable identité, il fréquentait le vieux chimiste Chevreul (1786-1889), le diplomate de Lesseps (1805-1894) et ses fils ensuite, Grévy (1807-1891) président de la République, Berthelot (1827-1907) chimiste, sénateur et ministre, Grasset d'Orcet (1828-1900) archéologue et cryptographe, Curie (1859-1906) prix Nobel de physique, Painlevé (1863-1933) mathématicien et président du Conseil, le poète Roussel (1877-1933) précurseur du surréalisme, etc. A propos de Lesseps, précisons que Ferdinand eut deux fils d'un premier mariage : Charles et Victor. Sa femme décéda en 1854, il se remaria en 1869, et eut neuf enfants dont Bertrand, Paul, et Jacques. Le peintre Champagne (1877-1932), qui était l'ami intime de Bertrand, tué en 1918, travaillait autant pour Paul de Lesseps que pour Fulcanelli. Lorsqu'il est question de ce dernier dans la capitale, c'est le plus souvent à l'hôtel des Lesseps, avenue Montaigne ; là se réunissait un petit cercle d'initiés.

A cette époque (de 1919 à 1930), après avoir quitté Marseille, Fulcanelli habitait Paris, près d'un jardin et du Temple de l'Amitié. Sa maison, qui existe encore aujourd'hui, comprenait un sous-sol, un rez-de-chaussée

(1) Interview de Canseliet en 1978, *Le Feu du Soleil,* opus citem.

surélevé, et un premier étage ; douze fenêtres éclairaient les huit grandes pièces. Une petite terrasse, entourée d'une fine balustrade en pierre blanche, surmontait la cage d'escalier. Le laboratoire était au sous-sol.

En 1871, lors de l'insurrection de la Commune, Fulcanelli, jeune ingénieur, participait à la défense de Paris sous les ordres d'Eugène-Emmanuel Viollet-le-Duc (1814-1879), lieutenant-colonel ; le nom du célèbre architecte est révélateur...

Fulcanelli donc, prend l'adolescent sous sa protection, et lui ouvre sa très riche bibliothèque. Les années d'études se succèdent ; un savant Maître, un élève doué, l'éternelle image de l'initiation.

Auprès de Fulcanelli, le jeune homme découvre les sculptures alchimiques, témoignages des vieux Adeptes : Notre-Dame de Paris, cathédrale d'Amiens, palais de Bourges, château de Dampierre, etc. *Le Mystère des Cathédrales* est imprimé, suivi des *Demeures Philosophales*. Le Maître lui avait donné les manuscrits pour qu'il les publie personnellement ; la préface qu'il compose alors marque le point de départ de sa célébrité.

D'après une sculpture restituée par Viollet-le-Duc Cathédrale Notre-Dame de Paris

Puis l'élève, jeune historien déjà rôdé à l'interprétation hermétique, découvre l'existence d'une certaine villa Palombara, par hasard, lors d'une conversation avec un philosophe archéologue.

Eugène Canseliet, vers l'âge de treize ans, avait "rêvé" un étrange message en latin, qu'il n'avait jamais pu situer, en voici la traduction :

Quand, dans ta maison, les noirs corbeaux
auront enfanté les blanches colombes,
alors tu seras nommé le sage.

(1) • En annexe au présent chapitre   : Cancellieri.
    • En annexe au prochain chapitre   : Canseliet.
    • Voir aussi, annexé au chapitre premier, *Une fiole de larmes*.

Ce jour-là, vingt ans plus tard, grâce au philosophe, l'explication jaillit : cette semence en latin est gravée, lettre pour lettre, dans une vieille porte de marbre en Italie, c'est la porte dessinée par Cancellieri[1].

Le Dante s'entretient avec plusieurs âmes.

Composition de John Flaxman (1755-1826)
pour la Divine Comédie *de Dante*

En annexe à ce chapitre :

L'énergie, la matière, et la forme	S. Ostrander et L. Schroeder
Commercer avec les dieux	Elisabeth Vreede
Les astres et les métaux	Paracelse
Le cycle du Soleil	Atorène
Météores	Pierre Kohler
L'aurore boréale	La France du Centre
Tests chimiques	Giorgio Piccardi
Cancellieri	Charles Weiss
Correspondances	Guy Tarade

L'ÉNERGIE, LA MATIÈRE ET LA FORME

Robert Pavlita, né en 1913, dirigea le bureau d'études et de recherches d'une grande usine textile en Tchécoslovaquie. Un nouveau procédé de tissage, qu'il inventa dans sa jeunesse, et dont le brevet fut vendu à l'Est comme à l'Ouest, lui rapporta de quoi financer des investigations dans un tout autre domaine, à partir d'anciens textes.

Une fois lancé, il demanda et obtint le contrôle de l'Académie des Sciences, ainsi que l'accord des autorités politiques, et put se consacrer ouvertement à ses recherches.

C'est ainsi qu'il mit au point près d'une centaine de générateurs, dont le secret réside essentiellement dans la forme ; les combinaisons de matériaux jouent aussi un rôle. L'énergie de base n'a rien à voir avec le magnétisme ou l'électricité ; elle émane des êtres vivants, dans certains appareils, tandis que d'autres captent une énergie, disons environnante.

La scène que nous allons citer se déroule en 1968, à quelques dizaines de km de Prague, dans la cuisine de Pavlita, "grand, athlétique, les traits réguliers, les yeux noirs". Sa femme rentrant plus tard, c'est sa fille, Jana, qui l'assiste, "charmante rousse de dix-neuf ans, très élégante dans sa mini-jupe blanche à fleurs" [1]

... Sur la table nue, il posa un appareil. Le socle ressemblait à un "collier de chien" en cuivre, haut de 12 centimètres environ et formant un anneau ouvert de 25 centimètres de diamètre ; l'espace séparant les deux extrémités du cercle étant de 2 à 3 centimètres à peine. Planté à la verticale sur ce socle, tout près de cette étroite ouverture, se dressait le générateur proprement dit, simple tube métallique, sans pièce mobile, sans un fil ; rien d'autre apparemment, qu'une petite pièce de métal trouée en son centre. L'ingénieur plaça une bille, en métal, elle aussi, sur ce tube et ajusta sur un pivot fin comme une aiguille, au milieu de l'anneau de

---

(1) Sheila Ostrander et Lynn Schroeder. *Psychic discoveries behind the iron curtain,* Englawood (U.S.A.) 1970, Prentice-Hall. Traduction française par Anne Owens et Raymond Olcina, *Fantastiques recherches parapsychiques en U.R.S.S.,* Paris, 1973, R. Laffont.

cuivre, une sorte d'hélice en étain dont les pales multiples et filiformes rappelaient l'armature d'un parapluie ouvert.

Puis il ôta sa montre, glissa en bouclier entre lui et l'appareil une glace transparente, passa le bras derrière et ajusta la bille sur le tube. Après quoi, ayant retiré sa main, il chargea le générateur en fixant le dessin sur l'accumulateur de celui-ci, hochant la tête régulièrement, sans hâte. Il appela Jana afin de l'aider et elle vint se placer derrière lui, vrillant son regard sur le dessin tout en remuant la tête, elle aussi, mais de droite à gauche et de gauche à droite, doucement. Ni le père ni la fille ne paraissaient faire d'effort.

En moins d'une minute, le générateur se trouva chargé et, lentement, la petite hélice en étain se mit à tourner. La rotation s'accéléra, sans à-coup.

Nous ne voyions rien, ni fil, ni aimant, ni objet quelconque sur la table ou dessous. C'était une table de cuisine, très ordinaire dans une cuisine moderne, nette, propre, sans désordre et des plus banales. Nous savons fort bien que ce dont nous étions témoins n'avait aucune valeur scientifique, puisque aucun contrôle, aucune mesure, aucun enregistrement n'était possible. Mais il ne s'agissait pas d'une expérience ; seulement d'une démonstration et nous la rapportons comme telle. Tout ce que nous pouvons certifier, c'est qu'aucune élévation de température, aucun mouvement de l'air autour de la machine n'était sensible.

Le docteur Rejdak nous expliqua que l'énergie psychotronique se comportait comme les champs magnétiques créés dans le stator d'un moteur électrique...

COMMERCER AVEC LES DIEUX

... là où nous avons purement à faire aux rythmes du monde éthérique, par exemple dans les nombres de vibrations des sons, qui ont été mis de tous temps en relations avec les sphères planétaires, on voit apparaître des rapports numériques simples et commensurables. Le devenir rythmique et la gravitation ne sont pas en contradiction, mais ils se comportent comme le corps éthérique de l'homme vis-à-vis de son corps physique. Comme les forces cosmiques actives, l'homme doit se confronter à la marche pré-établie du ciel. Il le fait dès sa naissance, en choisissant pour cet instant les constellations qui correspondent à son Karma. Il le faisait tout particulièrement dans les anciens Mystères, jusque dans la période égypto-chaldéenne, environ. En ce temps-là, l'homme levait les yeux vers les étoiles pour savoir si les dieux pouvaient venir à lui, car le commerce ininterrompu, tel qu'il avait eu lieu à des époques antérieures, n'était plus possible. C'est justement parce que les rythmes du ciel ne coïncident pas extérieurement, pas mécaniquement, que les dieux avaient la possibilité de descendre vers les hommes dans les Mystères.
Le soleil, la lune, les étoiles, tous ont leurs rythmes propres. Le jour solaire est différent du jour sidéral ; le mois solaire est différent du mois stellaire, etc. Et justement là où il ne se forme pas une constellation contraignante, là où l'un des rythmes, en raison de l'incommensurabilité, présente une excédent sur l'autre, là s'ouvre tout particulièrement une fissure par laquelle le monde spirituel peut intervenir. Ce sont les jours, ou même les heures, pendant lesquels les prêtres des Mystères tardifs pouvaient commercer avec les dieux.

. . . .

Prenons encore un autre exemple, qui concerne nettement un certain laps de temps, à savoir : l'excédent de l'année solaire sur l'année lunaire. Comme on le sait, l'année solaire est longue de 365 jours 1/4 (en faisant abstraction des minutes et des secondes). Après ce laps de temps, le soleil est revenu au même point du ciel. Si l'on prend pour la lune un

Elisabeth Vreede (1879-1943). *Antroposophie und Astronomie,* Fribourg-en-Brisgau, 1954. Traduction française par G. Claretie, *Le Ciel des Dieux,* Paris, 1973, Triades.

ensemble de 12 mois lunaires synodiques, on obtient une année de 354 jours et quelques heures (12 × 29 1/2) qu'on appelle l'année lunaire. Le soleil a donc, en quelque sorte, un temps d'action plus long que celui de la lune et cette différence se reflète dans les 12 jours (ou les 13 nuits) qui séparent Noël de l'Epiphanie (Jour des Rois). Pendant ces 12 jours ou ces 13 nuits, c'est comme si la lune avait, pour un moment, mis son activité en veilleuse, comme si les forces du soleil pouvaient agir en toute pureté et sans obstacle, — les forces de ce soleil qui envoient le Christ sur la Terre.

C'étaient des moments de ce genre que, dans les anciens Mystères, on trouvait favorables au commerce avec les entités divines, parce que la porte de la Terre leur est alors, pour un instant, ouverte...

LES ASTRES ET LES MÉTAUX

... (avant de travailler les métaux), observer attentivement le commencement de chaque signe, son degré au-dessus de l'horizon, ensemble les signes méridiens comme on nomme le milieu du ciel. En outre, savoir la partie du ciel où se trouve la planète en question, à l'heure et au jour du commencement ou "inchoation" de ce mystère. De même, si la planète est au-dessus de la terre, ou au-dessous, et quand elle doit monter à notre horizon. De plus, savoir les conjonctions des planètes, ou dans quel signe ou degré se trouve le Soleil ou la Lune. Il faut aussi repérer avec grand soin les phases et mutations de la Lune, de même les équinoxes, sans se servir pour cette computation des règles ou tables de Ptolémée. Les tables de Ptolémée ont été faites en l'an du Christ 140. A ce moment, l'équinoxe fut le 31 mars 2 h. 4 m. du milieu du jour. C'est pourquoi, dans notre siècle, à savoir l'an 1537, il y a environ 5 jours 7 h. 36' d'intervalle. Or, dans la machination de cette œuvre si admirable, il faut prendre garde au véritable équinoxe ; le lieu de l'équinoxe doit être pris dans l'écliptique du 8e Ciel, que j'appelle commencement du Bélier à cause de la division ou répartition. En effet, la première partie dans l'équinoxe à partir de l'écliptique contient 24 minutes de déclinaison...

Voici un autre passage du même ouvrage, publié 42 ans après la mort de l'auteur[1], où il est question des métaux.

... Nul ne peut nier la grande puissance des astres supérieurs et des influences célestes sur les choses périssables et mortelles. En effet, si les astres supérieurs et les planètes peuvent modérer, diriger et forcer, à leur volonté, l'homme animal fait cependant à l'image de Dieu et doué de vie et de raison, combien plus pourront-ils régir les choses moindres telles

---

(1) • Paracelse. *Archidoxorum libri*, Bâle, 1582, P. Pernam. Traduit du latin en français par M. Haven (Emmanuel Lalande), *Les sept livres de l'archidoxe*, Paris, 1909, chez P. Dujols et A. Thomas.
 • Si le lecteur a bien retenu le petit cours d'astronomie du chapitre, il doit être capable d'opérer des vérifications. On a parfois des surprises.

que métaux, pierres, images ; ils s'impriment en ces choses ou les occupent avec toutes leurs forces selon leur propriété de la même façon que s'ils étaient en elles avec toute leur substance comme eux-mêmes sont au firmament. Eh bien ! il est possible à l'homme de les réunir et de les fixer en un quelconque milieu pour qu'ils y opèrent efficacement, que ce milieu soit métal, pierre, image, ou quelque autre objet similaire. Mais, et c'est très digne d'être connu, les sept planètes n'ont pas de plus grandes forces que dans leurs métaux propres, savoir le Soleil dans l'or, la Lune dans l'argent, Vénus dans le cuivre, Jupiter dans l'étain, Mercure dans l'hydrargyre, Mars dans le fer, Saturne dans le plomb...

LE CYCLE DU SOLEIL

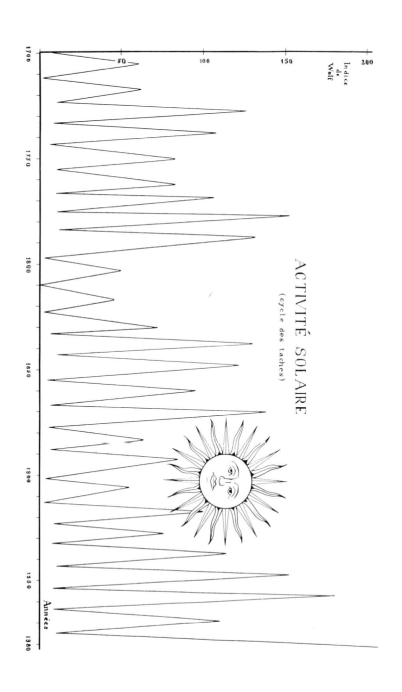

ACTIVITÉ SOLAIRE
(cycle des taches)

MÉTÉORES

Nous n'avons pas trouvé la moindre place pour aborder la météorologie dans le présent chapitre. Il y aurait pourtant beaucoup à dire, par exemple sur les nuages, qu'avec son canon à orgone, Reich faisait apparaître ou disparaître devant des commissions de savants à la vue mauvaise.

Wilhelm Reich (1897-1957), philosophe, écrivain, et surtout savant multidisciplinaire, avait établi qu'une énergie omniprésente dans l'Univers — il la baptisa *orgone* — peut s'accumuler dans les corps floconneux. Et aussi que certaines parois métalliques sont capables de capter cette énergie, pour la restituer ensuite. On peut donc facilement construire un accumulateur orgonique — analogue à une bouteille de Leyde mais plus ouvert — en mettant de la ouate dans une enceinte métallique. L'efficacité est parfaitement vérifiable en laboratoire, il suffit d'associer les accumulateurs, en série ou en parallèle, l'énergie circule dans des tubes.

Pour des actions puissantes, Reich utilisait parfois de gros tuyaux de métal, dont un bout trempait dans l'eau, l'autre étant dirigé vers le ciel. Que sont brouillards et nuages ?

Faut-il ajouter que Reich fut un des hommes les plus controversés de l'époque.

Voici, pour terminer cette annexe, deux types de remarques plus terre à terre, mais qui ont leur utilité.

... Aux approches des grandes commotions atmosphériques, telles que les tempêtes, les ouragans, les orages, qui n'a vu, dans les pâturages, les bestiaux épouvantés mugir et s'agiter de mille manières pour chercher un refuge ? Qui n'a vu des bandes d'oiseaux fuir en poussant des cris plaintifs, et l'homme seul rester indifférent ? [1]...

(1) Émile Campagne. *Des origines de la science populaire* (livre pour enfants), Rouen, 1882, Mégard.

... même dans les périodes interglaciaires se produisent de petites fluctuations. La dernière en date a provoqué ce qu'il est convenu d'appeler le "petit âge glaciaire", qui a sévi en Europe entre 1550 et 1850. Les températeures moyennes ont alors subi une baisse d'environ 2°C. C'est entre 1690 et 1720, vers la fin du règne du Roi-Soleil, que ce refroidissement atteignit son point culminant. A cette époque, l'Islande était entourée d'icebergs et plusieurs hameaux du Dauphiné, en France, furent ensevelis sous les glaciers alpins. Mais depuis 1920, la Mer de Glace, dans les Alpes, recule d'environ 12 m par an.

Depuis 1950, nous enregistrons, à l'échelle de la planète, l'amorce d'un refroidissement, la température moyenne baissant de 1/10ᵉ de degré tous les quatre ans. En fait, l'examen des cycles précédents montre que ce "rafraîchissement" sera sans doute de courte durée et devrait cesser vers 1990, pour être suivi d'un radoucissement qui nous mènera en 2020. Puis s'amorcera sans doute un nouveau rafraîchissement et ainsi de suite jusqu'à la prochaine véritable glaciation, qui s'amorcera peut-être dans 5 000 ans[1]...

(1) Pierre Kohler. *La Terre et les astres,* Paris, 1979, Hachette.

L'AURORE BORÉALE

Nous devons le nom des aurores boréales à l'abbé Pierre Gassend (1592-1655), surnommé Gassendi, philosophe et astronome, qui décrivit le 12 septembre 1621 la fantastique illumination du ciel en direction du nord. Une des plus anciennes observations remonte toutefois à Anaximène de Milet (v-550 à -480).

Cet embrasement des cieux est le plus grandiose phénomène de la nature. Depuis une cinquantaine d'années, les savants l'expliquent par un intense champ de particules énergétiques — électrons et protons — qui viendrait heurter les gaz de la haute atmosphère. En général, l'émission lumineuse qui en résulte est nettement plus marquée dans le jaune et le vert.

Le phénomène s'avère peu fréquent, localisé aux seules calottes polaires, quoiqu'en période d'activité solaire particulièrement intense, les aurores puissent descendre jusqu'à 50° de latitude, soit jusqu'à la France pour l'hémisphère boréal. Elles sont classées en trois catégories principales : arcs ; arcs rayés (en forme d'éventail) ; taches diffuses, à la luminosité fluctuante. Les arcs apparaissent plutôt dans la première partie de la nuit, les taches dans la seconde.

Pour faire de nouveau plaisir à certains lecteurs, nous sommes allés chercher la relation d'une puissante aurore boréale dans un vieux quotidien de province. Les sentiments exprimés devant l'événement sont donc plus populaires, ils ont en outre un recul de deux jours, en pleine période d'angoisse politique. En effet, Hitler était alors chancelier du Reich.

Nous reproduisons le texte in extenso, et sans la moindre retouche, mais au préalable, voici quelques précisions complémentaires :

— Saint-Genis-Laval est une commune de l'agglomération lyonnaise, où 120 personnes seront massacrées par les Allemands en 1944.
— L'aurore était essentiellement rouge et verte : une draperie rouge accrochée sur des flèches vertes convergeant vers le nord.

— Elle dura plus de 8 heures : du mardi 25 janvier à 18 h 30 (heure légale) au mercredi 26 à 3 h, avec une accalmie entre 22 h 30 et 1 h[1].

— Elle fut si intense qu'elle put être observée en Afrique du Nord, à 35° de latitude.

— Sur le Soleil, la dernière grande tache remontait au 16 janvier 1938.

— Le journal indique que le 25 janvier 1938 était le 24e jour de la Lune ; lever du Soleil à 7 h 32, coucher à 16 h 34 ; lever de la Lune à 2 h 40, coucher à 11 h 36.

— Le phénomène constitue un mystère scientifique ; Canseliet nous fournira quelques éléments en annexe au prochain chapitre.

La France du Centre. *Vendredi 28 janvier 1938.*

LE PHÉNOMÈNE ATMOSPHÉRIQUE

L'aurore boréale a intrigué les savants du monde entier.

« De tous les points de la France parviennent des dépêches mentionnant l'aurore boréale et les étranges réactions que cette apparition provoqua. Dans presque toutes les grandes villes de France, on distingua tantôt de grandes lueurs rouge orangé, tantôt de longues bandes rouges et blanches donnant l'impression d'un incendie lointain.

Partout, l'aurore boréale suscita des commentaires et parfois des inquiétudes. Il est assez rare, en effet, qu'une aurore boréale se manifeste en France et en Europe centrale. Beaucoup plus voisine du pôle, elle n'est en général, que légère et rapide.

L'aurore boréale qui a illuminé le ciel d'Europe dans la nuit d'avant-hier a été, tous les témoignages concordent, particulièrement intense et a duré exceptionnellement longtemps. Les spécialistes ont donné de ce phénomène l'explication suivante :

Rappelons d'abord que le soleil n'émet pas uniquement un rayonnement composé simplement de rayons calorifiques et lumineux, mais également un rayonnement "corpusculaire" très puissant, qui atteint l'atmosphère terrestre quand l'atmosphère solaire n'a pas eu assez de force pour l'arrêter. Le choc de ces rayons corpusculaires contre l'atmosphère terrestre produit alors une aurore boréale.

Pour expliquer l'étendue et l'intensité de l'aurore boréale de mardi, on a supposé que le soleil avait donné naissance à un rayonnement corpuscu-

---

(1) L'heure d'apparition dépend beaucoup de la latitude ; les aurores boréales étant toujours aperçues plus tôt si l'on se trouve plus au nord. Ainsi, en Écosse, elle fut observée du 25 à 17 h au 26 à 3 h 45, avec une accalmie entre 23 h et minuit.

laire d'une très grande puissance, conséquence d'une activité interne nettement exceptionnelle.

Une déclaration de M. Dufay, directeur de l'observatoire de Saint-Genis-Laval, précise que "habituellement, les aurores boréales sont en liaison avec un phénomène solaire. Une aurore comme celle de mardi soir est généralement en connexion, dans un délai de 30 à 40 heures avec le passage d'une tache au méridien central du soleil. Or cette fois-ci, on n'a pas trouvé de tache spectrale sur le soleil depuis plusieurs jours".

Il subsiste donc, pour les savants, un "mystère". On peut se demander, en effet, si le volcan solaire, qui a projeté un flot de corpuscules très denses et très actifs constitue un phénomène nouveau dont les manifestations n'ont pu jusqu'à présent être observées par les astronomes. »

TESTS CHIMIQUES

... L'expérience nous a montré une sensibilité aux actions extérieures de certains liquides appartenant à la catégorie des liquides polaires, et de certains colloïdes.

Les liquides polaires possèdent une structure très compliquée, délicate et labile qu'un rien peut perturber. Un des liquides polaires est l'eau. L'eau, le liquide de la Terre, le liquide de la vie. Si l'eau est sensible aux facteurs extérieurs, combien de corps qui la contiennent ne le seront-ils pas ?

Les colloïdes, soit inorganiques, ou organiques, ou biologiques, sont eux aussi sensibles aux actions extérieures. La vie se passe dans des systèmes colloïdaux. Parler des colloïdes, c'est encore parler de la vie.

Voilà d'où vient mon intérêt pour les phénomènes biophysiques.

L'étude des actions extérieures est donc doublement importante du point de vue physico-chimique et du point de vue biologique.

Nous savons aujourd'hui que l'eau et d'autres liquides, les colloïdes inorganiques et organiques, sont sensibles aux grands phénomènes solaires et terrestres. Si l'eau et les colloïdes inorganiques ressentent avec une telle évidence des phénomènes extérieurs, qu'adviendra-t-il des colloïdes des organismes vivants ?

Voilà encore une question de caractère général. Puisqu'il est certain que les phénomènes extérieurs agissent sur un colloïde inorganique, l'action de ces phénomènes ne concerne pas l'un ou l'autre organisme, l'un ou l'autre phénomène, l'une ou l'autre maladie, mais l'état complexe de la matière vivante.

Les organismes doivent maintenir autant que possible leurs conditions vitales, et pour cela, ils doivent réagir aux fluctuations des propriétés de l'espace où ils vivent et lutter pour leur stabilité. De là une souffrance profonde et indécelable, une fatigue de tout leur système colloïdal, de toute leur substance matérielle. On peut supposer que c'est la matière vivante qui est perturbée in toto. Les réactions visibles aux perturbations extérieures, si elles se produisent, sont de genres très différents, selon les cas. C'est pour cela que les travaux de Duell, de Reiter, et d'autres, montrent que tous les phénomènes biologiques et psychologiques qu'ils

- Piccardi. *Phénomenes astrophysiques et événements terrestres.* Conférence au Palais de la Découverte à Paris, le 24 janvier 1959.
- Giorgio Piccardi, né le 13 octobre 1895 à Florence, fut directeur de l'Institut de Chimie-Physique de l'Université de Florence.

ont considérés répondent aux mêmes causes extérieures. Inversement, les causes les plus différentes peuvent produire le même effet biologique. J'ai mis au point des tests chimiques, c'est-à-dire des opérations chimiques tout à fait simples et vulgaires, répétables par quiconque avec facilité, conduites de façon à pouvoir en tirer une réponse numérique.

... Les tests chimiques sont indépendants de tout facteur biologique et psychologique (constitution, santé, hérédité, nourriture, maladie, fatigue, mauvaise humeur, etc.), et répondent objectivement aux actions extérieures.

Leur réponse n'est pas aussi dispersée que celle des tests biologiques. Ils répondent avec une très grande vitesse, de sorte qu'ils peuvent nous donner un grand nombre de réponses, dans un temps très court, ce qui permet de bien utiliser les méthodes statistiques. Voilà un avantage vraiment unique pour élucider la nature des facteurs influençants et aussi la voie à la compréhension de leur mode d'action.

L'opération que j'ai choisie, parmi tant d'autres, est la précipitation de l'oxychlorure de bismuth, à l'état colloïdal, suivie de la floculation et de la sédimentation de l'oxychlorure même. On obtient l'oxychlorure par l'hydrolyse du trichlorure en jetant tout simplement de l'eau dans une solution de trichlorure appropriée. Cette opération est aujourd'hui rendue automatique par un mélangeur synchrone.

On effectue deux fois au même instant la même précipitation. Tout est identique, sauf une condition imposée par nous.

Par exemple : on couvre un des deux récipients où l'on effectue la précipitation avec une plaque de cuivre mince. Si rien ne se passe dans l'espace, la présence de la plaque n'a aucune importance. La probabilité selon laquelle la sédimentation se fait plus rapidement dans le récipient à l'air libre, ou dans le récipient muni d'un écran, est identique. Sur un nombre assez grand d'essais on trouve 50 % de précipitations plus rapides dans l'un des deux. Mais si dans l'espace se passent des phénomènes électromagnétiques, par exemple : la présence de l'écran n'est plus indifférente. Sur un grand nombre d'essais, le résultat ne sera plus de 50 %, mais de 75, 80 %, etc. Il est commode d'effectuer beaucoup d'essais à la fois et d'en tirer immédiatement une réponse numérique statistique. J'ai employé trois tests différents : P, celui que j'ai décrit plus haut, D et F. Les tests D et F utilisent tous les deux de l'eau normale et de l'eau légèrement modifiée par une sorte de décharge électrique. Mais le test D est effectué dans un espace complètement protégé par des plaques de cuivre minces ; le test F est effectué à l'air libre.

A Florence, on a effectué tous les jours (y compris les jours de fête), à heures fixes, un nombre donné d'essais. Du 1er mars 1951 au 31 décembre 1958 on a effectué uniquement pour la routine — sans tenir compte des essais effectués à des fins spéciales — à peu près 200 000 couples d'essais...

CANCELLIERI

... l'un des philologues les plus féconds de notre époque, était né le 10 octobre 1751, à Rome, d'une famille honorable, mais pauvre.

... il devint bibliothécaire du cardinal Léon Antonelli, homme d'un rare mérite, dont il reçut et auquel il donna des témoignages multipliés du plus tendre attachement. Dans un poste si favorable à ses goûts studieux, Cancellieri continua de se livrer avec ardeur à des recherches d'érudition, moins utiles que curieuses. Malheureusement l'entrée des Français à Rome, en 1798, vint troubler ses paisibles occupations. Il demanda vainement à partager le sort du cardinal Antonelli, et passa tout le temps de leur séparation dans la plus profonde retraite. Déjà revêtu de la dignité de secrétaire de la Grande Pénitencerie, il fut, en 1802, nommé directeur de l'Imprimerie de la Propagande, dont il augmenta le matériel de quatre nouveaux caractères qui furent gravés et fondus par le célèbre Bodoni.

... la mort du cardinal Antonelli (1811) lui causa la plus vive affliction. Voulant éterniser ses regrets et sa reconnaissance pour ce généreux bienfaiteur, il lui fit élever un tombeau dans l'église de Saint-Jean-de-Latran. La dépense de ce monument avait épuisé ses modestes épargnes, puisque, dès l'année suivante, il se plaignait de ne pouvoir, faute d'argent, publier quelques ouvrages dont les libraires ne voulaient pas faire les frais.

... il ne laissait passer aucun événement de quelque importance sans l'annoncer dans les journaux de Rome, et sans publier à ce sujet des notices, des lettres, des dissertations ; mais on doit regretter que le temps qu'il dépensait à ces curieuses bagatelles ne lui ait pas permis de terminer plusieurs ouvrages importants, entre autres une histoire des Lincei pour laquelle il avait, dit-on, recueilli d'immenses matériaux. Il mourut à Rome, le 29 décembre 1826, à 75 ans, et fut inhumé près d'Antonelli dans l'église de Saint-Jean-de-Latran, où les cardinaux seuls pouvaient avoir leur tombeau. Le pape fit en sa faveur cette honorable exception. Toutes les académies auxquelles il appartenait s'empressèrent de publier son éloge...

--- • ---

Charles Weiss, *Biographie universelle,* nlle édition. Paris, 1843, Thoisnier Desplaces.

CORRESPONDANCES

Voici l'extrait d'une lettre que l'écrivain Guy Tarade (né en 1930) adressa à Belline (né en 1924), à l'occasion d'une enquête que le voyant, très affecté par la mort de son fils Michel, effectuait sur les dialogues par-delà la mort [1].

Nice, le 26 février 1972

Cher Monsieur,

....

Einstein a dit un jour : "La mort est un passeport pour ailleurs." Cette affirmation est sans doute vraie. Mais dès que l'on évoque la réalité d'une vie post mortem, il nous faut envisager la possibilité d'une réincarnation. Pendant très longtemps, j'ai été hostile à cette idée, jusqu'au jour où une étrange aventure a fortement ébranlé mon scepticisme.
Au mois de février 1960, je fis la connaissance d'un grand initié qui portait le même prénom que moi ; fait surprenant, nous nous ressemblions beaucoup physiquement. Très vite, nous devînmes une paire d'amis et toutes les semaines pendant de nombreuses heures, nous discutions de tous ces problèmes qui touchent au mystérieux inconnu.
Mon compagnon m'affirmait que nous avions vécu chez les Mayas, il y a plus de mille ans et que nous étions prêtres. Ses affirmations avaient le don de me faire sourire ! "Tu n'es pas encore réveillé, me disait-il, et c'est pour cette raison que mes propos te choquent. Pourtant souviens-toi, tu portais sur la poitrine le symbole de la haute prêtrise : le calendrier cosmogonique." Mon ami disparut totalement de ma vie, et aujourd'hui, même les siens ne peuvent dire s'il est vivant ou bien mort.
Or, sept ans plus tard (1967), dans la nuit du 27 au 28 décembre, je fis un rêve. Dans ce songe, je tenais dans ma main une carte du continent sud-américain entouré de pictographes mayas en feu. Rêve en couleur, je dois le préciser. Dans l'après-midi du 28 décembre, je me promenais au "Marché aux puces" de Nice, près du Paillon ; soudain je fus comme

---

(1) Belline. *La Troisième Oreille*, Paris, 1972, R. Laffont.

"aimanté" près d'une boutique dont le vendeur était absent. Sur une planche, je reconnus, couvert de blanc d'Espagne, le calendrier cosmogonique que les prêtres mayas portaient en pectoral.

J'en fis l'acquisition pour la somme modique de 5 francs ! Le marchand me le vendit comme dessous de bouteille ! A l'aide d'un jus de citron, je fis briller ma trouvaille et je découvris avec stupeur au dos de ce cercle d'argent de 340 grammes, le symbole de la haute prêtrise : le guerrier coiffé des plumes d'aigle. Depuis que je possède ce bijou magique, ma vie a été totalement bouleversée et comme par enchantement des centaines de documents sur la civilisation maya me sont littéralement tombés dans les mains.

. . . .

Guy Tarade

Chapitre septième

L'ART DE MUSIQUE

Nous voici à la dernière partie du Grand Œuvre. Celle où le symbolisme se montre encore plus abondant qu'aux phases précédentes.

L'alchimiste va introduire ses ingrédients dans un vase hermétiquement luté, l'ensemble formera l'œuf, si célèbre. Le feu ordinaire va écarter les pores, et les dieux, tour à tour, viendront mêler leur souffle à la matière.

L'entreprise n'est pas sans danger, nous le répéterons. De plus, un ciel pollué rend l'équilibre précaire, il s'avère préférable d'opérer dans une contrée où l'atmosphère n'est pas trop perturbée :

D'après un détail du manuscrit Ripley Scrowle *XVᵉ siècle*

... les ondes, mon cher ami, n'étaient pas faites pour que les hommes jouent avec (pas davantage que la lune !). Elles avaient un rôle ; les ondes font les météores. Que sont les météores ? Beaucoup ne le savent pas. Le brouillard est un météore ; le nuage, la pluie, la grêle, la neige, l'orage, la foudre sont des météores... Notre région tempérée est affectée... Il faut se trouver en altitude, au moins à 600 mètres, sur un piton rocheux[1]...

(1) On reconnaît bien Canseliet lorsqu'il est interviewé ; comme ici dans *Le Feu du Soleil*, opus citem.

L'ŒUF DU PHILOSOPHE   Dans l'œuf, des couleurs vont apparaître, et principalement : noir, blanc ensuite, puis jaune et enfin rouge. Ce sont les repères révélés par les vieux traités, mais en pratique l'observation n'est pas si simple : l'œuf n'est transparent que dans les allégories.

Seule une main experte pourra sans risque plonger en plein cœur une aiguille, afin de vérifier, comme les vieux verriers, la couleur de la gouttelette collée au bout. Le débutant — qui ne doit pas confondre cette opération avec une ouverture de l'œuf, opération interdite — s'abstiendra donc impérativement de toucher à l'embryon.

Ne nous désolons pas ; nous disposerons de deux autres systèmes pour surveiller l'incubation.

Mais cet œuf, qu'est-il exactement ? Pour parler sans ambages, disons qu'il s'agit d'un petit creuset, dans lequel on place, en convenable proportion, la rémore et le sel. En cours de cuisson, une croûte bombée se forme, c'est là le fameux *sceau d'Hermès* ou *lut de sapience*. La fermeture hermétique, expression passée dans le langage courant, désigne en effet une opération de nature, et non de l'art, comme l'ont cru spagyristes et autres[1].

Voyez comme Magophon se montre savoureusement moqueur[2].

> ... l'artiste scelle le matras au sceau d'Hermès. Il en présente le col à la flamme d'une lampe, de manière à ramener le verre à un état pateux et ductile. Il doit l'étirer ensuite avec précaution de manière à l'amenuiser au point voulu, tout en s'assurant qu'il ne se produit aucune capillarité par où pourrait s'échapper l'esprit du compost. Les choses en étant là, après avoir sectionné le verre, il en renverse sur elle-même la partie adhérente au matras pour en former un épais bourrelet. Aujourd'hui, cette opération s'exécute très facilement au gaz, à l'aide du chalumeau. *Quelques praticiens, d'une habileté consommée, emploient un procédé automatique d'une plus grande perfection.* Enfin, quel que soit le moyen adopté, l'on place ensuite l'œuf dans l'athanor et la coction commence...

La proportion des composants de l'œuf est déterminée par le résultat des œuvres précédents, en toute logique pour l'opérateur. Ensuite la rémore

---

(1) Pour la définition spagyrique, voir le lexique annexé au chapitre premier.
(2) *Hypotypose,* opus citem. (C'est nous qui mettons en italique.)

est fractionnée : une part pour chacune des coctions similaires et successives ; du moins peut-on commencer par prévoir ainsi.

L'une des belles planches dessinées et gravées par Jean-Théodore de Bry (? - 1623)
*pour l'*Atalanta Fugiens, *ouvrage de Michael Maier (1568-1622)*
qu'il édita à ses frais en 1618 à Oppenheim

LA SOURCE D'ÉNERGIE   Le feu vulgaire, qui permet l'incubation, est fourni par un brûleur au charbon ou au gaz. On peut aussi utiliser le fuel, mais sûrement pas ici la petite lampe à alcool ou à huile :

> ... En vérité, peut-on admettre qu'on accomplisse quelque chose qui soit sérieux à l'aide d'appareils destinés aux enfants, même tirés du plus beau coffret de chimie figurant parmi les jouets, dans la période de Noël ?[1]...

Nous avons bien dit "petite lampe", car en fait, avec un brûleur adapté, huile ou alcool soigneusement purifiés conviendraient parfaitement. Rappelons à ce propos que les meilleures huiles à brûler étaient tirées des plantes *crucifères*.

Aujourd'hui, l'utilisation de l'énergie électrique, à basse ou haute fréquence, semblerait a priori permettre les plus merveilleuses possibilités d'action et de contrôle d'une aussi délicate coction. Gardez-vous en, l'opération se montre déjà suffisamment aléatoire pour que l'on aille la perturber avec un champ électromagnétique, et l'écrivain Stanislas de Guaita, bien que ne faisant pas allusion au chauffage, s'est fourvoyé en considérant l'électricité comme la clef secrète de l'alchimie. A aucun moment de l'œuvre n'entre l'électricité, tout au plus peut-on l'utiliser pour des dispositifs de surveillance à micro-courants, en les plaçant aussi loin du four que possible.

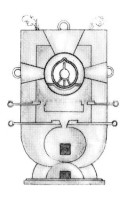

"Figure du fournel" dans La Clef du Secret des Secrets, *par N. Valois. D'après une copie manuscrite du XVIIᵉ siècle*

Le charbon implique une installation de réglage assez sophistiquée, par chambres et volets de tirage, que devaient nécessairement maîtriser les artistes d'autrefois. Plusieurs utilisèrent en effet ce combustible.

Nous donnerons la préférence au gaz, en bouteilles : sécurité de pression, souplesse de réglage, absence d'induction ; et comme nous n'avons pas besoin d'une très forte chaleur, l'air comprimé est aussi inutile que l'oxygène liquide.

Avec un bec Meker de 30 millimètres, ouvert aux 3/4, la consommation de butane, sous une pression de 37 millibars, produit 3 thermies à l'heure. Une bouteille de 13 kg représente 156 thermies, mais on

(1) E. Canseliet. *Deux Logis Alchimiques,* opus citem.

ne pourra pas toute l'utiliser, il faudra la remplacer avant que la pression ne baisse.

En supposant, avec une bonne marge, une utilisation à 80 %, on voit qu'une bouteille durera 40 heures environ, il faudra donc quatre bouteilles pour assurer la coction. Elles peuvent être couplées par deux, avec un manomètre, celle qui est presque vide est enlevée, et on dispose de 40 heures pour la remplacer impérativement.

L'énergie est ridicule, qui ferait rire plus d'un savant, mais celle-là ne représente que notre énergie vulgaire.

On peut utiliser un bec différent, ou même plusieurs petits becs, du moment que sont respectés les critères répartis dans ce chapitre. En tous cas, il sera absolument hors de question de donner le moindre à-coup à la température.

LE FOURNEAU DU PHILOSOPHE   Notre incubateur, c'est l'athanor, "tranquille Henri, déclare Philalèthe, qui aura été construit en briques, ou de terre à potier". Assez volumineux lorsqu'on l'alimentait au charbon, il devient d'une étonnante simplicité avec le gaz. Celui de Canseliet, en 1951, n'était constitué que de deux grands creusets, nous l'avons déjà dit.

Il doit être caractérisé par une faible inertie thermique, aussi ne faut-il pas le calorifuger : la température doit y varier en souplesse, à la demande.

Un pot à fleurs, en terre cuite riche en mica, pourrait convenir, ou certains types de souches de cheminées. Il est essentiel que les parois ne fassent pas écran aux radiations du cosmos, la tôle métallique, pleine ou étirée, est donc à rejeter pour la chambre du creuset ; un petit cerclage en haut et en bas reste admissible.

Le fourneau philosophique comprend ainsi une chambre de chauffe, qui peut être métallique, dans laquelle se trouve le brûleur, et au-dessus une chambre de cuisson, en terre.

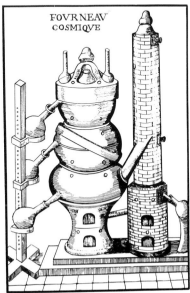

D'après Le vray cours de la Physique
1653, Annibal Barlet

Dans cette chambre supérieure, dont le volume est de l'ordre de quelques décimètres cube, la température doit rester homogène. Un premier test pour vérifier cette condition consiste à chauffer en observant dans l'obscurité les parois extérieures de la chambre de cuisson : la rougeur doit apparaître régulière. Le rouge très sombre correspond à 600°C, mais si l'extérieur prend cet aspect, le rouge intérieur sera naturellement plus vif.

On en profitera pour pousser la température un peu plus, afin de déterminer le moment où le brûleur arrivera à bout de souffle, et, quitte à calorifuger pour l'occasion, si le four ne souffre pas de la dilatation.

L'expérience acquise dans la construction du four de fusion se révélera très utile à présent. L'athanor doit avoir cette sobriété fonctionnelle des outils anciens, cette adaptation élégante et robuste aux sollicitations. S'il a l'air du gadget, ou d'une boîte de conserve, ce ne peut être un bon fourneau. On doit avoir une totale confiance en l'appareil : dans la coction l'artiste risque sa vie, et peut-être même son âme[1].

D'après le frontispice du
Tripus aureus
1618, Michael Maier

LES INSTRUMENTS DE RÉGLAGE   Le vase, couvert d'une plaque de mica permettant l'observation visuelle, va être suspendu par un fil métallique composé de 2 ou 3 brins de petit diamètre. Les alliages utilisés dans la plupart des résistances électriques des radiateurs usuels se montrent tout à fait appropriés, il suffit de débobiner les résistances et de les redresser.

Voici donc complètement défini l'œuf — ou tout au moins le vase de l'art — et l'athanor. On pourra jeter un coup d'œil par le trou d'évacuation des gaz brûlés, mais cela reste bien insuffisant pour prendre en mains la coction. On ne doit pas sophistiquer le four, mais on peut sophistiquer les contrôles.

(1) Ceci pour émouvoir les faibles d'esprit.

Une canne pyrométrique courte sera fixée par un trou dans le milieu de la chambre de cuisson, sans qu'elle puisse gêner le creuset. Reliée à son voltmètre étalonné, elle nous donnera la température par lecture directe. On trouve maintenant des appareils plus précis, à sonde de platine par exemple, mais cela reste un luxe. Pour étalonner correctement le voltmètre, on trempe la canne dans un sel ou un métal, purs, en notant précisément leur point de fusion.

Voici les plus pratiques à l'emploi dans la tranche qui nous intéresse :

Étain	232° Celsius
Nitrate de sodium	280° C
Plomb	327° C
Nitrate de potassium	335° C
Zinc	419° C
Antimoine	631° C
Chlorure de potassium	730° C
Chlorure de sodium	815° C

Le fil soutenant le vase sera fixé au bras d'un trébuchet, à la place d'un plateau que l'on aura enlevé. Cette balance de portée 1 kg, sensible au moins à 5 centigrammes, devra naturellement être protégée des gaz brûlés. L'autre plateau recevra des masses marquées afin de passer l'œuf en incubation ; si l'embryon se développe, il deviendra plus lourd.

On peut envisager une balance de même précision et portée donnant une lecture directe : à ressort, à contrepoids, ou électronique, mais les variations doivent entraîner un abaissement très minime du fil, le creuset ne gagne rien à se rapprocher de la flamme, cela va de soi (ni à s'en éloigner).

Le réglage du feu, ainsi qu'en ont parlé tous les Philosophes, est capital ; la vanne contrôlant le débit de gaz doit nécessairement permettre une manœuvre fine et sélective.

Par des essais minutieux, l'artiste pourra connaître exactement à quelle température relevée au pyromètre correspond l'ouverture du robinet. En conséquence, il graduera le robinet du gaz en température, de telle sorte qu'il puisse se passer de pyromètre. En effet, au cours de la coction, la manette du gaz et la balance sont les seuls organes déterminants, le pyromètre n'est qu'un simple élément de sécurité.

LE GRAND DIALOGUE   L'augmentation du poids de l'œuf conduit à accroître la température dans l'athanor, c'est l'opérateur qui assure manuellement la liaison entre ces deux grandeurs.

Si l'artiste a quelques connaissances en électronique, il pourra sans trop de difficulté fabriquer un organe de liaison automatique en remplaçant le robinet du gaz par un électrovanne, et la balance par un élement variable : résistance, condensateur, ou self.

L'électronique d'aujourd'hui permet, en effet, d'élaborer des dispositifs dont les faibles champs d'induction ne risquent pas d'entraver la coction, encore faut-il assurer une compensation automatique de l'abaissement du creuset, et ne pas être tributaire du courant de secteur.

On peut tout aussi bien mettre au point une liaison entièrement mécanique et très fiable.

L'opérateur ingénieux, quoiqu'il en soit, ne devra jamais perdre de vue que cette liaison, automatique ou non, constitue la deuxième clef de l'œuvre, et qu'elle réclame une parfaite sécurité.

L'artiste doit sentir sa coction, faire corps avec elle ; au fil des préparatifs, des essais, et des échecs, le matériel qui lui convient s'imposera de lui-même.

S'il opte pour le pilotage manuel, il n'oubliera pas de relever et d'enregistrer tout ce qui peut l'être : pression atmosphérique, température, aspect du ciel, etc. Il paraît fort improbable que l'opérateur réussisse la première tentative, et ces renseignements lui seront très précieux par la suite.

Il ne devra pas hésiter à se munir d'un magnétophone, car l'œuf en incubation joue de la musique... !

Eh oui, ce sont des petits sifflements, lesquels constituent le premier guide du troisième œuvre, et voilà pourquoi l'alchimie est appelée *Art de Musique*.

Bien avant le résultat final, qui est l'escarboucle rutilante, la grande coction se révèle un phénomène bouleversant et magnifique, l'artiste a droit au plus fantastique concert.

LA TEMPÉRATURE EN GRAMMES   Le grand dialogue se déroule en grammes et en degrés, la matière approuve en sifflotant, et ceci nous fait penser à un film de science-fiction américain d'il y a quelques années, où les visiteurs extra-terrestres commmuniquaient avec les Terriens par un procédé analogue.

Grammes et degrés, rien de plus arbitraire qu'une échelle de mesure. Le lecteur nous voit peut-être venir : nous allons changer les échelles. La température du four doit être liée au poids de l'œuf, et il apparaît nettement plus simple et pratique d'utiliser une unité commune.

Il faut au préalable avoir saisi que l'accroissement du poids de l'embryon est synonyme de sa vitalité ; que cette vitalité demande pour être entretenue, comme pour un œuf de poule, une chaleur précise : ni plus, ni moins, ou c'est la mort.

D'après
Symbola aurea mensæ
1617, Michael Maier

Mais contrairement à un œuf de poule, l'œuf du Philosophe requiert une chaleur en progression linéaire, fonction — durant un certain temps — du poids.

La manette du gaz doit donc à tout instant être réglée sur la position représentant exactement la chaleur réclamée par l'embryon : il l'exprime par son poids. C'est cela le dialogue.

A l'évidence, il convient d'unifier les échelles.

S'il n'est guère facile de fabriquer des poids précis, par contre rien de plus aisé que de mettre des chiffres sur un cadran.

Nous allons donc évaluer la température en "grammes" : 1 degré = 1 gramme, nous écrirons $1°G$, ou, pour indiquer l'échelle : $T°G$. C'est surtout la manette du gaz qui est importante, c'est elle la barre du gouvernail.

Naturellement, ce n'est pas la coquille qui s'accroît, mais le poussin. Nous poserons donc que le poids de l'œuf totalise le poids de l'art et le poids de nature :

$$P_O \quad = \quad P_A \quad + \quad P_N \qquad \text{en grammes.}$$

La température correspondante, en $°G$, sera donc :

$$T°G \quad = \quad P_A \quad + \quad P_N$$

C'est-à-dire que si à un certain moment de la coction, l'œuf pèse 350 grammes, la manette indiquera la graduation $350°G$. Si à un autre moment, l'œuf venait à peser 400 grammes, la manette indiquera $400°G$.

Pour étalonner les appareils, il faut convertir les degrés Celsius par la formule suivante, qui vaut son pesant d'or pour le néophyte :

$$T°G = T°C \times 7/19 + P_A + 60 \quad {}^{(1)}.$$

Prenons un exemple.

— Si le poids du creuset avec son couvercle = 200 grammes, et si dans l'athanor nous avons 315° Celsius,

$$T_1°G = 315 \times 7/19 + 200 + 60 = 376°G.$$

— De même, 553°C équivaudraient à :

$$T_2°G = 553 \times 7/19 + 200 + 60 = 464°G.$$

Si ces températures étaient relevées au cours de la coction réelle, c'est que dans le plateau de la balance, les masses totalisaient respectivement 376 et 464 grammes.

Nous attirons l'attention du lecteur sur la relation suivante,

$$\frac{T_2°G - P_A}{T_1°G - P_A} = \frac{P_{N2}}{P_{NI}}$$

laquelle s'avère par nature impossible avec l'échelle Celsius ou autre, ce qui n'est peut-être pas évident tout de suite.

SCHÉMA DU TROISIÈME ŒUVRE

Dans le vase, les matières vont cuire pendant une semaine, jour et nuit sans interruption.

D'après la Tradition alchimique, ce sont les planètes dans l'ordre de Ptolémée qui vont présider à la coction, durant laquelle les couleurs se succéderont dans le noir.

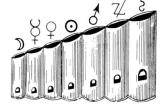

(1) Si l'on préfère tarer le *poids de l'art*, $P_A = 0$, et la relation s'écrit alors $T°G = (T°C \times 7/19) + 60$. (Jusqu'à *l'œuvre au blanc*.)

D'après un détail de la planche que J. de Senlecque ajouta au Traité de l'Eau de Vie, de J. Brouaut, lorsqu'il édita l'ouvrage en 1646

Au cours des précédentes étapes de l'œuvre les qualités requises étaient celles d'un opérateur habile. Maintenant l'opérateur est devenu capitaine, il doit être apte au commandement, surveiller, analyser, décider dans l'instant même avec un sang-froid lucide.

Ce sera assurément une *grande Semaine,* et, ainsi que Dieu achevant de créer le Monde, au septième jour il chômera[1].

C'est ainsi que l'on apprend à ressusciter les morts, comme le disciple d'Élie[2].

D'après un bas-relief exécuté vers 1546. Château de Dampierre (Charente-Maritime). Seule ma ruine manifeste l'intérieur, est-il gravé autour de la tirelire

   ... Lorsque Élisée arriva dans la maison, voici, l'enfant était mort, couché sur son lit...
Élisée s'éloigna, alla çà et là par la maison, puis remonta et s'étendit sur l'enfant. Et l'enfant éternua sept fois, et il ouvrit les yeux...

Un éternuement de plus et le creuset se fissure, c'est le signe. La pierre, qui au milieu des cendres apparaît alors à l'artiste, est accomplie. Il a devant lui la pure des pures (*purpura,* pourpre).

   ... Refroidie, la matière offre une texture cristalline, faite, semble-t-il, de petits rubis agglomérés, rarement libres, toujours de forte densité et de brillant éclat... Elle paraît, en effet, constituée d'une sorte de noyau cristallin et translucide, à peu près sphérique, de couleur semblable à celle du rubis balai, enfermé dans une capsule plus ou moins épaisse, rousse, opaque, sèche et couverte d'aspérités... nommés par les Anciens la terre damnée de la pierre. Ce résidu, facile à séparer, n'est d'aucune utilité et doit être jeté[3]...

Il prélève un petit fragment pour en tester l'efficacité[4], et voici que le noir Saturne se transforme en Soleil. Il ne reste à l'Adepte qu'à accroître le pouvoir de sa gemme, qu'à la rendre assez puissante pour assurer sa propre transmutation.

---

(1) Chômer : « Du grec *kauma,* chaleur brûlante, calme pendant la chaleur » (*Petit Larousse* de 1959).
(2) *La Bible,* II Rois, 4 - 32 et 35.
(3) Fulcanelli. *Les Demeures philosophales,* opus citem.
(4) Traité au deuxième chapitre.

Cette opération a pour nom la multiplication[1]. Il suffit de réitérer la coction en plaçant dans le creuset la pierre obtenue avec une nouvelle part de mercure philosophique, ainsi qu'initialement.

> ... On peut dire qu'après avoir touché le mercure elle revient à son point de départ. Ce sont ces phases de chute et d'ascension, de solution et de coagulation. qui caractérisent les multiplications successives, qui donnent à chaque renaissance de la pierre une puissance théorique décuple de la précédente[2]...

Lorsque les prélèvements spécifiés en poudre de projection donnent un coefficient tinctorial de l'ordre de mille à dix milles parties d'or pour une partie de poudre, potentiellement, la Médecine universelle est prête, le Philosophe prépare sa métamorphose.

D'après le Liber chronicarum, *1493, Hartmann Schedel (1440-1514)*

LA COCTION D'UN MAÎTRE   Pour terminer ce chapitre, nous allons jeter un coup d'œil sur une coction de Canseliet.

Celle-ci fut réalisée en mai 1951, et malheureusement échoua, mais le généreux Philosophe l'offrit en cadeau aux amoureux de Science. Il en publia le compte rendu partiel dans *L'Alchimie expliquée sur ses textes classiques*.

Mardi 15 mai, dans l'athanor :

— *vase de l'art*
(creuset, etc.)   148,90 g

— *vase de nature*
  • rémore
  • sel   4,15 g
                                    160,55 g
                                    ————————

Soit poids de l'œuf   =   313,60 grammes
A 21 h 00, mise en service du chauffage.

1ᵉʳ son (durée 100 secondes)	Mardi 15 mai	à 22 h 32	313,60 g inchangé
	Poids de l'œuf		
2ᵉ son	Mercredi 16 mai à 22 h 10		
	Poids de l'œuf		333,65 g
3ᵉ son	Poids de l'œuf		354,8 g
4ᵉ son	Poids de l'œuf		368,6 g
5ᵉ son	Poids de l'œuf		396 g
6ᵉ son	Poids de l'œuf		423,5 g
7ᵉ son	Poids de l'œuf		440,6 g

Lundi 21 mai
La coction échoue, nous n'en saurons pas plus.

(1) Traité au deuxième chapitre.
(2) Fulcanelli. *Les Demeures philosophales*, opus citem.

Sept sifflements ont donc découpé le temps ; sept notes de musique, dont la hauteur va croissante[1]. Pour conduire sa coction, l'alchimiste ne dispose-t-il pas du plus merveilleux des systèmes de contrôle ?

Concert dans l'Œuf. *Tableau de Jérôme Bosch (v. 1455-1516)*

TABLEAU DES POIDS   Regardons de plus près les variations de poids, non celles du dispositif, mais celles du vase philosophique ; il suffit de soustraire 148,90 grammes de chaque mesure. Nous obtenons :

au 1er son	164,7	grammes
2e	184,75	g
3e	205,9	g
4e	219,7	g
5e	247,1	g
6e	274,6	g
7e	291,7	g

Maintenant, nous allons, en présentant les résultats avec quatre décimales, sans arrondir,

1) diviser chaque poids par le poids initial,
2) diviser chaque poids par le poids précédent.

Succession des sons	Poids du vase philosophique	Division par le poids initial	Rapport des poids successifs
1er	164,7	1	
			1,1217
2e	184,75	1,1217	
			1,1144
3e	205,9	1,2501	
			1,0670
4e	219,7	1,3339	
			1,1247
5e	247,1	1,5003	
			1,1113
6e	274,6	1,6672	
			1,0622
7e	291,7	1,7711	

C'est ici que vont s'écarquiller les yeux du lecteur s'il est quelque peu versé en théorie de la musique.

Quant aux autres, nous allons leur donner de quoi commencer à comprendre, grâce à un petit cours.

_____

(1) Si la coction réussit, un 8e sifflement retentit lorsque l'octave pondérale se ferme. Nous comprendrons plus loin.

CARACTÉRISTIQUES DES SONS   Les *sons simples,* qui n'existent pas dans la nature, sont produits par une vibration sinusoïdale, ils paraissent ternes et monotones. Les *sons complexes* sont formés par superposition de plusieurs vibrations sinusoïdales, immédiatement ils prennent plénitude et vie.

Toute vibration sinusoïdale étant multiple ou sous-multiple d'une autre, on définit arbitrairement une fréquence de base, ou son fondamental. Les autres fréquences seront ses harmoniques, que Boèces, au Moyen Âge, comparaît à des ronds successifs provoqués par une pierre jetée dans l'eau.

Sans parler de la durée, l'oreille distingue les sons musicaux par trois qualités :

> — *Intensité.* Le son est à peine audible (l'amplitude des vibrations est faible), ou si fort qu'il faut se boucher les oreilles (amplitude forte).

> — *Hauteur.* Le son est aigu (fréquence haute) ou grave (fréquence basse). Par convention, le Comité Consultatif International a fixé en 1959 le la_3 à 440 hertz. Pour fixer les idées, ajoutons que la voix humaine s'étend, approximativement pour l'ensemble des différentes tessitures, de 80 à 1 200 hertz.

> — *Timbre.* Le *la* d'un violon ne se confond pas avec le *la* d'un piano. Le timbre résulte des fréquences harmoniques d'un son fondamental ; les multiples et leur base, chacun avec leur amplitude, sortent de l'instrument en même temps.

Il faudrait ajouter les *transitoires* (phénomènes transitoires). Le timbre, en effet, caractérise plutôt l'état stationnaire d'un son, mais entre l'attaque et l'état stationnaire, les harmoniques varient continuellement. Les transitoires se produisent également à toutes modifications du son ; comme la musique et la parole comportent très peu de sons fixes, elles sont constituées en grande partie de transitoires, lesquels déterminent le véritable timbre.

L'effet musical de deux sons simultanés dépend uniquement du rapport de leur fréquence, mais non de la valeur absolue de ces fréquences, c'est ce rapport que l'on appelle *intervalle.*

LES INTERVALLES Pour déterminer les intervalles, on peut mesurer la longueur de tuyaux sonores, ou de cordes vibrantes. Les Anciens ne parlaient pas de fréquence, mais de longueur. Il suffit, pour convertir, d'inverser les rapports, car la fréquence d'un son se montre inversement proportionnelle à la longueur d'un tuyau ou d'une corde.

Par contre, si on met des masses différentes au bout des cordes de longueurs identiques, la fréquence est cette fois *proportionnelle à la racine carrée de la masse.*

Et si les cordes sont de substances différentes, la fréquence est *inversement proportionnelle au carré de la densité.* La même loi s'applique aux gaz insufflés dans les tuyaux : si on élève la température, le gaz est moins dense, le son devient plus aigu.

Par exemples,

D'après Della tramutatione metallica
1572, Giovanni Battista Nazari

1) si un tuyau émet un *ao* avec un gaz à 300°C, nous aurons à 450°C, en adoptant un coefficient de dilatation de 1/273 :

$$\text{do} \times \sqrt[2]{\frac{1 + 450/273}{1 + 300/273}} = \text{do} \times 1{,}123 = ré$$

2) si une corde de densité 16,5 émet un *do,* en augmentant la densité à 20,6 nous aurons :

$$\text{do} \times \sqrt[2]{16{,}5/20{,}6} = \text{do} \times 1/1{,}117 = si\ bémol$$

(de l'octave en dessous)[1].

Il est temps que nous définissions les intervalles, lesquels furent sélectionnés empiriquement, par l'oreille. C'est elle qui a guidé et donné les règles de la musique. Pourquoi nos sens détectent-ils les lois de l'harmonie ? voilà un beau mystère.

l'octave   intervalle 2/1

La fréquence *a* d'un son est double de l'autre *b*.

$$a = 2b$$

la quinte   intervalle 3/2   =   1,50

Elle forme la moyenne arithmétique de l'octave :

$$\frac{a + b}{2} = \frac{3}{2}b$$

la quarte   intervalle 4/3   =   1,333

Elle forme la moyenne harmonique de l'octave :

$$\frac{2\,ab}{a + b} - \frac{4}{3}b$$

la tierce majeure   intervalle 5/4   =   1,250

la tierce mineure   intervalle 6/5   =   1,20

Nous n'allons pas tous les énumérer, mais on pressent déjà pourquoi les

---

(1) En appliquant cette loi à la coction, le 3e son serait (en théorie seulement) abaissé d'un ton mineur.

musiciens n'utilisent que certains sons — les notes — choisis de façon à ce qu'ils présentent entre eux ces intervalles harmonieux. Au passage, remarquez la belle association numérique :

2/1   3/2   4/3   5/4   6/5.

Les théoriciens ont donc cherché à réaliser une gamme simple, compatible avec l'exigence de l'oreille. Construire une gamme revient à ranger des notes dans une octave.

GAMME DE PYTHAGORE   Nous ne pouvons approfondir ici l'histoire si riche de la théorie musicale de l'Antiquité à nos jours[1].
Aristoxène de Tarente (v-370 à v-300) par exemple, a structuré l'héritage musical grec dans une grille célèbre — le Grand Système Parfait[2] — qui permettait de former les gammes issues des principaux courants culturels : *Dorien Eolien, Iastien, Phrygien, Lydien.*

Retournons donc deux siècles en arrière, à la rencontre du grand Pythagore (v-572 à v-493). C'était un de ces privilégiés à l'oreille si fine, rapporte sa légende, qu'il *entendait chanter les cieux.* La construction de sa gamme est basée entièrement sur une progression de quintes, l'octave n'étant qu'un accessoire de réduction. Pour simplifier, nous partirons du *fa* :

fa — do — sol — ré — la — mi — si — fa dièse, etc.

En ramenant toutes les notes dans une même octave, en obtient les intervalles :

do	ré	mi	fa	sol	la	si	do
9/8	9/8	256/243	9/8	9/8	9/8	256/243	

Soit deux intervalles fondamentaux :

---

(1) Les traités abondent. Parmi les auteurs que nous avons sélectionnés pour cette étude, citons Jacques Chailley (né en 1910, professeur d'histoire de la musique à la Sorbonne), et Roland de Candé (musicologue, né en 1929), avec notamment son *Histoire universelle de la musique,* Paris, 1978, Seuil.
(2) Ceci, naturellement, n'a rien à voir avec la gamme de Pythagore.

$$9/8 = 1,125$$
$$256/243 = 1,0535$$

Pour les intervalles avec la tonique (1re note) nous aurons :

do	ré	mi	fa	sol	la	si
1/1	9/8	81/64	4/3	3/2	27/16	243/128
1	1,1250	1,2656	1,3333	1,5000	1,6875	1,8984

De par leur mode de conception, les sons de cette gamme appartiennent tous à la même série harmonique basée sur les *fa* :

do	ré	mi	fa	sol	la	si
384/256		486/256		576/256		729/256
	432/256		512/256		648/256	

76

Précisons, pour éclaircir la théorie des harmoniques, que si on part d'un son "1" de fréquence "F", tous les nombres entiers qui suivent peuvent être considérés comme harmoniques, c'est-à-dire multiples de la fréquence 1 F, ainsi 2 F, 3 F, 4 F, etc. Le baron Joseph Fourier (1768-1830) nous rendit cet aimable service. Dans cette série, certains intervalles sont fatalement musicaux, et permettent aux acousticiens d'étudier scientifiquement les gammes.

Avec un *fa* de base, les autres *fa* à l'octave seraient alors 1 F, 2 F, 4 F, 8 F, 16 F, 32 F, 64 F, 128 F, 256 F, 512 F, etc.

On comprend donc pourquoi, d'après ce raisonnement, le *do* tonique de Pythagore correspond à l'harmonique n° 384 du *fa* fondamental. (384 = 256 × 1,5).

Son fa, naturellement, porte le n° 512 ; il suffit d'effectuer la division par la tonique pour retrouver les valeurs initiales.

A quelques détails près, cette gamme, dite cyclique, n'est cependant pas une gamme réputée naturelle ! ce qui ne ferait pas plaisir au Philosophe, car basée sur la fameuse tétrade totalisant 10, le nombre parfait. En effet, les intervalles de quarte (4/3), quinte (3/2), et octave (2/1), donnent la série privilégiée 1-2-3-4 permettant aux pythagoriciens de définir tous les autres intervalles.

GAMME DE ZARLINO Par contre, une gamme toujours enseignée, qualifiée parfois de ''naturelle'' est celle de Gioseffe Zarlino (1517-1590).

Elle est construite à partir de trois accords parfaits majeurs, par trois sons donnant successivement la tierce majeure (5/4), et la tierce mineure (6/5), tierces définies par l'Espagnol Bartoloméo Ramos de Pareja (v1440-v1521), soit en partant du *fa* :

fa — la — do

do — mi — sol

sol — si — ré

Ou, en ligne :

fa	la	do	mi	sol	si	ré
5/4	6/5	5/4	6/5	5/4	6/5	

On ramène sans difficulté dans une même octave, ainsi obtient-on :

de *do* à *ré* :
$5/4 \times 6/5 \times 5/4 \times 6/5 = 9/4$
soit en divisant par 2 : 9/8

de *do* à *mi* : 5/4

etc.

do	ré	mi	fa	sol	la	si	do
1/1	9/8	5/4	4/3	3/2	5/3	15/8	2/1
1	1,1250	1,2500	1,3333	1,5000	1,6666	1,8750	2

D'où les intervalles successifs

do	ré	mi	fa	sol	la	si	do
9/8	10/9	16/15	9/8	10/9	9/8	16/15	

On obtient donc trois intervalles fondamentaux :

$$9/8 \quad = \quad 1,1250$$
$$10/9 \quad = \quad 1,1111$$
$$16/15 \quad = \quad 1,0666$$

Le rapport entre un ton majeur (1,1250) et un ton mineur (1,1111) est le *comma,* terme général désignant un petit intervalle, ici 1,0125, ou 81/80.

Pour les théoriciens, l'échelle de Zarlino n'est cependant pas plus naturelle que celle de Pythagore. En effet, selon la terminologie usuelle, une gamme est dite naturelle lorsque tous ses intervalles sont « naturels », c'est-à-dire que les fréquences sont entre elles comme la série des nombres entiers. Nous en devons la paternité à des physiciens comme Hermann von Helmholtz (1821-1894), bien connu pour ses résonnateurs basés sur l'analyse de Fourier. ''L'âme humaine, disait-il, trouve un bien-être particulier dans les rapports simples, car elle peut les saisir et les embrasser plus facilement'' !

Comme celle de Pythagore, la série harmonique de Zarlino ne peut être construite qu'en partant une quinte en-dessous de la tonique (fa pour la gamme de do).

do	ré	mi	fa	sol	la	si	do
24/16	27/16	30/16	32/16	36/16	40/16	45/16	48/16

On vérifie facilement que, dans la série harmonique ''naturelle'' de do, il n'y a pas de rapport 4/3 et 5/3 :

1	2	3	4	5	6	7	8	9	10	11	12	13	14	15	16
do	do	sol	do	mi	sol	—	do	ré	mi	—	sol	—	—	si	do

On aurait bien un *la,* par exemple à la 27e harmonique, mais il vaudrait, comme celui de Pythagore, 27/16 avec sa tonique, et non 5/3. Ce qu'il faut comprendre, c'est que le qualificatif *naturel* demeure vide de sens quelle que soit la gamme considérée.

GAMME TEMPÉRÉE   Pour simplifier carrément le problème, l'octave fut divisée en douze parties égales. Nous pouvons remarquer que la gamme de Pythagore, ou celle de Zarlino, comprend successivement : 2 tons, 1/2 ton, 3 tons, 1/2 ton, ce qui totalise grossièrement 12 demi-tons.

Eh bien les mathématiciens ont dit aux musiciens que désormais ils disposeraient de douze demi-tons égaux.

Chaque demi-ton vaut donc $\sqrt[12]{2}$ soit 1,0595,

ou pour un ton, $\sqrt[12]{2^2} = 1,1225,$

d'où, après transposition en diatonique majeure :

	ré	mi	fa	sol	la	si	do
	1,1225	1,1225	1,0595	1,1225	1,1225	1,1225	1,0595
	$\sqrt[12]{2^2}$	$\sqrt[12]{2^4}$	$\sqrt[12]{2^5}$	$\sqrt[12]{2^7}$	$\sqrt[12]{2^9}$	$\sqrt[12]{2^{11}}$	2
	1,1225	1,2599	1,3348	1,4983	1,6818	1,8878	2

Pour moduler, c'est impeccable, malheureusement l'égalité mathématique des demi-tons est une vue de l'esprit. A part l'octave, tous les intervalles sont impurs et inexpressifs. On remarque d'ailleurs que pour compenser ce défaut, instinctivement les pianistes se contorsionnent.

C'est cette gamme, dite tempérée, que des théoriciens occidentaux ont réussi à imposer.

Il existe aussi, pour qualifier les gammes, un mot que chacun connaît : "chromatique". En effet, dans le jargon musical, on nomme ainsi toute échelle procédant par demi-tons, qu'ils soient tempérés ou non. Rien à voir, donc, avec la gamme chromatique des Grecs (*khrôma* = couleur).

LES PROBLÈMES DE L'HARMONIE   Le lecteur pensera peut-être que les écarts paraissent bien minimes, avec les rapports de Zarlino par exemple ; mais précisément, la supériorité d'une musique réside dans la justesse d'intonation de ses intervalles.

Ainsi, les gammes orientales, qui existaient déjà avant Bouddha, contiennent-elles vingt-deux intervalles inégaux par octave ; la petitesse des intervalles n'est pas importante en soi, mais elle permet de résoudre les nombreux problèmes de l'harmonie.

En Occident, Christian Huygens (1629-1695) proposa une division de l'octave en trente et une parties. D'ailleurs on constate bien, en examinant les partitions depuis cette époque, l'existence de trente et un sons :

— les 7 notes	do, ré, mi, fa, sol, la, si
— 7 dièses	(un sur chaque note)
— 7 bémols	(un sur chaque note)
— 5 doubles dièses	(sur do, ré, fa, sol, la)
— 5 doubles bémols	(sur ré, mi, sol, la, si)

La précision s'impose pour que la musique nous invite à découvrir l'âme sensible du monde. Si l'unisson n'est pas absolument parfait entre quelques instruments, des battements perturbateurs apparaissent sur les harmoniques communs.

Il est indiqué, dans les traités contemporains, que la gamme de Pythagore n'est plus en usage de nos jours. Mais c'est pratiquement celle qu'utilisent les violonistes, d'aileurs tous les instruments à cordes, réglés par quintes, procèdent de l'échelle cyclique. Les instruments à vent donnent généralement, suivant leur conception, la gamme harmonique, — à ne pas confondre avec une série harmonique — et ils ne jouent pas juste le *fa* et le *la* de Zarlino

L'échelle tempérée n'est utilisée que dans les instruments à sons fixes, comme le piano, l'orgue, le clavecin, et ce depuis le XVIIIᵉ siècle.

Les problèmes ne manquent pas dans la théorie musicale, par exemple le *mi-dièse* ou le *fa* n'ont pas exactement la même valeur pour un chanteur et un violoniste. Ou encore, les douze quintes classiques (= 129,7463) ne s'insèrent pas tout à fait dans les sept octaves (= 128) ; on bourre un peu en répartissant un douzième de l'écart sur chaque quinte.

En fait, chaque système a ses avantages et ses inconvénients. Chaque système surtout correspond mieux à un groupe d'instruments qu'à un autre ; l'habileté de l'exécutant neutralise l'effet discordant, et il n'est sans doute pas nécessaire de nous attarder plus longtemps sur ce sujet.

LES RYTHMES DE L'UNIVERS   Revenons donc à notre tableau de la grande coction. Les chiffres que l'on y découvre se montrent très proches de ceux de la gamme zarlinienne, mais on retrouve les mêmes dans les théories du monde entier.

— pour les demi-tons (1,066), nous avons
    1,0670 et 1,0622

D'après la première planche du
Mutus Liber. *1677, Altus*

— pour les tons mineurs (1,111)
    1,1144 et 1,1113

— pour les tons majeurs (1,125)
    1,1217 et 1,1247
    En doublant le poids tonique pour
    fermer l'octave, on a aussi 1,1292.

— pour les tierces mineures (1,200)
    poids 5 / poids 3 =   1,20097
    p 1 × 2 / p 6   =   1,19956

— pour les tierces majeures (1,250)
    p 6 / p 1   =   1,25015
    p 6 / p 4   =   1,24999

— pour les quartes (1,333)
    p 4 / p 1   =   1,33394
    p 6 / p 3   =   1,33657
    p 7 / p 4   =   1,32772
    p 1 × 2 / p 5   =   1,33306

— pour les quintes (1,500)
    p 5 / p 1   =   1,50030
    p 6 / p 2   =   1,48633
    p 1 × 2 / p 4   =   1,49932

— etc. Par doublement à l'octave des sept poids, en vérifierait aussi de nouvelles tierces et autres intervalles.

En admettant jusqu'à 5 centigrammes d'erreur absolue sur une mesure, on obtient une erreur relative progressant de 4 pour 100 000 sur un ton, jusqu'à 3 pour 10 000 sur l'octave.

A l'évidence, les écarts entre les rapports de la coction et les intervalles des musiques occidentales ne peuvent être dus à des imprécisions dans les pesées. Soit que ces chiffres correspondent à d'authentiques intervalles naturels, soit que les écarts résultent d'influences indéterminées, comme une perturbation atmosphérique. En tous cas, l'altération reste extrêmement faible.

En cherchant par curiosité à insérer les résultats dans une série harmonique, il faut, ici aussi, partir d'une quinte en-dessous de la tonique.

Voici une série assez proche :

Poids 1	P 2	P 3	P 4	P 5	P 6	P 7	P 8
48/32	54/32	60/32	64/32	72/32	80/32	85/32	96/3

laquelle provient des arrondis suivants :

48,0	53,842	60,005	64,027	72,014	80,025	85,013	—

En arrondissant les moyennes des groupes de tierces, quartes, et quintes, citées plus haut, et en reconstituant l'octave, on trouve exactement les valeurs suivantes :

Poids 1	P 2	P 3	P 4	P 5	P 6	P 7	P 8
1	1,125	1,250	1,333	1,500	1,666	1,777	2

A partir du poids 1 comme base, — puisque déjà mesuré avant la coction — on aboutirait donc à la série théorique, en grammes :

Poids 1	P 2	P 3	P 4	P 5	P 6	P 7	P 8
164,7	185,3	205,9	219,6	247,05	274,5	292,8	329,

On obtiendrait les mêmes résultats avec l'échelle harmonique, sauf au poids sept : 164,7 × 85/48 = 291,65 grammes[1]. L'équivalence en notes de musique serait alors :

(1) 85/48 représente 85/32 divisé par 48/32.
(2) Nous en reparlerons en annexe.

Poids 1	P 2	P 3	P 4	P 5	P 6	P 7	P 8
do	ré	mi	fa	sol	la	si bémol	do

On trouve cette gamme[2] un peu partout dans le monde : c'est l'une des dix *thâta* de l'Inde ; ou, parmi les sept *dastgâh* persans, celle qu'on appelle *rast-pandjgâh ;* chez les Arabes, parmi les douze principaux *maquâmat,* elle porte le nom de *ouchaq.*

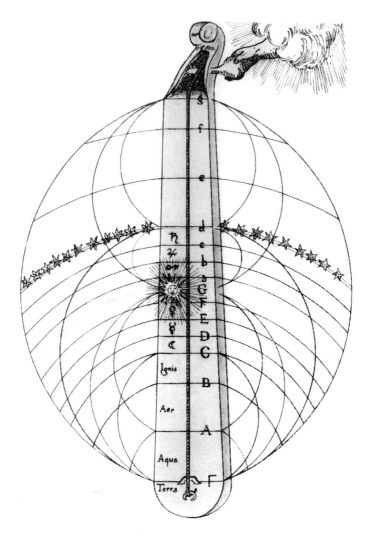

D'après Utriusque cosmi historia, *1617, Robert Fludd*

VARIATIONS DE LA DENSITÉ   Lors des comparaisons, nous avons parlé de poids, il faut comprendre "relevés de poids", ou "relevés de masses", nous attirons l'attention sur ce point, car si la masse s'accroît, le volume lui ne varie pas.

Au chapitre deux, nous avions vu que les transmutations sont généralement assorties d'une variation de la masse de l'ordre de $\pm$ 20 %.

En appelant V le volume, et D la densité, i l'indice du métal initial, p celui du métal précieux, on pourrait s'attendre, d'après la mécanique de Newton, à avoir la relation

$$V_i \, D_i \quad = \quad V_P \, D_P \qquad \text{(conservation de la masse)}$$

Mais comme la masse varie, on est conduit à considérer que V_P — et lui seul, tout au moins pour l'or — sera affecté :

$$V_p \quad = \quad K \, V'_p \qquad \text{(K étant le coefficient de variation)}$$

La variation jouerait donc entre le volume théorique, et le volume réel :

$$K \quad = \quad V_p \; / \; V'_p$$

L'association du métal et de l'énergie corporifiée dans la pierre philosophale paraît soumise à une mystérieuse loi d'équilibre. En apparence, tout se passe comme si la matière, devenant royale, devait atteindre une certaine "taille", ainsi qu'un végétal.

Dans la coction, il en va autrement, et le phénomène, toujours d'ordre relativiste, apparaît encore plus étrange si l'on peut dire.

Le volume observé étant fixe, posons

$$V \times D_1 \; - \; V \times D_n \; / \; I_n$$

1 étant l'indice du 1er relevé de poids, n celui d'un relevé de poids entre 1 et 7, I_n désignant l'intervalle de rang n, V et D respectivement le volume et la densité.

Nous en tirons

$$I_n \quad = \quad D_n \; / \; D_1$$

Ici, c'est la densité qui varie ! Elle se comporte comme une onde.

LES DEGRÉS DU FEU   L'étudiant remarquera les intervalles de temps dans cette coction, et aussi les petits écarts, 22 minutes sur 24 heures pour le premier, soit en minutes 1 440/1 418. Il reconstituera sans difficulté le déroulement, aussi est-ce du dernier repère dont nous allons parler, ou plutôt reparler : la température.

La plupart des auteurs l'ont enveloppée de mystère, mais Philalèthe se montre parfois généreux. Il faut, nous dit-il dans ses *Règles,*

> ... le degré ae chaleur qui pourra tenir du plomb (327°C) ou de l'étain en fusion (232°C)... Par là vous commencerez votre degré de chaleur propre, pour le règne où la Nature vous a laissé...

L'inquisiteur, qui ne manquera pas de lire les ouvrages de Fulcanelli et de Canseliet, découvrira que le quatrième degré du feu s'élève chez l'un à 1 200, tandis que l'autre indique 340 pour le deuxième, et 500 pour le septième.

Tout ceci n'est qu'une question d'échelle, ainsi, les degrés du Maître de Savignies peuvent-ils être intégrés dans notre système *degré-gramme* par la relation

$$T°G = T°Cans. \times 2/3 + P_A — 42.$$

On peut en déduire son tableau du *feu de roue,* quoiqu'il y ait une équation plus simple. Pour ceux qui ne savent pas compter, voici le développement :

1er degré	310
2e degré	340
3e degré	370
4e degré	390
5e degré	435
6e degré	475
7e degré	500
8e degré	555

Et maintenant, Fils de la Science, *ora, lege, relege, labora et inuenies*[1].

---

(1) • Prie, lis, relis, travaille et tu trouveras.
• Lis notamment le *Livre Muet.* Tu verras que la sentence, comme les données de 1951, est incomplète ; fie-toi aux indications d'Altus, que Canseliet confirme généreusement dans ses *Commentaires :* depuis 1952, il connaît la césure.

Henri Khunrath, Amphitheatrum Sapientiæ Æternæ, *1609, Hanovre*

En annexe à ce chapitre :

Les plantes alchimistes	Atorène
La notation musicale	,,
Hermès	,,
La semaine	,,
Pythagore	,,
Canseliet	,,

LES PLANTES ALCHIMISTES

Les phénomènes d'*accroissement* sont observables aussi au régne animal et végétal. Nous nous limiterons à ceux du monde végétal, qu'au siècle dernier quelques savants, comme Schrader, Greef, Braconnot, entreprirent d'étudier. L'expérience en gros consistait à semer des graines de cresson sur du soufre pur, amorphe, et d'arroser avec de l'eau distillée. Les plantes adultes furent calcinées ; on trouva dedans les mêmes éléments, et en quantités identiques, que dans le cresson normal poussé en cressonnière. Le grand scandale, c'est que certains des corps obtenus ne se trouvent ni dans l'eau, ni dans l'air (ni dans le soufre). Ils existent en quantités minuscules dans les semences, comment se sont-ils accrus ? Mystère.

En 1844, un autre savant, Vogel, voulu vérifier par lui-même. Il mit les graines de cresson dans du verre pilé exempt de tout composé sulfuré, et les arrosa d'eau distillée, plaçant le tout sous une cloche de verre, analysant l'air afin d'en déterminer la teneur en soufre. Quand les plantes furent adultes, il les analysa : il s'était produit deux foix plus d'acide sulfurique qu'avec les semences.
Quelle est la source qui fournit le soufre ? Mystère.

En 1875, le biologiste von Herzeele reprit le problème, et s'attacha à obtenir des bilans complets de certains corps, dans plusieurs végétaux.
Sa méthode consistait à doser les mêmes éléments, dans les graines, et dans les plantes après croissance dans l'eau distillée, additionnée ou non de produits minéraux purs. A la conclusion de plusieurs années d'expériences, portant sur des plantes et des éléments chimiques variés, il fut catégorique : les plantes sont capables d'opérer la transmutation des éléments.

En 1955, le professeur Baranger[1], de l'École Polytechnique, très impressionné par ces rapports, mais jugeant les essais de von Herzeele insuffisants en nombre pour entraîner sa conviction, décida de vérifier à son tour. Il fit porter l'expérience sur des graines de vesces, mises à pousser dans de l'eau distillée. Dans l'un des tests, l'eau était additionnée de chlorure de calcium rigoureusement pur. Pour s'entourer d'un maximum de garanties, il alterna les opérateurs, pesa au 1/100e de milligramme les graines, les produits, et les récipients, fit des milliers d'essais pendant quatre ans, avec des ruses de Sioux : du potassium apparaissait d'on ne sait où.

---

(1) • Conférence devant le milieu scientifique le 27 janvier 1959, à l'Institut Genèvois.
    • Exclusivité mondiale *Science et Vie*. Avril 1959.

LA NOTATION MUSICALE

Sans faire un historique complet de la notation musicale, disons que l'on utilisa durant un certain temps, suivant le principe hérité des Grecs, des lettres pour désigner les sons :

A   B   C   D   E   F   G

Le passage des lettres grecques aux lettres romaines, qui servent encore actuellement dans les pays d'influence anglo-saxonne, est attribué à Boèce (v480-524).

C'est au moine bénédictin Guido d'Arezzo (v990-v1050), que nous devons le nom actuel des notes ; il les emprunta aux syllabes d'une hymne à saint Jean-Baptiste, pour en faciliter l'étude à ses élèves lorsqu'il enseignait à l'abbaye de Pompose.

Ce chant, très connu à l'époque, et paraît-il infaillible contre l'enrouement, avait été écrit vers 770 par Paulus Diaconus :

Ut queant laxis
*Re*sonare fibris
*Mi*ra gestorum
*Fa*muli tuorum
*Sol*ve polluti
*La*bire reatum
Sancta *I*oannès

"Pour que résonnent dans les cœurs détendus les merveilles de tes gestes, absous l'erreur de la lèvre polluée de ton serviteur ô Saint-Jean"

Mais pendant que le professeur expliquait sa méthode au pape Jean XIX qui l'avait fait mander à Rome, l'esprit caustique des étudiants ne perdait pas ses droits ; ils préférèrent entonner "*ut re*levet *mi*serum *fa*tum *sol*itosque *la*bore" (pour que soit soulagé notre triste sort et nos travaux fastidieux !)

Le nom *ut* se transforma en *do* seulement au XVIIᵉ siècle. C'est un savant musicien florentin, Giovanni Battista Doni (1594-1647), qui eut l'idée de prendre à la place la première syllabe de son nom ; *ut* ne rendait pas la série homogène dans le solfège puisque composé d'une voyelle suivie d'une consonne.

Le *si* n'apparut qu'au XVIe siècle, c'est-à-dire 500 ans après Guido d'Arezzo. C'est que les bons pères redoutaient cette note, dont la mise en relation avec *fa* engendre un sentiment de lascivité. Au Moyen Age, l'intervalle F-B n'était-il pas dénommé "diabolus in musica" ?

On ignore le nom du débauché qui inventa le *si,* initiales de Sancta Ioannès, peut-être Anselme de Flandres, ou le Français Lemaire.

Dans sa méthode, le savant théoricien Guido d'Arezzo n'ajoutait les syllabes (ut, ré, etc.), aux lettres traditionnelles que pour préciser différents aspects de la gamme, par exemple "G, sol. ré. ut." Ainsi encore, "mi-fa" désignait tous les demi-tons, d'où le solfège de la gamme d'ut :

C	D	E	F	G	A	B	C
ut	ré	mi	fa	sol	ré	mi	fa

Mais autrefois, on utilisait deux sortes de *B,* différenciés par saint Odon de Cluny (878-942) en deux écritures. L'un, *B quadratum* (anguleux, carré), correspondait à notre *si naturel,* l'autre, *B rotundum* (arrondi, mou), correspondait à notre *si bémol* :

$$\text{si bémol} = si \text{ ``B molle''}$$

La gamme d'*ut* ci-dessus est donc chantée avec "B anguleux". Si *"B est molle",* solfiant toujours de *C* à *C,* on écrit, en déplaçant les demi-tons :

C	D	E	F	G	A	B molle	C
ut	ré	mi	fa	ré	mi	fa	sol

On voit que la notation reste compliquée, ce n'est que bien plus tard que la méthode fut simplifiée :

C	D	E	F	G	A	B molle	C
do	ré	mi	fa	sol	la	si bémol	do

Cette série est l'une des huit gammes modales du plain-chant, qu'à la fin du Xe siècle on a, par une regrettable erreur, affublées de noms grecs du "Grand Système Parfait" (G.S.P.), après les avoir latinisées. Ainsi, notre gamme, qui est la *plagius tritus* (ce qui équivaut à "mode numéro trois sous la forme grave") fut-elle faussement appelée "hypolydienne", alors que son équivalent dans le G.S.P. serait le *lydisti* (lydien).

Par ailleurs, il faut voir que les Grecs du IVe siècle avant J.-C. considéraient les Ioniens, Iastiens, et autres, comme des ancêtres barbares, et que leurs musiques, après adaptation dans le G.S.P., ne possédaient plus le caractère exotique qui à l'époque justifiait la sévérité de Platon *(République,* livre III) :

> ... les seules harmonies qu'il nous faut conserver sont la dorienne et la phrygienne
> ... la ionnienne est faite pour les ivrognes
> ... la lydienne est pernicieuse pour les femmes, que le devoir oblige à une tenue convenable, et à plus forte raison pour les hommes...

En dépit des influences culturelles, il n'en restait pas moins un éthos voisin dans la *plagius tritus* des ecclésiastiques du Moyen Âge, et pour échapper à l'appel de la volupté, les bons pères musiciens durent inventer force subtilités.

En cette étrange gamme est contenue la loi de l'attraction.

Agamemnon ne l'ignorait pas. Avant de partir assiéger Troie, époux prudent, il avait bien recommandé à ses musiciens de ne jouer qu'en *dorien,* ou *phrygien.* Pendant son absence, Egisthe les soudoya pour qu'ils jouent en *lydien,* c'est ainsi que Clytemnestre le prit pour amant.

———————————— ■ ————————————

HERMÈS

Devant la demeure, une *tortue* paissait, nonchalante, Hermès ne put contenir sa joie en la voyant : "Salut beauté charmante, heureux présage, comment, étant de la race des coquillages, vis-tu sur ces montagnes ? Je sens que je vais faire quelque chose de bon avec toi."

Après avoir extrait la bête avec un *couteau,* il fixe deux cornes de bœuf sur la carapace, au long de laquelle il adapte *sept* minces boyaux, qui seront les cordes vibrantes, il ne lui reste qu'à tendre une peau de bœuf pour fermer la caisse de résonance : il vient d'inventer la *lyre.*

Apollon, furieux, pourchassait un malandrin qui lui avait volé des *bœufs...* c'était Hermès ! Alors qu'il avait identifié son voleur, et que devant la *grotte* d'Alphée, il s'apprêtait à reprendre ses *cinquante* bêtes — moins deux qui avaient été sacrifiées —, Hermès, du fond de la caverne, fit résonner sa lyre. Devant les merveilleux accords, Apollon repose son *arc d'argent,* il n'est plus en colère ; Hermès pour se faire pardonner lui offre l'instrument. C'est avec cette lyre en écaille polie que le fils de Léto enchantera les dieux.

Quelques temps après ce pacte, se souvenant qu'Apollon aimait la musique, Hermès étudia spécialement un autre instrument, sur un principe différent. C'est ainsi qu'il inventa la *syrinx.* Quand Apollon la recevra en présent, il donnera en échange à Hermès un *caducée en or,* témoignant leur alliance.

Le Grand Zeus, impressionné par l'intelligence industrieuse et l'habileté d'Hermès, lui proposera alors de devenir son *messager personnel.*

Hermès de Cyllène n'est pas le Trismégiste, mais quant à leur parenté, le lecteur n'a certainement pas besoin d'un dessin !

tortue	le minerai écailleux dont on tire l'eau.
couteau	l'acier des Philosophes.

sept	les 7 notes.
lyre	symbolise les vibrations maîtrisées.
Apollon	le Soleil
bœuf	le Taureau zodiacal ⎱ le Soleil dans le signe du Taureau.
grotte	le vase du laboratoire alchimique.
cinquante	évoque la durée d'une certaine phase de l'Œuvre.
arc d'argent	symbole lunaire. Dans *l'Iliade,* Apollon apparaît aussi la nuit.
syrinx	la sonorité de cette flûte rappelle les sifflements de la matière au cours du troisième œuvre.
caducée d'or	le pouvoir de la pierre philosophale de "sublimer l'énergie solaire", d'accomplir la transmutation en or.
messager de Zeus	l'accession à la connaissance. (La transmutation de l'Artiste.)

LA SEMAINE

D'où viennent les jours de la semaine ?

De l'Égypte ancienne répond Dion Cassius (v155-v235). Il a raison, l'Égypte est le creuset de la *Semaine,* la transmission fut relayée jusqu'à notre civilisation, par les Hébreux notamment.

Lundi est jour de la Lune, *lunæ dies,* mardi jour de Mars, etc. *Saturni dies* est assez déformé, il fut adapté par les Juifs en jour de sabbat *(sabati,* — en espagnol samedi = *sábado* —), et dimanche en jour du seigneur *(dominica).* L'anglais est ici plus clair : *saturday* pour samedi, jour de Saturne, et pour dimanche, jour du Soleil : *sunday,* ou en allemand : *sonntag* [1].

Nous avons donc la succession des astres Lune, Mars, Mercure, Jupiter, Vénus, Saturne, et Soleil. A priori cela semble un quelconque désordre, puisque la progression héliocentrique donne Mercure, Vénus, Terre, Mars, Jupiter, Saturne, etc., et le classement selon la Sagesse antique : Lune, Mercure, Vénus, Soleil, Mars, Jupiter, et Saturne.

Quantité de curieux s'interrogent là-dessus. Nous allons leur livrer l'explication, à partir de la gamme de Pythagore étudiée dans le chapitre.

Disposons les planètes dans l'ordre où, selon la Tradition, elles dispensent leur influx dans l'athanor. Associons-y les sons émis par l'œuf philosophal. Pour simplifier, nommons-les par la suite habituelle des notes du solfège (sans toutefois chercher une valeur stricte).

jour de la Lune	•	1er son	•	*do*
jour de Mercure	•	2e son	•	*ré*
jour de Vénus	•	3e son	•	*mi*
jour du Soleil	•	4e son	•	*fa*
jour de Mars	•	5e son	•	*sol*
jour de Jupiter	•	6e son	•	*la*
jour de Saturne	•	7e son	•	*si*

(1) — Jour   : *dies* en latin, *day* en anglais, *tag* en allemand.
    — Soleil : *solis* en latin, *sun* en anglais, *sonne* en allemand.

Progressons maintenant, comme le Maître de Samos, par quintes successives, avec réduction d'octave. Nous obtenons, en partant de *do* :

				do
do	$\times$	3/2	=	*sol*
sol	$\times$	3/2	=	*ré*
ré	$\times$	3/2	=	*la*
la	$\times$	3/2	=	*mi*
mi	$\times$	3/2	=	*si*
si	$\times$	3/2	=	*fa* (*fa dièse* en toute rigueur).

Et en ordonnant les planètes qui président à la coction par rapport à la
suite des quintes, nous obtenons immédiatement l'ordre exact des jours
de la semaine. Ce sont en quelque sorte les "jours accordés" de l'*Heb-
domas hebdomadum,* la Semaine des semaines.

do	=	Lunæ dies	=	lundi
sol	=	Martis dies	=	mardi
ré	=	Mercurii dies	=	mercredi
la	=	Jovis dies	=	jeudi
mi	=	Veneris dies	=	vendredi
si	=	Saturni dies	=	samedi (saturday)
fa	=	Solis dies	=	dimanche (sunday)

■

PYTHAGORE

Le génie universel de Pythagore (v-572 à v-493) fils aîné de Mnésarchos et de Parthénis, eut un rayonnement immense à travers les pays méditerranéens.

Dans les autres parties du monde, et presque en même temps que lui d'après la reconstitution aléatoire des dates, dominaient Bouddha (-563 à -483), Confucius (-551 à -479) et Lao-Tseu (-604 à -520), Zoroastre (-660 à -583), Ezéchiel (-627 à -570), et autres célèbres prophètes.

Pythagore fut le grand structurateur de l'orphisme, philosophie qu'il ne faut pas confondre avec l'initial culte d'Orphée, lequel n'était que l'incorporation d'un mythe nouveau dans une religion ancienne.

Dans la doctrine orphique, l'homme est entaché d'un péché originel, sur Terre, il doit se purifier afin de mériter dans l'autre monde la récompense, qui est une identification mystique avec le divin.

Plus rien à voir donc avec l'ancienne conception pessimiste des Héllènes, d'un au-delà réplique du monde des vivants ; et cela ressemble beaucoup au paradis que la doctrine chrétienne proposera à ses adeptes quelques siècles plus tard.

Il est une différence cependant : le dogme de la transmigration des âmes ne fut pas admis des chrétiens.

L'orphisme de Pythagore embrassait non seulement les enseignements philosophiques, religieux et moraux, mais aussi les mathématiques, la physique, la musique, l'astronomie, etc. Assurément, il fallait un génie particulièrement pénétrant pour faire entrer d'aussi éclectiques éléments dans une doctrine unique.

Nous allons ajouter quelques hypothèses sur sa formation.

Muni d'une bonne instruction de base, il quitta à l'adolescence la maison familiale de Samos, en Ionie, pour étudier l'Univers dans les temples d'Égypte.

Le jeune Mnésarchos — du nom de son père — entra probablement à l'école d'Héliopolis. Ensuite, il poursuivit son initiation à Memphis, puis à Thèbes, et c'est vraisemblablement à Dendérah qu'à l'âge mûr, il termina le cycle.

L'on conçoit que durant ces années de séminaire (au moins quinze ans, peut-être plus de vingt) il était devenu, au sens antique du terme, un pur esprit égyptien. Aussi, la dernière étape franchie, ses maîtres lui accordèrent-ils le nom hiéroglyphique de *Ptah-Gô-Râ* (Dieu-Connaissance-Soleil) : celui qui connaît l'Univers.

Pythagore fut certainement le dernier grand Initié d'Égypte, car en 525 avant J.-C., les Perses, sous la conduite de Cambyse II, envahissaient le pays. Le pharaon Psammétique III qui venait juste de succéder à Amasis fut tué, les prêtres furent massacrés. Les institutions et l'âme de l'ancienne Égypte étaient désormais détruites.

Avant de retourner en Grèce, le Sage de Samos eut sans doute un accident qui lui brisa l'os de la cuisse ; et un excellent chirurgien dût parvenir à sauver le membre, en assemblant les deux morceaux de fémur à l'aide d'une bague d'or.

Toujours est-il qu'un événement engendra le mythe de ''l'homme à la cuisse d'or'', témoin cette légende que va nous rapporter Jamblique (v250-v330).

L'action se situe dans la belle cité de Crotone, où Pythagore enseignait [1]. Un jour arriva un étrange missionnaire aux cheveux roux, c'était un Scythe nommé Abaris, qui se disait prêtre d'Apollon. Traînant la lourde flèche du dieu, il recueillait des fonds pour son temple en frappant aux portes des riches demeures.

Il avait déjà ramassé beaucoup d'or, et continuait sa quête, lorsque la porte où il frappa fut celle de Pythagore. Alors qu'elle s'ouvrait, apercevant le Maître, il poussa un cri et se prosterna [2].

> ... Mais c'est toi, le dieu que je sers, murmura-t-il avec respect. Et il déposa à ses pieds la flèche et le sac d'or qu'il portait. Pythagore releva doucement Abaris, lui donna le baiser de paix et lui dit : Tu ne t'es pas trompé, mon fils. Je suis descendu sur terre pour éclairer les hommes et pour les guérir de leurs maux. J'ai pris la forme humaine pour ne pas intimider les mortels. Pour te prouver sans doute possible ma qualité véritable, je te permettrai de voir mon genou. Pythagore souleva alors son manteau, et Abaris vit que le genou du Maître était doré comme l'est la divine lumière solaire...

(1) Il aurait fondé son école à Crotone l'année qui suivit la 61e olympiade. Soit en
— 776 + 1 + (60 × 4) = — 535.
(2) Cité par Robert Mercier dans *Le retour d'Apollon,* Paris, 1963, La Colombe.

CANSELIET

Annexe, certes non !

Eugène Canseliet, s'il n'est pas Adepte, apparaît incontestablement comme le meilleur Chevalier d'Hermès de notre temps.

Maître en alchimie, mais aussi dessinateur et écrivain de talent, il est le flambeau de ce que nous pourrions appeler la nouvelle école de l'alchimie classique.

Voici quelques points de repère sur sa vie.

1899
- Le lundi 18 décembre à 20 heures[1] naissance d'Eugène Léon Canseliet à Sarcelles, dans une famille pauvre mais honorable.

1911
- Communion solennelle à Sarcelles.

Dessin de l'auteur, d'après une photographie de 1911

1913
- Il quitte les études primaires pour entrer dans le secondaire.

- Au cœur d'une nuit, il se réveille pour écrire un étrange message en latin : *"quando in tua domo nigri corvi parturient albas columbas tunc vocaberis sapiens"*.
Personne n'en comprend le sens (lui encore moins) et l'écriture n'est pas celle d'un enfant !

---

(1) Et non un samedi à 8 heures (*Feu du Soleil*, p. 55).

1915
- Il tombe sur Cyliani et sa nymphe : le voilà séduit par l'alchimie.

- Il s'apprête à quitter ses parents pour apprendre le dessin à Marseille, en pension chez une cousine.

- Étudiant à l'École des Beaux-Arts, Place Carli à Marseille, il rencontre un vieil homme qui, voici près de trente années, avait ouvert la porte du ténébreux laboratoire d'Hermès.

- Fulcanelli — ce sera son pseudonyme — habite un hôtel particulier rue Dieudé. Le croisement eut lieu par "hasard" : une vieille femme de 80 ans, qui balayait les ateliers de l'École des Beaux-Arts, faisait aussi le ménage chez Fulcanelli, à quatre cents mètres. "Je vais vous présenter un Monsieur, vous verrez, vous lui plairez certainement" lui dit-elle.

1916
- Un an après la première rencontre, Pyrophile-Canseliet, qui a identifié la première matière, devient véritablement l'élève d'Eudoxe-Fulcanelli.

- Une amitié se noue avec le peintre Jean-Julien Champagne, né en 1877, qui travaillait depuis 1910 pour Fulcanelli.

1917
- Baccalauréat ès lettres latin-grec à Aix-en-Provence. Il avait quitté Marseille, préférant étudier à Aix ("La Fouranne"), où Fulcanelli lui rendait souvent visite.

- L'élève et le Maître retournent en région parisienne. Le jeune homme continuera ses études de latin au Lycée Charlemagne à Paris.

1919
- Le matin du 1er janvier à Sarcelles, décès de sa grand-mère paternelle, née l'an 1839 en Belgique.

- Un matin d'automne, à l'hôtel parisien des Lesseps, il rencontre inopinément Fulcanelli qui "se trouvait dans la cour, en compagnie de René Viviani de qui la calèche attendait sur l'Avenue". Le Maître, remarquant un brassard de crêpe noir au bras gauche du jeune homme, l'interroge. En apprenant que la disparue avait 80 ans, il s'exclame "Tiens ! tout juste mon âge !"

1920
- Pour gagner sa vie, il entre, comme employé à la comptabilité, à l'usine à gaz de la compagnie Georgi à Sarcelles, maintenant détruite.

- Il commence à œuvrer au laboratoire alchimique, en notant ses expériences, et passe le reste de son temps libre à faire les commissions du Maître.

- Pratiquement, Fulcanelli a élucidé le Grand Œuvre (à Paris).

1921
- Vers cette année-là, il entreprend avec succès la patiente vérification d'un particulier de Vigenère, basé sur la surfusion.

- Le 15 janvier à Paris, il épouse Raymonde Caillard, une Parisienne de 19 ans. (Mais un divorce surviendra.)

- Le 14 juillet à Sarcelles, décès de son père, Henri Canseliet, âgé de 59 ans.

- Le 10 août à Sarcelles, naissance de son fils Henri. (Mais une méningite emportera l'enfant à 7 ans.)

1922
- Avec la teinture de Fulcanelli et sous sa direction, il opère la transmutation de quelques morceaux de plomb en 120 grammes d'or, en présence de J.-J. Champagne et d'un chimiste de chez Poulenc, nommé Gaston Sauvage. La projection eut lieu rue Taillepied à Sarcelles, dans la cheminée de la petite chambre où s'éteignit son père.

- Le Maître, jugeant l'apprentissage terminé, va maintenant s'effacer.

1923
- Fulcanelli lui fait parvenir trois paquets scellés à la cire, ce sont des notes manuscrites avec trois titres : *Le Mystère des Cathédrales, Les Demeures Philosophales,* et *Finis Gloriæ Mundi.*

- Canseliet, à partir des notes, va entreprendre la longue rédaction des trois ouvrages, et il quitte son emploi à l'usine de Sarcelles.

1924   • Il soumet au Maître, qui n'effectuera que de légères correc-
            tions, son travail sur *Le Mystère des Cathédrales.*

1925   • En début d'année, il s'installe, avec J.-J. Champagne, au
            59 bis de la rue Rochechouard à Paris, chacun dans une
            mansarde au 6ᵉ étage. La chambre qui jouxte la sienne est
            occupée par le père de Stéphane Grapelli.

            • En décembre, il propose à un éditeur cultivé *Le Mystère
            des Cathédrales,* accompagné d'une préface terminée en
            octobre et approuvée par le Maître. 300 exemplaires de
            l'ouvrage sortirent l'année suivante.

1926   • Le 19 avril, peu après qu'il eût terminé de lire *Le Mystère
            des Cathédrales,* décès à Paris de Pierre Dujols, âgé de 64
            ans. "Je l'ai salué quelquefois, déclare Canseliet[1], entr'aper-
            çu sur son grabat, où il gisait perclus, souffrant d'une
            arthrose — comme Scarron. Il ne pouvait pas plier les
            genoux ni, par conséquent, quitter la position assise. Alors,
            le soir, quand il s'étendait, ses genoux restaient en angle et
            lui servaient de pupitre."
            Six ans plus tôt, le pauvre homme avait dédicacé ainsi à
            Fulcanelli son *Mutus Liber :* "A mon vieil et bon ami, au
            Philosophe-Adepte. Ingeniosis apertum, Stolidisque sigilla-
            tum, Hunc offero tibi lectum Pro nobis enucleatum.
            Magophon-Pierre Dujols. 18 mars 1920"[2].
            Le lecteur attentif, qui se souvient des indications de notre
            chapitre deuxième, sera frappé par l'étrangeté de la situa-
            tion : comment un Sage ayant élucidé l'alchimie, de sur-
            croît l'ami de l'Adepte Fulcanelli, pouvait-il gésir sur un
            grabat ?
            Voilà de quoi susciter la réflexion, mais nous comprendrons
            drons sans doute plus loin.

1927   • Le 3 janvier à Paris, naissance de sa fille Solange.

            • Fulcanelli lui retourne le manuscrit des *Demeures Philoso-
            phales,* mais il a décidé de retirer *Finis Gloriæ Mundi.*

---

(1) *Le Feu du Soleil,* interview par R. Amadou, opus citem.
(2) • « Ouverte aux ingénieux, Et scellée pour les sots, Je t'offre cette lecture Pour nous
    élucidée. »
    • Fac-similé in *Deux Logis Alchimiques,* opus citem.

1930   • Il publie chez le même éditeur, avec une préface, *Les Demeures Philosophales,* en 500 exemplaires.

• En 1945, il restera encore des invendus des deux œuvres de Fulcanelli, mais dix années plus tard, alors que 1 000 nouveaux exemplaires seront proposés en souscription, la totalité sera épuisée avant la sortie.

• Depuis qu'il possède la pierre philosophale, Fulcanelli a étudié comment l'utiliser pour opérer sa propre transmutation[1]. Cette année, il accède à l'Absolu de l'Adeptat.

1932   • En avril, il entreprend la longue coction or-mercure au matras, décrite par Philalèthe. Durant les deux années de son déroulement, il en peindra quarante-huit aquarelles, lesquelles disparaîtront au cours de la débâcle de 1940.

• Le 26 août, décès de Champagne, à Paris. Dans *L'Alchimie expliquée sur ses textes classiques,* Canseliet nous montrera le visage de son ami, qu'il avait peint onze ans avant sa mort.

• Quelques jours après, par hasard il se lie avec Mahmoud Mohtar Pacha, qui avait commandé l'armée turque pendant la guerre de 1912. Le vieux diplomate s'intéressait beaucoup à l'alchimie, il offre à Canseliet une rixdale provenant indirectement d'un cadeau de Michael Maier.

• A Vincennes, au cours de sa première rencontre avec l'érudit fondateur de l'association archéologique *Atlantis,* né en 1871, il parle de la fameuse dictée latine de son enfance. Et voici qu'un nouveau voile se déchire : "Paul Le Cour, tout de suite, se souvint de la sentence dont il avait connaissance, parmi les autres également relevées sur le linteau, les piedroits et le seuil d'une porte." Cette porte, datée de l'année 1680, dont Paul Le Cour lui montre la photo, fait partie de la clôture d'un jardin public, place Victor-Emmanuel à Rome, elle est le dernier vestige de la villa du marquis Massimiliano Palombara[2].

---

(1) La prudence s'impose car si, à propos de l'arbre de la connaissance, le serpent déclare à Ève (*Genèse* 3-5) : « le jour où vous en mangerez vos yeux s'ouvriront, et vous serez comme des dieux », la compagne d'Adam connaît très bien la mise en garde de l'Éternel : « vous n'en mangerez point, et vous n'y toucherez point, de peur que vous ne mourriez ». (*Genèse* 3-3.)
(2) Cf. fin de notre chapitre sixième.

1933   • En août, il s'installe au n° 10 du quai des Célestins à
         Paris, au 6ᵉ étage, dans une mansarde plus propice aux tra-
         vaux alchimiques.

1934   • Il commence à publier des articles et comptes rendus
         d'ouvrages dans la revue *Atlantis* à Vincennes (et conti-
         nuera toujours en 1980).

1935   • Au printemps, sur le bateau qui l'amenait en France,
         Mohtar Pacha meurt d'un infarctus.

        • Le 7 décembre à Sarcelles, décès de sa mère, Aline
         Hubert, âgée de 67 ans.

1936   • Après seize années de pratique, il parvient à isoler le sou-
         fre philosophique. Son Maître y avait passé plus de vingt-
         cinq ans.

1937   • Second mariage le 26 janvier à Paris. Il épouse la mère de
         Solange, une jolie tourangelle de 31 ans, Germaine Ray-
         monde Hubat.

1938   • A Deuil-la-Barre (Val d'Oise), où avec son épouse il s'est
         installé dans un petit appartement au troisième étage, sous
         les toits, il entreprend sa première véritable coction par
         voie sèche. Elle lui révélera le secret de la gamme *chroma-
         tique*.

        • Plusieurs notes de musique avaient déjà retenti quand le
         mardi 25 janvier, vers 18 h 30, pour une raison inconnue,
         brusquement la coction s'arrête ; presque sans bruit un
         petit soleil s'élève de l'athanor, et disparaît dans le pla-
         fond. Tous les chiens des environs se mirent à aboyer. Ce
         soir-là, notre hémisphère fut recouvert d'un immense éven-
         tail rouge, aux longues branches vertes, irradiant depuis le
         nord : la gigantesque aurore boréale de 1938.

        • Dans ses *Deux Logis alchimiques* (p. 131 de l'édition 1945
         et p. 274 de l'édition 1979) il faut donc, 1°) lire mar-
         di 25 janvier (et non lundi 24), et 2°) modifier l'analyse
         (de même dans *L'Alchimie expliquée* p. 294) : il est impos-
         sible que ce soit l'ouverture de l'œuf qui ait déclenché
         l'aurore polaire, puisque celle-ci était déjà visible à 17 heures en

Écosse[1]. Par contre, il apparaît vraisemblable que la coction, partiellement défectueuse, ait commencé à libérer de l'énergie quelques heures plus tôt, provoquant la naissance de l'aurore.

Lorsque la vague de particules ionisées atteignit le ciel parisien, l'œuf — subissant le phénomène qu'il aurait lui-même engendré — explosa ; et si nous prolongeons l'hypothèse, une nouvelle vague de particules aurait ainsi accentué l'aurore depuis le pôle boréal.

- Le 21 juillet, à Deuil, naissance de sa fille Isabelle.

1939
- Au début de l'été, il quitte Deuil pour s'installer à Blicourt, près de Beauvais.

- Séjour d'un an chez les Travailleurs Militaires, à la Pyrotechnie de Bourges.

1940
- Dans sa famille, les événements sont remarquablement groupés : un tiers entre mi-juillet et mi-août, deux tiers entre mi-décembre et mi-janvier. Sa troisième fille, Béatrice, voit le jour le 16 décembre à Blicourt.

1944
- En décembre, il remet son manuscrit *Deux Logis Alchimiques* à l'éditeur Jean Schemit, qui avait déjà publié les deux livres de Fulcanelli. L'ouvrage sortira l'année suivante. Jean Schemit, "beaucoup plus bibliopole que libraire, et philosophe qu'érudit", était alors très malade, et devait mourir peu après.

1946
- En juin, il s'installe à Savignies, près de Beauvais.

- Il écrit un article dans le n° 2 de la revue *Initiation, Magie et Science,* à Paris. Il en écrira d'autres de 1957 à 1962 ; la revue, dirigée par Jean Lavritch, s'appellera alors (depuis 1947) *Initiation et Science,* et cessera d'exister en 1965.

1948
- Il préface l'*Anthologie de la poésie hermétique* (avec une explication des planches) publiée par Claude Lablatinière d'Ygé chez Montbrun à Paris.

----

(1) Cf. notre annexe au chapitre VI.

Isabelle Canseliet
dessinée à la mine de plomb par son père en 1950

1951   • En mai, il entreprend une nouvelle coction, sur lequelle il donnera de précieux renseignements dans *L'Alchimie expliquée sur ces textes classiques.*

1952   • Il revoit Fulcanelli (alors plus que centenaire), en Espagne, près de Séville : "Tu me reconnais ?" lui dit le Maître. Lorsqu'ils s'étaient séparés, un quart de siècle plus tôt, Fulcanelli, octogénaire, "était un beau vieillard, mais un vieillard tout de même". Cette rencontre extraordinaire montre un homme à la fleur de l'âge[1].

1953   • Il préface *Aspects de l'Alchimie traditionnelle,* publié par René Alleau aux Editions de Minuit.

1954   • Le 5 février, décès de Paul Le Cour.

        • En septembre, il préface la *Nouvelle Assemblée des Philosophes Chymiques,* publié par Claude d'Ygé chez Dervy.

1955   • Il traduit, rédige, et commente *Les Douze Clefs de la Philosophie* de Basile Valentin, qui sera publié en 1956 aux Editions de Minuit (Réimpressions en 1972 et 1977).

1956   • Il écrit un article dans le n° 2 de la revue *La Tour Saint-Jacques* à Paris, dirigée par Robert Amadou. D'autres suivront, dont un dernier en 1962 dans les *Cahiers de la Tour Saint-Jacques,* qui prolongeront la revue jusqu'en 1962, année où elle cessera d'exister.

1957   • Un article de lui est inséré dans l'*Art magique,* d'André Breton. (Formes et Reflets, Paris.)

        • Seconde préface pour une réédition du *Mystère des Cathédrales* (Omnium littéraire, Paris).

1958   • Il écrit un article sur Swift, dans les *Cahiers du Sud* à Marseille.

---

(1) Cf. début de notre chapitre deux.

Autoportrait à la mine de plomb. 1er mai 1959

- Seconde préface pour une réédition des *Demeures Philoso-phales* (Omnium littéraire, Paris).

- Décès, à l'âge de 89 ans, du philosophe Philéas Lebesgue. Eugène Canseliet était très lié avec cet homme extraordi-naire, qui semblait parler toutes les langues, et depuis 1939, il lui rendait visite chaque semaine.

1963
- Il remanie et complète des articles qu'il a publiés entre 1934 et 1946, dans *Le Trésor des Lettres,* les *Cahiers d'Hermès,* et surtout dans *Atlantis.* Regroupés en un seul ouvrage, ils seront publiés l'année suivante chez Jean-Jacques Pauvert, sous le titre *Alchimie.*

- Il écrit un article sur l'Œuvre alchimique et la Sainte Messe, dans le dernier numéro (n° 8) des *Cahiers du Chêne d'Or,* à Paris.

- Il préface *La Tradition Celtique dans l'Art Roman,* de Marcel Moreau.

1964
- Troisième préface pour une nouvelle édition du *Mystère des Cathédrales,* chez J.-J. Pauvert. Les 39 planches de J.-J. Champagne sont ici remplacées par 49 photographies, la plupart de Pierre Jahan. Il y aura plusieurs réimpressions par la suite.

1965
- En janvier, troisième préface pour une nouvelle édition des *Demeures Philosophales,* chez J.-J. Pauvert. Les 43 plan-ches de J.-J. Champagne sont remplacées ici par 46 photo-graphies. Dans les réimpressions ultérieures, plusieurs des-sins de J.-J. Champagne retrouveront leur place.

1966
- Il termine ses précieux commentaires du *Mutus Liber,* qui sortiront en 1967 chez J.-J. Pauvert. (Réimpression en 1974, vite épuisée.)

1969
- Un article de lui est inséré dans l'*Essai sur l'expérience hallucinogène,* de J.-C. Bailly et J.-P. Guimard (Publié chez Pierre Belfond). De même avec L. Carny dans *Notre-Dame de Paris et l'Alchimie* (Ed. Groupe des Trois).

1970   • Il préface *Erotique de l'Alchimie,* d'Elie-Charles Flamand,
           publié chez P. Belfond.

1971   • Il rédige une introduction pour le *Triomphe Hermétique* de
           Limojon de Saint Didier, publié la même année chez
           Denoël à Paris. Le volume comporte en première partie
           une version des planches du *Mutus Liber* d'après Jean-
           Jacques Manget en 1702, commentées par Magophon
           (Pierre Dujols) en 1914.

         • Il termine la rédaction généreuse de *L'Alchimie expliquée
           sur ses textes classiques,* publiée l'année suivante chez
           J.-J. Pauvert. (Réimpression en 1980.)

1972   • Tout était prêt pour entreprendre une coction à Coaraze,
           sur les hauteurs (690 mètres) près de Nice, mais les augu-
           res arrêtèrent le Maître : brutalement, ses filles ne pou-
           vaient plus l'accompagner, l'une devait refaire sa vie,
           l'autre eut un accident de voiture.

         • Étude historique sur Nicolas Flamel, dans *Le Livre des
           Figures Hiéroglyphiques,* publié chez Denoël.

1974   • En janvier, un terrible infarctus du myocarde l'amène au
           bord de la mort, mais les médecins le sauvent.
           Affaibli, il se régénère avec le sel qu'il extrait de la
           rosée[1]. Le Maître n'était pas en état de la récolter, mais,
           par "hasard", des jeunes gens venaient de lui en offrir
           une bonbonne de vingt-six litres, qu'ils avaient recueillis
           dans les Alpes.

         • En décembre, il présente *Trois Anciens Traités d'Alchimie,*
           qu'il avait lui-même calligraphié autrefois chez Fulcanelli.
           L'ouvrage sera publié l'année suivante chez J.-J. Pauvert.

1975   • Il publie un article intitulé "L'alchimie aujourd'hui", dans
           la *Quinzaine Littéraire* de mars (n° 98).

---

(1) Deux à trois décigrammes de sel par litre, proportion classique.

1976   • Considérations liminaires pour *Alchimie et révélation chré-tienne,* publié par l'excellent Séverin Batfroi chez Guy Tré-daniel.

           • Interview d'une heure (le 24 août), par Ruben, sur France-Inter.

           • Préface pour *Terre du dauphin et Grand Œuvre solaire,* publié par S. Batfroi et Guy Béatrice chez Dervy.

Chez lui, devant une tasse de thé

1977   • Il donne une interview à Jean Laplace, qui fonde en fin
            d'année une revue trimestrielle, *La Tourbe des Philoso-
            phes,* à Grenoble. Des articles suivront, intitulés "alchimi-
            ques mémoires". En début 1979, la revue sera reprise par
            un jeune libraire de Paris.

1978   • Il préface quatre ouvrages : *Sainte-Anne d'Alchimie* de
            G. Béatrice ; *La lumière de l'invisible* de J. Henry ; *Her-
            métiques Ballades* de J. Laplace ; *Héraldique Alchimique
            Nouvelle* de J. Camacho et A. Gruger.

          • Il revoie et augmente son *Alchimie,* publiée en 1964, et en
            donne une nouvelle édition (chez Pauvert).

          • Il est interviewé durant trois heures par Robert Amadou,
            qui en sort aussitôt un livre, *Le Feu du Soleil,* publié chez
            Pauvert. Certains passages de l'ouvrage irritèrent le Maître ;
            il règlera ses comptes pages 30, 31, et 32 des *Deux
            Logis Alchimiques.* Par ailleurs, le *Feu du Soleil* reste un
            document intéressant.

          • Le 23 juin, il est interviewé durant une heure par Jacques
            Chancel, dans l'émission Radioscopie. (France-Inter.)

1979   • Article de lui dans *L'Alchimie,* d'E.-J. Holmyard, publié
            chez Arthaud.

          • Il achève à Savignies de remanier ses *Deux Logis Alchimi-
            ques,* publiés en 1945 chez J. Schemit. Considérablement
            augmenté, c'est presque un nouvel ouvrage qui sera pro-
            posé au public en janvier 1980. Les illustrations sont su-
            perbes, notamment celles photographiées, par un de ses
            meilleurs disciples, au château du Plessis-Bourré.

1980   • Il présente deux ouvrages : *La femmes et l'Œuvre philoso-
            phal,* de M. Desimon, et *La France des lieux et des
            demeures alchimiques,* par J. Charpentier.

          • En mai, la chaîne de télévision Antenne II tourne un film
            sur lui à Savignies, mais il ne sera pas diffusé. A ce propos,
            signalons qu'Eugène Canseliet est déjà passé de nombreuses
            fois à la télévision, et nous n'avons pas voulu alourdir sa
            chronologie avec la quantité d'interview qu'il a accordées
            depuis des années.

- Au milieu de toutes ses activités littéraires, dans le paisible climat familial de Savignies, le Maître continue patiemment le labeur alchimique. Fulcanelli avait son âge lorsqu'il trouva la pierre...

Savignies, ce 20 janvier 1981

Mon cher Arcère,

Je vais mieux, sans que les choses s'arrangent valableme[nt] puisque ma femme reste en proie à la grippe...

C'est pourquoi je réponds brièvement à votre lettre que [je] viens de recevoir, et à laquelle est annexée l'opinion très bonne de Sé... en une page dont l'intérêt me fait regretter la ou les suivantes. Voulez-m'envoyer cette suite épistolaire ?

Je vous en remercie d'avance, dans l'attente du jour que [nous] nous reverrions, et que j'espère prochain, assurément. J'aime opé[ra]-tion en route, qui est déjà bien avancée, et dont je ne veux pas perdre [le] bénéfice. De là, ma fatigue et ma hâte.

Je vous envoie, à tous deux, l'expression de mon amitié sincère.

Canseliet

Bien qu'il soit quelque peu postérieur à la rédaction du présent ouvrage, nous ajoutons ce pli d'Eugène Canseliet, adressé à notre compagne et à nous-même. Le Maître (nous lui avons demandé la permission) tenant à ce qu'aucun mot n'en soit retranché, "afin, dit-il, de conserver l'accent de vérité", nous le présentons en fac-similé, un peu réduit

Tables

INDEX

W

U

Z

V

SOURCE DES ILLUSTRATIONS

Photographies

— Derby Museum (Grande-Bretagne)							17.
— Germanisches Nationalmuseum, Nuremberg (Allemagne)							58.
— Kunsthistorisches Museum, Vienne (Autriche)							194.
— Musée des Beaux-Arts de Lille							304.
— Collection Eugène Canseliet							344.
— Bibliothèque Nationale					30	210 293	320.

— Collection de l'auteur

						couverture	19
25	36	46	50	52	53	64	73
84	95	107	108h	108b	112	114	115h
115b	116	117	122	136	147	152	153
155	161	183	190h	197	208	216	228
232	244	245	250	257	263	269	346.

Dessins

— Jean Gourmelin (par autorisation de l'artiste)							148.
— Eugène Canseliet (inédits, par autorisation de l'artiste)						339	341.

— L'auteur

					11	12	15
18	22	24	51	60	66	70	76
101	105	109	110	120	138	143	144
181	190b	201	203	204	205	206	214
215	236	240	242	246	249	253	261
268	278	291	294	295	296	299	300
301	302	307	315	317	332.		

TABLE DES MATIÈRES

ACHEVÉ D'IMPRIMER PAR
L'IMPRIMERIE CH. CORLET
14110 CONDÉ-SUR-NOIREAU

N° d'Imprimeur : 6990
Dépôt légal : janvier 1982